DELIUS KLASING

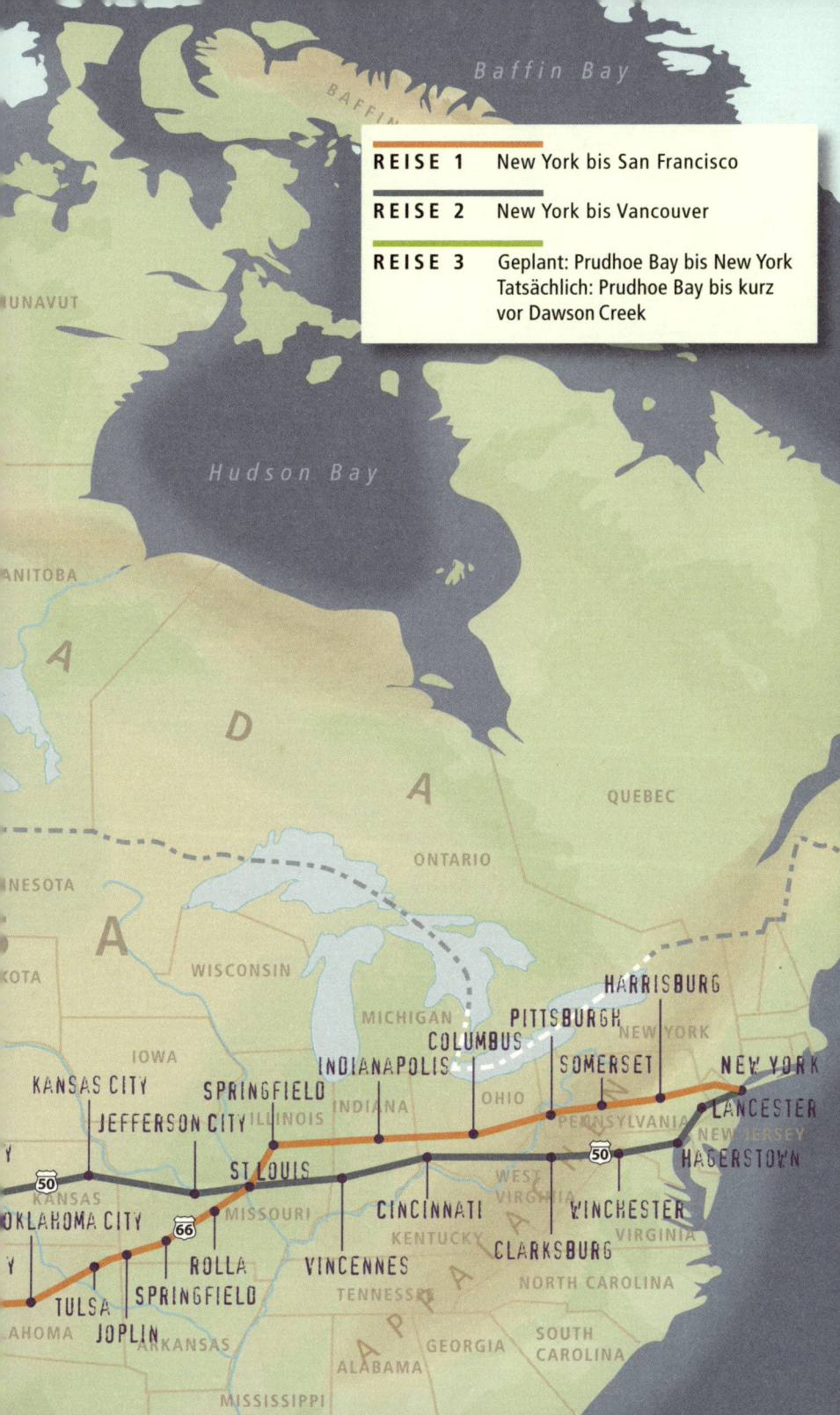

REISE 1   New York bis San Francisco

REISE 2   New York bis Vancouver

REISE 3   Geplant: Prudhoe Bay bis New York
Tatsächlich: Prudhoe Bay bis kurz
vor Dawson Creek

THOMAS WIDERIN

Meilenweit zur Kühlbox

MIT DEM FAHRRAD DURCH AMERIKA

Delius Klasing Verlag

Der Autor dankt den Ausrüstungsfirmen Löffler und Ortlieb
für ihre langjährige Unterstützung.

Bibliografische Information der Deutschen Nationalbibliothek
Die Deutsche Nationalbibliothek verzeichnet diese Publikation
in der Deutschen Nationalbibliografie; detaillierte bibliografische
Daten sind im Internet über http://dnb.dnb.de abrufbar.

1. Auflage
ISBN 978-3-7688-5371-2
© Delius Klasing & Co. KG, Bielefeld

Lektorat: Klaus Bartelt, Ute Maack
Schutzumschlaggestaltung: Buchholz.Graphiker, Hamburg
Fotos: vom Autor, mit Ausnahme von S. 19 (Bloch)
und S. 235 sowie hintere Klappe (Kiss)
Karte: inch3, Bielefeld
Satz: Axel Gerber
Druck und Bindung: CPI – Clausen & Bosse, Leck
Printed in Germany 2014

Delius Klasing Verlag, Siekerwall 21, D - 33602 Bielefeld
Tel.: 0521/559-0, Fax: 0521/559-115
E-Mail: info@delius-klasing.de
www.delius-klasing.de

Inhalt

Für Jacob:
das Beste in meinem Leben.

Und für Simone:
Du hast mir das Lachen zurückgegeben!

Vor dem Start – Einsatz im Helikopter

Die Kellnerin im Sushirestaurant nimmt meine Bestellung entgegen. Sie macht einen gestressten Eindruck. Stress pur habe auch ich heute hinter mir. Ich hatte Dienst am Rettungshelikopter und bin Einsätze in den Tiroler Bergen geflogen. Ein Einsatz nach dem anderen. Keine Pause, um zu essen. Es ist das zweite Dezemberwochenende und es wird sehr früh dunkel. Daher ist bereits gegen 18 Uhr Dienstende. Nun freue ich mich auf das Sushi. Plötzlich läutet mein Handy. Ein ganz spezielles Läuten. Auf dem Display steht »Pilot Jochen«. Jochen ist der Chefpilot unseres Rettungshelikopters. Und er ist mein Freund. »Bist du noch einsatzbereit?«, fragt er. Mit meinem »Ja« beginnt ein ganz besonderer Einsatz, der einer jungen Frau das Leben rettet ...

Seit vielen Jahren versehe ich nebenberuflich Dienst als Flugretter im Notarzthubschrauber »Christophorus 1« des Österreichischen Automobil-, Motorrad- und Touringclubs ÖAMTC. Unser »Gelber Engel«, wie alle Rettungshelikoper der ÖAMTC-Flotte genannt werden, ist in Innsbruck stationiert. Von dort aus fliegen wir zu den verschiedensten Notfällen. Viele davon in den Tiroler Bergen. Unsere Crew besteht immer aus drei Mann: einem Piloten, einem Notarzt und einem Flugretter. Diese Flugretter haben bei den Einsätzen ganz bestimmte Aufgaben. Im Rettungsheli konzentrieren wir uns auf den Funkverkehr, die Navigation und die Luftraumbeobachtung. Wir unterstützen dabei den Piloten, sodass sich dieser ganz auf das Fliegen konzentrieren kann. Am Unfallort assistieren wir dem Notarzt. Deshalb muss jeder Flugretter eine entsprechende Ausbildung als Notfallsanitäter nachweisen. Und alle

Flugretter in Österreich sind auch ausgebildete Bergretter. Im hochalpinen Gelände sind sie für den bergrettungstechnischen Einsatzablauf verantwortlich. Mit dem »Eurocopter 135« verfügt unsere Crew über einen der modernsten Rettungshelikopter weltweit. Ausgerüstet für fast alle Arten von medizinischen Einsätzen auch im Gebirge: seien es schwerste Verletzungen nach Verkehrsunfällen, Reanimationen, abgestürzte Bergsteiger oder im Baum hängende Gleitschirmpiloten. Wenn es das Wetter zulässt, sind wir 365 Tage im Jahr einsatzbereit. Von Sonnenaufgang bis zum Sonnenuntergang.

Ich lasse mein Sushi stehen und zehn Minuten später stehe ich in unserem Einsatzraum in der Nähe des Innsbrucker Flughafens. Mein Freund Jochen und Marc, der Notarzt, mit dem ich heute bereits geflogen bin, warten schon. Wir stellen uns vor die große Landkarte im Einsatzraum und Jochen erklärt uns die Situation. Vor etwa einer Stunde ist eine dreißigjährige Frau in der Nähe von Ehrwald im Tiroler Außerfern mehrere Hundert Meter über steiles Felsengelände abgestürzt und liegt nun schwer verletzt in einer Rinne. Da der Absturz bereits außerhalb unserer Dienstzeit geschehen ist, wurde seitens der Rettungsleitstelle die örtlich zuständige Bergrettung alarmiert. Der Einsatzleiter dieser Bergrettung benötigt nun aber doch einen Hubschrauber. Die Schwerverletzte muss vor der Bergung unbedingt notärztlich versorgt werden. Und eine terrestrische Bergung, das heißt auf dem Landweg, würde viel zu lange dauern.

Grundsätzlich fliegen wir in der Nacht nicht zu Primäreinsätzen. Immer wieder holen wir zwar auch bei Dunkelheit Patienten aus einem kleineren Krankenhaus ab, um sie in ein Schwerpunktkrankenhaus zu überstellen. Jedoch fliegen wir dabei nur von einem beleuchteten Landeplatz zu einem anderen. Es gibt aber vereinzelt Situationen, da müssen wir auch bei Dunkelheit einen Einsatz im Gebirge übernehmen. Bestimmte Grundvoraussetzungen müssen dabei jedoch passen: die besondere

Dringlichkeit des Einsatzes, das Wetter und die Sicht, die Einsatzörtlichkeit und vor allem die Einsatzkräfte vor Ort. Sind alle Voraussetzungen erfüllt, dann versucht der Disponent der Leitstelle, noch einmal den Piloten zu erreichen, der den Tag über am Rettungshelikopter Dienst versehen hat. Nur wenn dieser den Einsatz dann tatsächlich übernimmt, wird auch die restliche Crew alarmiert. Immer wieder müssen solche Nachteinsätze aber abgelehnt werden. Vor allem dann, wenn die Situation am Notfallort völlig unklar ist oder das Wetter nicht mitspielt.

Heute passt alles: Es ist eine sternenklare Vollmondnacht. Vor Ort wartet eine erfahrene Bergrettungsmannschaft. Wir sind uns alle drei einig, dass wir den Einsatz übernehmen können ...

Jochen telefoniert noch einmal mit dem Einsatzleiter vor Ort. Er lässt sich die Situation so genau wie möglich schildern. Für ihn als Piloten des Rettungshelis ist die Beschreibung der Unfallstelle von großer Bedeutung. Die Geländebeschaffenheit, mögliche Leitungen oder andere gefährliche Hindernisse. Ganz besonders wichtig: Mit wem kann während des Einsatzes auf welchem Funkkanal kommuniziert werden? Dann schauen wir uns zu dritt den Einsatzort auf der großen Landkarte an, die im Hubschrauberhangar an der Wand hängt. Mit einem Maßstab von 1 : 25 000 die ideale »Bergkarte«. Darauf eingezeichnet sind auch alle bekannten und gemeldeten Flughindernisse. Erleichtert stellen wir fest, dass in unmittelbarer Umgebung des Unfallortes keine Hindernisse vermerkt sind. Auf die Karte allein darf man sich trotzdem nicht verlassen. Immer wieder fehlen solche Hinweise, nämlich dann, wenn beispielsweise der Erbauer eines solchen Hindernisses dieses nicht an die vorgesehenen Stellen meldet. Dann kann es zu gefährlichen Situationen kommen, die im schlimmsten Fall zum Absturz eines Helikopter führen.

Wir räumten das notwendige Material in unseren Rettungshelikopter. Jochen arbeitete seine Checkliste an der Maschine ab. Marc kontrollierte den gelben Medizinrucksack. Darin führen wir alle wichtigen medizinischen Utensilien mit, die man an einem Notfallort benötigt, um einen Patienten qualitativ hochwertig zu versorgen. Ich kümmerte mich um das alpine Bergrettungsmaterial. Vor allem um die Rettungsseile. Anschließend schlüpften der Notarzt und ich in unsere Klettergurte. Diese Klettergurte gehören während unseres Rettungsdienstes zur Standardausrüstung. Jeder Notarzt und jeder Flugretter muss den Gurt ständig tragen. Wir fliegen viele Einsätze in hochalpinem Gelände. Da kommt es immer wieder vor, dass der Helikopter nicht direkt am Notfallort landen kann. Dann sucht sich der Pilot in der Nähe einen Zwischenlandeplatz. Auf diesem Platz hängen wir ein Rettungsseil in der notwendigen Länge unten an den Heli. Dann werden Notarzt und Flugretter samt ihrem Einsatzmaterial außen am Rettungshelikopter zur Unfallstelle geflogen. Als alle Vorbereitungen abgeschlossen waren, öffneten wir das Hangartor und schoben die Maschine auf das beleuchtete Vorfeld.

Jochen startet die Turbinen. Ich stehe mit meinem speziell für mich in gelber Farbe lackierten Helm vor dem Hubschrauber und beobachte den Vorgang. Dies ist ein genau festgelegtes Verfahren und dient der Sicherheit. Der Flugretter kontrolliert von außen, ob alle Türen und Klappen geschlossen sind oder sich noch irgendwelche gefährlichen Gegenstände in der Nähe der Maschine befinden. »Außencheck okay!«, spreche ich in mein Funkgerät, und der Pilot gibt mir das Zeichen zum Einsteigen. Mein Platz ist der Copilotensitz vorn in der Maschine.

Ich kann mich noch gut daran erinnern, wie wir über das Seefelder Hochplateau geflogen sind und weiter durch das Gaistal. Dabei handelt es sich um ein etwa 20 Kilometer langes wunderschönes hochalpines Tal in Richtung Tiroler Außerfern. Rechts und links von uns ragten die Berge in die Höhe. Durch den hellen Vollmond wurden die Felswände gut sichtbar beleuchtet und glänzten in der Sternennacht. Überall lag bereits Schnee. Unter uns eine weiße Landschaft. Jochen machte einen sehr ruhigen, konzentrierten Eindruck. Er hatte die Beleuchtung für Nachteinsätze eingeschaltet. So kann der Pilot die Instrumente besser sehen. Ansonsten war es dunkel im Inneren der Maschine. Es gibt mehrere Piloten, die auf unserer Basis Dienst versehen. Aber mit Jochen fliege ich am liebsten. Er ist nicht nur ein Freund von mir, sondern auch ein ausgezeichneter Pilot. Ich habe ihn noch nie nervös gesehen. Er strahlt immer eine besondere Ruhe aus und weiß ganz genau, wie weit er gehen kann oder wann er einen Einsatz abbrechen muss. Jochen geht kein Risiko ein. Ihm merkt man an, wie sehr er mit seinem Helikopter verbunden ist. Ein gutes Gefühl für die Crew. In dieser Nacht war es nicht anders. Er saß ganz ruhig in seinem Pilotensitz, schaute nach vorn und steuerte den fast fünf Millionen Euro teuren Helikopter.

Die Notärzte haben ihren Platz im hinteren Teil der Maschine. Sie können jederzeit mit uns über Funk kommunizieren und auch alle anderen Gespräche mithören, die wir mit den Einsatzkräften vor Ort führen. Marc gehört ebenfalls zu den Mitgliedern meiner Lieblingscrew. Er ist Anästhesist an der Klinik in Innsbruck und hat schon viele Hundert Flugrettungseinsätze hinter sich. Ein erfahrener, ausgezeichneter Notarzt, der sich auch im hochalpinen Gelände sehr gut zurechtfindet. In dieser Nacht saß eine Crew im Rettungshelikopter, die gut harmonierte und sich aufeinander verlassen konnte.

»›Christophorus 1‹ von Bergrettung Ehrwald.« Das Funkgerät meldet sich. »Christophorus 1« ist der Rufname unseres Rettungshelis. Ich antworte. Alle im Helikopter hören nun mit. Der Einsatzleiter vor Ort erklärt uns seine Position. Er befindet sich nicht am Unfallort, sondern im Tal in Ehrwald auf einem großen beleuchteten Parkplatz. Er bittet uns, dort zu landen, um dann alles weitere in Ruhe zu besprechen. Jochen nickt, und ich bestätige am Funk, dass wir in fünf Minuten vor Ort sein werden. Kurze Zeit später steuert Jochen seine Maschine in einer lang gezogenen Rechtskurve in Richtung Parkplatz. Ich kann den Einweiser unter mir gut erkennen. Er trägt eine deutlich sichtbare Einsatzuniform der Tiroler Bergrettung und eine Warnweste, die den Mann als Einsatzleiter vor Ort kennzeichnet. Der Pilot gibt uns die Anweisung, beim Landeanflug rechts und links hinauszuschauen und die Gegend genau zu beobachten. Marc und ich müssen nun besonders aufmerksam sein. Wir sprechen ruhig unsere Kommandos: »Rechts frei, links frei.« Damit bestätigen wir dem Piloten, dass auf unseren Seiten keine Hindernisse sichtbar sind. Als ob es das Normalste auf der Welt wäre, landet Jochen unseren Rettungshubschrauber sehr behutsam auf dem schneebedeckten Parkplatz. Der Neuschnee wirbelt auf und bedeckt den Einsatzleiter der Bergrettung von unten bis oben mit der weißen Pracht.

Als wir vor ihm stehen, merken wir sofort: Es liegt Nervosität in der Luft. Die Mannschaft, die sich bereits am Unfallort bei der Verletzten befindet, drängt auf eine rasche ärztliche Versorgung. Und auf eine Bergung mittels Hubschrauber. Unser Notarzt lässt sich über Funk den Zustand der abgestürzten Frau schildern. An der Tonlage des Bergrettungssanitäters, der neben der Frau kniet, merkt man, dass die Situation sehr ernst ist. Die deutsche Bergsteigerin hat mehrere massive Verletzungen am gesamten Körper. Neben blutenden Wunden auch diverse Brüche. Vor allem aber hat sie eine schwere Kopfverletzung. Aufgrund dieses Polytraumas und der relativ langen Liegezeit an der Absturzstelle hat sich ihr Zustand mittlerweile dramatisch verschlechtert. Immer wieder wird die Schwerverletzte kurzzeitig bewusstlos. Zusätzlich treten erste Atemprobleme auf. Nachdem unser Notarzt alles gehört hat, entscheidet er, dass wir sofort direkt zur Absturzstelle müssen. Für Marc ist klar: Noch vor der eigentlichen Bergung ist eine notärztliche Erstversorgung vor Ort unbedingt notwendig. Andernfalls würde die Verletzte den Abtransport mit großer Wahrscheinlichkeit nicht überleben. Marc spricht mit unserem Piloten. Aber für Jochen ist ein Hubschrauberflug ins Ungewisse ein zu hohes Risiko. Er möchte vorher genau wissen, wie das Gelände vor Ort ausschaut. Er würde uns mit dem Heli erst abholen, nachdem wir direkt vor Ort die Lage erkundet haben. Also müssen wir zuerst zu Fuß aufsteigen. Wir nehmen den gelben Medizinrucksack aus der Maschine. Ebenso das Monitoring-Gerät, mit dem man alle lebenswichtigen Parameter an einem Notfallpatienten messen kann. Außerdem benötigen wir den roten Bergesack. Dort hinein werden die Verletzten nach ihrer Versorgung gelegt, um sie anschließend an dem am Rettungshelikopter hängenden Seil auszufliegen. Wir wissen jedoch noch nicht, ob eine Seilbergung überhaupt möglich sein wird. Trotzdem nehmen wir das rote Paket mit. Unser Notarzt drängt darauf, endlich aufzubrechen. Mit drei Bergrettungsmännern, die uns beim Tragen helfen, steigen wir in Richtung Unfallstelle auf.

Immer wieder sinken wir im Neuschnee ein. Unser Tempo ist hoch. Die Bergrettungsmänner stapfen durch den Schnee voraus. Zudem müssen wir Material mitschleppen. Eine echte Tortur. Ich schwitze in meinem Flugoverall. Nach etwa 40 Minuten bemerken wir oberhalb von uns die ersten Stirnlampen. Kurze Zeit später haben wir es geschafft. Wir sind da. Am Gesichtsausdruck der Bergrettungsmänner kann ich ihre Erleichterung erkennen. Marc beugt sich zur verletzten Frau hinunter. Der Bergrettungssanitäter hat seine Vorarbeit geleistet. Die Abgestürzte ist notdürftig erstversorgt. Sie wird mit Anoraks und Decken gewärmt. Ruhig und routiniert macht Marc seinen medizinischen Check. Dann stellt er die Diagnose: ein schweres Polytrauma. Zusätzlich liegt bereits eine deutliche Unterkühlung vor. Die Lage ist sehr ernst. Mein Notarzt dreht sich ein wenig von der Frau weg und gibt mir zu verstehen, dass die Zeit drängt. Sie schwebt in absoluter Lebensgefahr. Die einzige mögliche Rettung für sie: eine umgehende notärztliche Mindestversorgung vor Ort und dann eine Bergung mittels

Hubschrauber, um so rasch wie möglich in das nächste Krankenhaus zu gelangen.

Nun komme ich ins Spiel. Während der Sanitäter der Bergrettung unseren Notarzt bei der weiteren Versorgung unterstützt, nehme ich Kontakt mit dem Piloten auf. Ich gehe ein Stück auf die Seite, damit mein Gespräch nicht von der Frau und den anderen Rettungskräften mitgehört werden kann. Ich schildere Jochen die dramatische Situation vor Ort. Jochen will daraufhin ganz genau wissen, wie das Gelände am Unfallort aussieht. Ich schaue mich aufmerksam um. Wir haben Glück. Die Unfallstelle befindet sich oberhalb der Baumgrenze. Zudem an einer relativ gut einsehbaren Stelle. Der Hang über uns ist nicht allzu steil und auch nicht von Felsen durchsetzt. Hindernisse in unmittelbarer Nähe kann ich keine ausmachen. In möglichst vielen Einzelheiten beschreibe ich Jochen über mein Funkgerät die Gegend vor Ort. Daraufhin herrscht kurz Stille. Ich weiß, dass der Pilot nun für sich eine Entscheidung treffen wird. Schon kurze Zeit später gibt Jochen sein »Okay«. Er hat sich auf meine Einschätzung verlassen. Das Restrisiko ist für ihn offensichtlich einschätzbar.

Jochen fordert von mir, dass ich noch einmal zu ihm hinunter kommen müsse. Er will nicht mit dem Seil allein zur Unfallstelle fliegen, sondern benötigt meine Funkkommandos, während ich unter seinem Hubschrauber hänge. Also wieder denselben Weg durch den Wald hinunter in Richtung Ehrwald. Während ich zurück zum Hubschrauber laufe, arbeitet Marc oben auf Hochtouren. Eine echte Herausforderung für ihn. Unter diesen erschwerten Bedingungen einen so massiv verletzten Patienten zu versorgen, geht an die Grenzen des Machbaren. Hauptanliegen des Notarztes ist es, den Kreislauf der Frau zu stabilisieren. Um die entsprechenden Medikamente verabreichen zu können, muss er einen venösen Zugang legen. Obwohl die Verletzte bereits deutlich unterkühlt ist, platziert der erfahrene Notarzt die Nadel punktgenau in einer Vene der rechten Hand. Anschließend eine weitere im Halsbereich. Dann folgen Infusionen und nach und nach die benötigten Medikamente. Der Bergrettungssanitäter assistiert dabei, und seine Kollegen kümmern sich um eine möglichst optimale Lagerung der Patientin. Die Frau wird für die Seilbergung vorbereitet.

Als ich den Zwischenlandeplatz im Tal erreiche, hat Jochen bereits sämtliches für die Seilbergung notwendige Material aus der Maschine ausgeräumt. Somit sparen wir Zeit. Ich lege ein 30 Meter langes Seil vor dem Heli am Boden aus. An einem Ende dieses Seils befindet sich ein spezielles Gehänge, in das ich mich anschließend einklinken werde. Zusätzlich bereite ich einen Bergesack vor und hänge ihn ebenfalls ein. In diesen wird dann die verletzte Bergsteigerin gelegt. Ich kontrolliere noch einmal den Sitz meines Klettergurtes. Anschließend machen Jochen und ich eine Funkprobe. Ein besonders wichtiger Check vor jeder Seilbergung, denn es ist die Aufgabe des am Seil hängenden Flugretters, über Funk dem Piloten während des Bergevorgangs die entsprechenden Anweisungen zu geben. Dann startet der Pilot nacheinander beide Turbinen der Maschine. Ich funke hinauf zu unserem Notarzt, um ihm mitzuteilen, dass wir einsatzbereit sind. Marc bestätigt meinen Funkspruch. Die Patientin ist so weit versorgt, dass nun eine Bergung möglich ist. Jochen hebt mit dem Heli ab. Während er seine Maschine knapp oberhalb meines Kopfes schweben lässt, hänge ich das Seil in beide Haken ein, die sich an der Unterseite des Helikopters befinden. Nachdem der Heli so weit hochgestiegen ist, dass sich das Seil spannt, klicke ich meinen Klettergurt in das dafür vorgesehene Gehänge ein. Der Pilot kann diesen Vorgang auch über einen speziellen Spiegel beobachten. Jochen und ich haben schon viele solcher Abläufe hinter uns, wir sind aufeinander eingespielt.

Vorsichtig hebt mich Jochen vom Boden ab. Schnell wird der Parkplatz kleiner und wir fliegen in die Dunkelheit in Richtung Unfallstelle. Mir gefallen solche Seilbergungen. Du hängst weit unter dem Helikopter und der Pilot fliegt dich genau dorthin, wohin du willst. Jochen bekommt von mir über Funk laufend Informationen, wie hoch wir uns über dem Grund befinden. Als wir in die Nähe der Absturzstelle kommen, beginne ich mit den Funkkommandos. Diese dienen dazu, dem Piloten die Richtung, die Entfernung und die Höhe anzugeben. Je näher man dem Ziel kommt, desto exakter werden die Kommandos. Jochen fliegt genau so, wie ich es ihm per Funk angebe. Punktgenau setzt er mich schließlich bei den Kollegen der Bergrettung ab.

Jetzt muss alles sehr schnell gehen. Die verletzte Frau wird in den Bergesack gelegt, während der Hubschrauber über uns schwebt. Landen kann Jochen hier nicht. Die Bergrettung hilft dem Piloten, indem sie mit ihren Stirnlampen den Platz ausleuchtet. Durch seinen Spiegel kann Jochen beobachten, wie die Mannschaft unter ihm die Bergsteigerin im Bergesack versorgt. Als alle Schlaufen und Karabiner geschlossen sind, wird der Bergesack in das Seil eingehängt. Dann klicke ich noch unseren Notarzt dazu. Nun hängen drei Personen am Seil: die schwer verletzte Patientin, Marc und ich. Genauso vorsichtig und ruhig, wie mich Jochen hergeflogen hat, hebt er uns nun wieder vom Boden ab. Ein Bergrettungsmann gibt uns noch einmal ein Handzeichen, dass alles passt. Schnell werden die Lichter der Stirnlampen kleiner, und nur fünf Minuten später sind wir wieder im Tal am Zwischenlandeplatz. Während Marc und ich die Patientin in den Rettungshelikopter legen und das Material versorgen, verständigt Jochen per Funk die Rettungsleitstelle. Über diese lässt er den Schockraum der Klinik in Innsbruck reservieren. Kurze Zeit später sind wir auf dem Weg in Richtung Innsbruck ...

Die deutsche Bergsteigerin überlebte ihre schweren Verletzungen. Sie musste mehrere Tage auf der Intensivstation der Innsbrucker Klinik verbringen, wurde jedoch wieder völlig gesund. Am Jahrestag ihres Unfalls, besuchte uns die Frau auf der Helikopterbasis und bedankte sich für ihre Rettung. Eine der ganz wenigen Geretteten, die auch einmal »Danke« sagten.

Der Erfolg von Rettungseinsätzen wie diesem hängt entscheidend von genauer Abstimmung und Planung ab. Jeder Schritt will bedacht, jede Aktion überlegt sein. Nur allzu gern gehe ich auch andere Situationen im Leben ähnlich planvoll an. Auf einer Radreise, erst recht einer quer durch einen ganzen Kontinent, lässt sich aber nicht alles genau im Voraus planen. Oft geschieht Unerwartetes – das macht so eine Reise aus. Dann muss man spontan reagieren können und darf die Nerven nicht verlieren. Es kann auch vorkommen, dass man sich selbst plötzlich in einer sehr bedrohlichen Situation wiederfindet. Etwas Routine im Umgang mit Notfällen ist natürlich hilfreich. Aber selbst dann geht nicht unbedingt alles gut. Auch diese Erfahrung musste ich bei meiner Tour durch Nordamerika machen ...

Aller Anfang ist schwer

CARPE DiEN HoCu ZE(H)N

Vom Radfahren hatte ich bis vor einigen Jahren in etwa so viel Ahnung wie von der Mondfahrt: nämlich gar keine. Natürlich habe ich als Kind auch hin und wieder auf einem Fahrrad gesessen. Ich kann mich heute aber nicht mehr daran erinnern, ob mir der Weihnachtsmann je eines geschenkt hat. Familienausflüge, bei denen ich als Kind mit einem Fahrrad mitgefahren bin, hat es nie gegeben. Auch gehörte ich bis vor wenigen Jahren nicht zu jenen Männern, die unbedingt eines der supertollen und leider auch superteuren Mountainbikes besitzen müssen, um sich an jedem freien Wochenende im neuesten Raddress auf irgendeine Alpenhütte zu quälen. Mein Erfahrungswert zum Thema Fahrrad war also gleich null.

Ich war viele Jahre Mitglied des Österreichischen Polizei-Nationalteams im Mehrkampf und auch zweifacher Polizeiweltmeister in dieser Disziplin. Jahrelang nahm ich an verschiedenen internationalen Wettkämpfen teil und insgesamt an acht Weltmeisterschaften. Nach dem Ende meiner Wettkampflaufbahn wollte ich jedoch nicht sofort in die »Sportpension« gehen, sondern mit etwas Neuem beginnen. Schon lange vor dem Ende meiner Laufbahn als Leistungssportler dachte ich darüber nach, welchen Sport ich einmal in meiner Freizeit ausüben könnte.

Eines Abends sah ich im Fernsehen einen Bericht über einen besonders verrückten Wettkampf: das »Race Across America«, ein Radrennen quer durch die USA, von der Westküste zur Ostküste. Ich saß wie versteinert vor dem Bildschirm und verfolgte die Fahrt des Österreichers Wolfgang Fasching, der in jenem Jahr das Rennen gewann. Ich erinnere mich noch an mein »Bauchgefühl«. Ich war fasziniert von diesem Bericht: Die Vorstellung, eine solch enorme sportliche Herausforderung, auch deren psychische Belastungen, bewältigen zu können und nicht zuletzt die Bilder von traumhaften Landschaften weckten in mir eine Art Fernweh. Am Ende der Reportage wusste ich, dass mich der Wunsch, mit dem Rad quer durch die USA zu reisen, nicht mehr loslassen würde.

Ohne vorerst viel nachzudenken, besorgte ich mir alle Bücher, die Wolfgang Fasching verfasst hat, stöberte das Internet nach Ratgebern und Reiseberichten durch, hielt mich ständig in Buchläden auf und kaufte mir Straßenkarten der USA. Ich saß stundenlang vor Landkarten und schlief abends selten ein, ohne vorher ein paar Seiten Reiseliteratur gelesen zu haben.

Ziele im Leben zu haben ist wichtig. Mein nächstes Fernziel war diese Radreise in den USA. Alle meine Bekannten belächelten mich, denn jeder wusste, dass ich noch nie länger als eine halbe Stunde auf einem Fahrrad gesessen hatte. Und ich gebe zu, dass sich mein zunächst so positives Bauchgefühl in Skepsis verwandelte, je mehr ich mich mit dem Thema Radreisen auseinandersetzte.

Ich war körperlich zwar noch immer fit, wusste aber nicht, ob ich diese Fitness auch auf einem Fahrrad würde umsetzen können. Das Rennradfahren an sich ist schon eine ganz eigene Sache. Das stunden- und tagelange Fahren mit Gepäck, oft bei schlechtem Wetter oder in verlassenen Gegenden, bedeutet aber noch einmal eine Steigerung. Hier ist nicht nur Fitness, sondern vor allem ein besonders gutes »Sitzfleisch« gefragt. Das Gesäß des Radfahrers und der Sattel des Rennrades müssen gut miteinander auskommen. Die Rücken- und Nackenmuskulatur sollten ebenfalls reisetauglich, also gut trainiert sein, um während der langen Fahrten nicht zu verkrampfen. Auf meinen bisherigen halbstündigen Ausfahrten zum Einkaufen waren diese Probleme für mich kein Thema gewesen. Aber in allen Erfahrungsberichten von Radreisenden, die ich durchforstete, fielen immer wieder die Worte »wundes Gesäß«, »schmerzender Rücken« oder »verkrampfter Nacken«.

Zu den körperlichen Problemen, so erfuhr ich aus meiner Lektüre, kommen die diversen Launen der Natur. Radreisen bedeutet Fahren bei jedem Wetter. Nicht immer besteht die Möglichkeit, einem Gewitter auszuweichen oder eine Hitzeperiode abzuwarten. Gerade beim Durchqueren der USA sind hohe Gebirgszüge ebenso zu bewältigen wie Wüsten und ähnliche völlig einsame Gegenden, ohne Möglichkeit des Nahrungs- und Wassernachschubs. Die Hektik von Millionenstädten muss ebenso ausgehalten werden wie die psychische Belastung der Einsamkeit in der Provinz.

Mit den Berichten über körperliche und klimatische Probleme war es aber noch nicht genug, ich musste mir in diesen Büchern auch noch Fotos von Rahmen- und Speichenbrüchen ansehen, Aufnahmen von ständig reifenwechselnden Radfahrern und verzweifelt dreinblickenden Menschen, die mit einem defekten Fahrrad am Seitenstreifen einer Interstate saßen. Beim Transport von mehreren Gepäcktaschen mit mehr oder weniger sinnvollem Material brechen eben hin und wieder Gepäckträger, oder die Nerven des Tretenden versagen beim Überqueren eines Passes.

Alles in allem musste ich also mit einer Menge Schwierigkeiten rechnen. Vor allem aber hatte ich noch keinen einzigen Kilometer in den Beinen.

Ich dachte ständig an mein Vorhaben, von dem ich mittlerweile gar nicht mehr wusste, ob ich es überhaupt jemals würde realisieren können. Inzwischen hatte ich eine ansehnliche Sammlung von Radreiseberichten zu Hause und mehrere Straßenatlanten der USA. Je mehr ich mich mit meiner Reise beschäftigte, desto konkreter wurde dann doch mein Wunsch. Und eines Tages war es so weit: Ich entschloss mich, mein Ziel umzusetzen. Und das Ziel lautete: eine Durchquerung der USA mit dem Fahrrad. Beginnend in New York, immer Richtung Westen bis nach San Francisco in Kalifornien. Allein und mit allem notwendigen Gepäck ...

Für meine Vorbereitungen legte ich einen Zeitraum von drei Jahren fest. Einerseits wollte ich genügend Kilometer auf dem Rennrad sammeln, um eine solch große Strecke bewältigen zu können, andererseits bedurfte es einer möglichst genauen Planung des Streckenverlaufs. Aus verschiedenen Reiseberichten wusste ich, dass schon längere Radreisen mit halb so viel Training und Organisation von Hobbysportlern bewältigt worden waren. Trotzdem wollte ich nichts dem Zufall überlassen. Meine Devise war: »Bereite dich so gut wie möglich vor, dann musst du dich mit weniger Problemen auseinandersetzen!«

Ohne Fahrrad keine Radreise. Daher benötigte ich zuallererst einen geeigneten fahrbaren Untersatz. Über ein örtliches Fachgeschäft, dessen Besitzer ich gut kenne, kaufte ich mir ein genau auf meinen Körper abgestimmtes Rennrad. Ich hatte von Anfang an vor, meine Reise mit einem Rennrad zu unternehmen und nicht mit einem Mountainbike oder einer Trekkingausführung. Ich wählte eines jener Modelle, die man nach der Vorbereitungszeit problemlos umrüsten kann. Für die Reise benötigte ich ja Gepäckträger, um die Gepäcktaschen transportieren zu können. Ebenso musste es möglich sein, die dünnen Reifen gegen breitere und pannensicherere Exemplare auszutauschen. Ein ganz spezielles Thema war die Sattelwahl. Hier ließ ich mich von erfahrenen Radfahrern beraten. Und alle rieten mir zu einem schmalen und etwas härteren Sattel. Auf bequemen Sätteln sitzt man zwar anfangs besser, mit der Zeit sitzen sie sich jedoch durch. Hingegen sind härtere Ausführungen bei den ersten Ausfahrten zwar sehr belastend für das Sitzfleisch, aber ab etwa 1000 Kilometern hat man sich an sie gewöhnt. Ich entschied mich für ein hartes Modell und war damit bestens beraten.

Was die Bekleidung betrifft, kam mir meine sportliche Laufbahn zugute. Ich hatte immer noch Kontakte zu einigen ehemaligen Sponsoren. Einer dieser Sponsoren war die österreichische Firma Löffler, die hochwertige Sportbeklei-dung für Outdoor- und Ausdauersport herstellt. Ich testete die Radbekleidung dieser Firma auf vielen Trainingsfahrten unter widrigsten Witterungsbedingungen. Das Material hat sich auf allen meinen Radreisen bewährt.

Leider machen ein super Fahrrad und eine tolle Bekleidung noch lange keinen guten Radfahrer. Nach wie vor fehlte mir jede Erfahrung rund um das Rennradfahren, und vor allem fehl-ten mir für meine geplante Reise einige Tausend Trainingskilo-meter.

An einem schönen, warmen Sommertag setzte ich mich zum ersten Mal auf mein nagelneues Rennrad, und von Anfang an wusste ich: Dies war der Beginn eines neuen Lebensabschnitts. Ich hatte die richtige Entscheidung getroffen. Meine Zeit als Leistungssportler war vorbei, keine anstrengenden Wettkämpfe mehr und nie wieder Trainingsdruck. Stattdessen stressfreie Ausfahrten mit dem Rennrad und Radreisen um die halbe Welt – so dachte ich zumindest in meiner Unerfahrenheit. Zu diesem Zeitpunkt wusste ich noch nicht, was ich alles auf meinen Reisen erleben sollte.

Nun hieß es Kilometer sammeln. Je mehr, desto besser. Mit umso ruhigerem Gewissen würde ich eine solch große Radreise antreten. Ich gebe zu, dass ich mich am Anfang ziemlich schwertat. Ich konnte nicht glauben, dass ich von meiner guten körperlichen Verfassung nur so wenig auf das Fahrradfahren übertragen konnte. Von einem »runden Tritt« war ich meilen-weit entfernt, bereits bei kleinen Steigungen fuhr ich im Stehen. Nach den Ausfahrten schmerzten mein Gesäß, mein Rücken und mein Nacken. Ich hatte Freude am Radfahren, musste sie mir aber sehr hart erarbeiten.

Es kam dann genau so, wie es mir viele Radfahrer vorausge-sagt hatten: Man benötigt als Anfänger mindestens 1000 Kilo-meter, um sich halbwegs an sein Rad zu gewöhnen. Vor allem aber, um schmerzfrei auf dem Sattel zu sitzen. Es waren tatsächlich nur etwas mehr als diese ominösen 1000 Kilometer. Plötzlich hatte ich keine Sitzprobleme mehr, das Treten wurde leichter, und beim Einklicken der Radschuhe in die Pedalhalterung hatte ich das Gefühl, mit dem Fahrrad eins zu werden. Etwas unterschied mich aber von fast allen anderen Rennradfahrern: Ich wollte immer nur allein fahren. Ausfahrten in Gruppen gab es für mich nie. Das Wort »Windschattenfahren« kam in meinem Sprachschatz nicht vor. Gruppenfahrten haben den negativen Beigeschmack von Gruppendynamik. Wenn einige anziehen, müssen die anderen mitziehen. Auch dann, wenn sie eigentlich nur eine gemütliche Ausfahrt machen wollten. Pausen einzelner Fahrer gibt es nicht. Gruppenpausen müssen es sein, mit Gruppenpinkeln und Gruppenverpflegung. Außerdem wird ständig vom Radfahren gesprochen. Jeder erzählt dem anderen von seinen letzten Ausfahrten und davon, wie lang und schwer sie gewesen sind. Andere Verkehrsteilnehmer hassen Radfahrergruppen. Schon deshalb, weil sie meist einen kompletten Fahrstreifen für sich in Anspruch nehmen und für Staus und Hupkonzerte sorgen. Dies alles wollte ich nicht. Ich wollte mich einfach durch ruhige und langsame Ausfahrten auf meine Radreise vorbereiten.

Jeden einzelnen Trainingskilometer fuhr ich allein. Und ich fuhr zu jeder noch so unmöglichen Tages- und Nachtzeit. Oft startete ich bereits um drei Uhr früh in stockdunkler Nacht, und um acht Uhr wechselte ich die Radbekleidung mit der Polizeiuniform. Oder ich zog nach Dienstende bei der Flugrettung den Flugoverall aus und streifte die Sportbekleidung über, um noch bis Mitternacht einige Runden zu drehen. Dabei war ich mit rückstrahlendem Material ausgerüstet und verwendete vorschriftsmäßige Beleuchtungen – immerhin bin ich Polizist. Schlechtes Wetter machte mir nichts aus. Ich radelte bei strömendem Regen ebenso wie bei leichtem Schneefall. Oft schauten mir andere Verkehrsteilnehmer mitleidig nach oder zeigten mir den Vogel. Ausfahrten bei schlechtem Wetter waren

jedoch wichtig für mich. Schon allein deshalb, um das Beklei-
dungsmaterial auszuprobieren. Diesen Testfahrten habe ich
es zu verdanken, dass ich auf keiner meiner späteren Radreisen Probleme mit der Bekleidung hatte. Jeder Radfahrer weiß
aber, dass man auch mit noch so guter Goretex-Bekleidung
nie ganz trocken bleibt. Nasse Füße und Schwitzen unter der
Regenbekleidung sind leider an der Tagesordnung. Mit der Zeit
habe ich mich daran gewöhnt. Trotzdem hat schlechtes Wetter
mich einige Jahre später in Alaska an meine absoluten Grenzen
getrieben.

Nach fast drei Jahren Vorbereitung war ich überzeugt, meine
Hausaufgaben gemacht zu haben. Ich hatte sämtliches Material durchgetestet und besaß mittlerweile die auf meine Bedürf-
nisse optimal angepasste Ausrüstung. Körperlich war ich in
sehr guter Form und meiner psychischen Belastungsfähigkeit
war ich mir ebenfalls gewiss. Die Planungen zu Streckenverlauf, Nächtigungs- und Nachschubmöglichkeiten waren abgeschlossen.

Aber schon bei meiner ersten USA-Durchquerung sollte ich
sehen, dass Trainingsfahrten zu Hause nicht zu vergleichen
sind mit tagelangem Fahren unter erschwerten Bedingungen.

Fahrrad verschollen

Das Förderband steht still. Alle Gepäckstücke sind angekommen. Nur der Karton mit meinem Fahrrad nicht. Ich stehe ratlos in der Ankunftshalle des New Yorker Flughafens ...

Meine erste große Radreise machte ich im Sommer 2006. Da mich Nordamerika schon immer fasziniert hatte, entschied ich mich gleich für eine komplette Durchquerung von Osten nach Westen. Als Startpunkt wählte ich New York, als Ziel San Francisco. Da ich möglichst viele Staaten bereisen wollte, hatte ich nicht den kürzesten Weg geplant. Die Strecke war insgesamt mehr als 11 000 Kilometer lang. Knapp 70 Tage hatte ich dafür eingeplant. Körperlich und konditionell war ich fit, trotzdem war mein Vorhaben gewagt.

In den Reiseberichten, die ich zur Vorbereitung Nacht für Nacht verschlungen hatte, war immer wieder auf ein Problem hingewiesen worden: Auf längeren Flugreisen kommt es offenbar manchmal vor, dass das Gepäck verschwindet oder, schlimmer noch, die Fahrradbox ihr Ziel nicht erreicht. Besonders im Falle eines Zwischenstopps mit Fliegerwechsel kommt es angeblich immer wieder zu Problemen mit dem Gepäck. Dass das Fahrrad auf irgendeinem Flughafen liegen bleiben könnte, ist der absolute Horror für einen Radfahrer. Ohne Fahrrad keine Radreise. In einem solchen Fall ist es auch nicht möglich, einfach in einem fremden Land ein anderes Fahrrad zu kaufen, da man an dieses nicht gewöhnt ist und es vor allem nicht getestet hat.

Mein Reisebüro beruhigte mich. Man riet mir, auf ein größeres einheimisches Flugunternehmen zu vertrauen und möglichst ohne Zwischenstopp zu fliegen. Ich buchte also bei einer großen deutschen Fluglinie. Aber ein Nonstop-Flug war nur von Frankfurt aus möglich. Außerdem hätte ich von Tirol aus mitsamt meinem Gepäck mit dem Zug oder Auto anreisen müssen. Und dies wollte ich nun doch nicht. Als Abflugort kam daher für mich nur München infrage. Von dort aus ging es zuerst nach Frankfurt, dann hieß es umsteigen in einen größeren Flieger für den Überseeflug nach New York.

Ich packte mein Fahrrad besonders sorgfältig in einen eigens dafür vorgesehenen Fahrradkarton ein. Es musste zu diesem Zweck großenteils zerlegt werden. Zum besseren Schutz wickelte ich fast alle Teile in spezielle Schaumgummifolien, wobei das Schaltwerk und alle anderen besonders schadensanfälligen Teile noch zusätzlich geschützt wurden. Dazwischen stopfte ich verschiedene Kleidungsstücke, meinen Schlafsack und die Unterlegmatte. Der Karton wurde außen herum mit einem besonders starken und breiten Klebeband umwickelt, sodass sich die Box beim Ein-, Um- und Ausladen nicht selbstständig öffnen konnte. Nachdem ich auf beide Seiten der Box in riesigen Buchstaben das Wort »Zerbrechlich« geschrieben hatte, glaubte ich, dass jeder besonders gut auf mein Fahrrad achten würde.

In den letzten Nächten vor meiner Abreise in die USA hatte ich Albträume. In diesen Träumen vermisste ich am Zielflughafen mein Gepäck. Ich hatte alles so gut geplant, bis ins kleinste Detail war ich vorbereitet, aber auf den Gepäcktransport hatte ich keinerlei Einfluss. Und gerade das machte mich total unsicher. Immer mehr steigerte ich mich in meine Befürchtungen hinein. In meinen Träumen sah ich das leere Laufband bei der Gepäckausgabe ganz real vor mir. Ich sah mich ungeduldig warten und nach einiger Zeit nur mehr ganz allein in der riesigen Flughafenhalle stehen.

Am Abreisetag war ich bereits drei Stunden vor dem Abflugtermin am Check-in-Schalter der deutschen Fluggesellschaft. Ich wollte früh genug da sein und vorher noch einige Erkundigungen einholen. Aber es herrschte bereits ein kleineres

Chaos. Gerade heute waren einige Flüge ausgefallen. Vor allen Schaltern hatten sich lange Schlangen gebildet. Urlauber und Geschäftsleute zeigten alle denselben ungläubigen Gesichtsausdruck. Immer wieder kam es zu kleineren Rempeleien, um die eigene Position in der Reihe zu verbessern. Hinter den Schaltern saß ein ebenso nervös wirkendes Bodenpersonal an den Computern. Die Damen in ihren einheitlichen blauen Uniformen waren sichtlich bemüht, das Chaos ein wenig zu verringern. Meine Abreise begann also nicht so, wie ich es mir erhofft hatte.

Trotzdem hatte ich noch Glück. Ich erwischte genau jene Reihe, in der es am schnellsten voranging. Als ich in die Nähe des Schalters gerückt war, sah ich auch, warum. Die Dame dahinter hatte das Chaos offensichtlich halbwegs im Griff. Sie tippte schnell und professionell auf der Tastatur ihres Computers herum, nahm trotz der allgemeinen Hektik sogar Wünsche der Reisenden entgegen und gab klare Anweisungen, was mit den Gepäckstücken zu tun war. Außerdem war die Dame im Gegensatz zu ihren Kolleginnen freundlich und zudem auch noch hübsch.

Nun war endlich ich an der Reihe. Obwohl ich zusätzlich zu meinen zwei Reisetaschen noch den großen Radkarton als Sondergepäck dabeihatte, veränderte die Frau ihren freundlichen Gesichtsausdruck nicht. Geduldig druckte sie die Gepäckanhänger aus, um sie jeweils an den Tragegurten zu befestigen. Sie erfüllte sogar meinen Sonderwunsch, direkt an einem der Notausgänge sitzen zu können, um mehr Beinfreiheit zu genießen. Meine beiden Taschen durfte ich auf das Förderband heben, den Fahrradkarton jedoch nicht. Da es sich hier um Sondergepäck in Übergröße handelte, gab es dafür einen eigenen Schalter. Dieser war gleich in der Nähe, und in kürzester Zeit befand sich auch mein Fahrrad auf dem Weg zum Flieger. Das glaubte ich zumindest.

Als ich in Frankfurt in den Jumbo für den Überseeflug wechselte, hatte ich wie gewünscht meinen Platz an einem Notausstieg. Durch das kleine Fenster in der Tür konnte ich das rege Treiben vor unserer Maschine beobachten. Genau unter dem Notausstieg befand sich eine der großen Luken für das Gepäck. Ständig kamen Elektrowagen mit Anhängerkolonnen angefahren, auf denen sich unzählige Koffer, Taschen, Kartons und Rucksäcke in allen Größen und Ausführungen türmten. Ein eingespieltes Team von Arbeitern hievte die Fracht in den Flieger. Dabei gingen sie nicht gerade zimperlich zu Werke. Einige Gepäckstücke befanden sich mehr in der Luft als in den Händen der Männer. Man sah, dass es hier um die Einhaltung des Zeitplans ging. Nervös hielt ich Ausschau nach meinem Radkarton. Ich wusste, dass die meisten Gepäckstücke beim Umladen verloren gehen, wenn man umsteigt. Unter den vielen Taschen glaubte ich auch meine beiden entdeckt zu haben. Ich war mir zwar nicht ganz sicher, aber es beruhigte mich ein wenig. Den Fahrradkarton sah ich nicht. Der befand sich vermutlich schon im Bauch des Flugzeuges.

Nach einem kurzweiligen Flug und einer langweiligen Einreiseprozedur am John F. Kennedy Airport in New York ging es zur Gepäckausgabe.

Je näher ich der Ankunftshalle kam, desto aufgeregter wurde ich. Als ich vor dem Förderband stand, war ich ähnlich nervös wie zu früheren Zeiten vor einem meiner vielen Wettkämpfe als Mehrkämpfer. Mit klopfendem Herzen schaute ich auf das Förderband, als dieses sich langsam zu bewegen begann.

Offensichtlich war ich ein Glückspilz. Gleich am Anfang der Gepäckkolonne lagen meine beiden Reisetaschen. Das war also schon die halbe Miete. Zufrieden hielt ich meine gesamte Rad- und Freizeitkleidung in den Händen. Nun hieß es Ausschau halten nach dem großen Radkarton. Ohne Radkarton kein Rad. Und ohne Fahrrad keine Radreise.

Überall nahmen die Reisenden ihre Taschen und Rucksäcke vom Förderband. Dabei kam es immer wieder zu Drängeleien, da diejenigen, die in der zweiten Reihe standen, nicht an ihr Gepäck herankamen. Hektisch wurde gezogen, gerissen und gerempelt. Einige Minuten vergingen, immer mehr Gepäck fuhr an mir vorbei, aber der Radkarton befand sich nicht darunter. Verkrampft versuchte ich meine Nervosität zu verbergen. In nur scheinbar lockerer Haltung, die Hände in den Hosentaschen, stand ich in Warteposition. Als jedoch immer mehr Menschen die Halle mit ihren Siebensachen verließen, begann ich auch nach außen hin sichtbar unruhig zu werden. Ich ging neben dem Förderband hin und her und starrte unentwegt auf die dunkle Öffnung, die das Gepäck der anderen Urlauber ausspuckte. Mein Karton kam nicht.

Als das Band zum Stillstand kommt, stehe ich völlig ratlos da. Ich sehe mich schon meine geplante Reise absagen. Immer wieder habe ich von diesem Fiasko geträumt. Jetzt hoffe ich inständig, dass sich doch noch alles zum Guten wenden wird. Eine Chance habe ich noch: In der Ankunftshalle gibt es auch einen Ausgabeschalter für Gepäck mit Übergröße. Da ich mein Rad an einem solchen Schalter eingecheckt habe, kann es leicht sein, dass mein Fahrradkarton dort auf mich wartet. Diese Hoffnung verflüchtigt sich aber bereits nach wenigen Minuten. Der besagte Schalter ist geschlossen. Mein Fahrrad ist nicht dort. Nun bin ich echt verzweifelt. So viele Monate Vorbereitung waren unter Umständen umsonst. Ebenso die vielen Tausend Trainingskilometer, oft bei unwirtlichsten Wetterverhältnissen, die ich für diese Reise abgestrampelt habe. Ich bin den Tränen nahe.

Jeder Flughafen hat sein eigenes Büro für »Lost Luggage«. Die Angestellten dort sind nicht zu beneiden. Sie haben nur mit verärgerten, nervösen und ungeduldigen Reisenden zu tun. Alle wollen ja nur eines: endlich wieder ihr verschollenes Hab und Gut in den Händen halten. Da es sich aber meist um Gepäck handelt, das irgendwo zurückgeblieben ist, bleibt den Angestellten nichts anderes übrig, als die Wartenden auf die nächsten ankommenden Flugzeuge zu vertrösten. Und so geht es auch mir. Ich werde vertröstet. Zumindest auf den nächsten Tag. Ich solle morgen noch einmal wiederkommen. Mein Radkarton werde dann ganz sicher da sein.

Ein wenig Spielraum hatte ich. Mein Aufenthalt in New York war für drei Tage geplant. Erst dann wollte ich mit meiner USA-Durchquerung beginnen. Nun hieß es einfach warten.

Die erste Nacht in New York war fürchterlich. Daran war nicht die Stadt schuld, es waren meine Träume. Der Ausdruck »Albträume« ist noch untertrieben. Sie handelten – wie könnte es anders sein – von meinem Fahrrad: Einmal stand es irgendwo in Frankfurt am Flughafen und war einfach vergessen worden. Dann wieder sah ich einen Flughafenangestellten vor mir, der mit meinem Rad bei sich zu Hause Runden fuhr. In einem weiteren Traum waren die einzelnen Radteile zum Verkauf an Ständen eines Flohmarktes ausgelegt. Immer wieder wachte ich schweißgebadet auf.

Am nächsten Tag musste ich wieder zum Flughafen. Unverständlicherweise wollte man mir telefonisch keine Auskunft geben. Das hieß – für jede einzelne Fahrt – etwa eine Stunde in der U-Bahn sitzen. U-Bahn fahren in New York ist zwar praktisch, da die Straßen meist völlig überlastet und verstopft sind. Aber es kann auch nerven. Die Züge sind fast immer übervoll, und in den Waggons tummeln sich oft die anstrengendsten Einwohner dieser Weltstadt. Sauber sieht anders aus. Trotz des Essens- und Rauchverbots liegen alle Arten von Essensresten und jede Menge Zigarettenstummel am Boden herum. Doch es blieb mir nichts anderes übrig. Ich musste und wollte persönlich im Büro vorsprechen. Und dazu brauchte ich die U-Bahn.

Die erste Fahrt machte ich bereits umsonst. Mein Radkarton war immer noch nicht da. Die Angestellte des Flughafens fertigte mich innerhalb kürzester Zeit ab und verwies mich auf die nächsten Flieger. Sie konnte ja nicht wissen, wie wichtig die Radbox für mich war.

Also wieder zurück nach Manhattan, in mein Domizil. Die

Zeit im Hotel war eigentlich für das Zusammenbauen des Fahrrades gedacht, es wäre genügend zu tun gewesen. Hier ging es nicht nur um die normale Montage, sondern um das Vorbereiten des Rades für einige Tausend Kilometer Fahrt, teilweise auf schlechtem Straßenbelag und vor allem mit vollem Gepäck. Also mussten die Schrauben der Gepäckträger und alle anderen wichtigen Schrauben zusätzlich mittels eines eigens dafür vorgesehenen Schraubenklebers gesichert werden. Ein nochmaliges Zentrieren der Speichen war notwendig, ebenso die Ausrichtung der Bremsbeläge und die zusätzliche Fixierung der Problembereiche mittels Kabelbinder oder starkem Klebeband. Alle wichtigen Arbeitsschritte hatte ich mir zu Hause aufgeschrieben und wollte diese nun checklistenmäßig abarbeiten. Dazu benötigte ich aber Zeit. Für mich war es eine Art Ritual, und dabei wollte ich nicht unter Zeitdruck stehen. Am Vorabend der Abreise musste meine gesamte Ausrüstung vollständig vorbereitet im Zimmer stehen. Das würde nun wahrscheinlich nicht mehr zu schaffen sein.

Am Abend passierte mir dann ein Missgeschick. Ich kam zu spät zum Flughafen. Das Büro war bereits geschlossen. Ich überlegte sogar, auf einer Bank am Airport zu übernachten, um mir am nächsten Morgen die Fahrt mit der U-Bahn zu ersparen. Das Vorhaben erledigte sich dann aber von selbst, da sich um Mitternacht alle Türen des riesigen Gebäudes schlossen.

Die zweite Nacht verlief wie die erste: Ein Albtraum reihte sich an den anderen. Dazwischen lag ich wach und überlegte mir bereits ein Notprogramm. Aber so sehr ich darüber nachdachte, eine Lösung war nicht in Sicht. Ohne mein eigenes, auf vielen Kilometern getestetes Material konnte ich die USA-Durchquerung vergessen. Ich stand kurz vor der Aufgabe.

Insgesamt fuhr ich in den drei Tagen neun Mal mit der U-Bahn zum Flughafen. Täglich nach dem Frühstück, kurz nach Mittag und dann noch einmal am späten Abend.

Endgültig den Nerv zog mir eine junge hübsche Fluglinienangestellte, die am Abend des dritten Tages Dienst im »Lost Luggage«-Büro versah. Als sie hörte, dass ich bereits seit drei Tagen auf mein Gepäck wartete, erklärte sie mir mit versteinerter Miene, dass dieses nun sicher nicht mehr auftauchen würde. Normalerweise würde zurückgebliebenes Gepäck spätestens am nächsten Tag mit einem der nächsten Flieger eintreffen. An drei Verlusttage könne sie sich nicht erinnern. Damit würde die Chance, meinen Radkarton doch noch zurückzubekommen, praktisch auf null sinken. Ungläubig und mit offenem Mund stand ich im Büro. Nun war alles aus.

Als ich mit der U-Bahn zu meinem Hotel zurückfahre, bin ich völlig am Boden zerstört. Meine erste größere Radreise ist also tatsächlich zu Ende, bevor sie eigentlich begonnen hat. Mit hängendem Kopf gehe ich in die Hotelhalle und will mich an der Rezeption in Richtung Zimmer vorbeischleichen. Im Hotel weiß man bereits von meinem fehlenden Gepäck. Plötzlich ruft eine Reinigungskraft hinter mir her und zeigt in Richtung Eingangstür. Da ich nicht weiß, was sie meint, schaue ich noch einmal auf die Straße hinaus. Ich traue meinen Augen kaum. Vor mir steht ein Wagen der Fluglinie, mit der ich hergekommen bin. Ein Angestellter öffnet den Kofferraum. Und dort kommt mein so sehnlichst erwarteter Fahrradkarton zum Vorschein. Mir fällt ein riesiger Stein vom Herzen, und von einer Sekunde auf die andere lösen sich alle Sorgen der letzten drei Tage in Luft auf. Meine Reise ist nun doch noch möglich.

Ich habe mich nie genauer erkundigt, wo der Radkarton zurückgeblieben war und wieso ich ihn nach drei langen Tagen doch noch bekommen habe. Schlussendlich war dies für mich auch nicht mehr so wichtig. Vermutlich haben Computer und Mensch doch nicht so gut zusammengespielt. Um ein Haar hätte ich wieder nach Hause fliegen müssen, noch bevor ich den ersten Kilometer gefahren bin. Noch oft träumte ich während der anschließenden Reise vom Radkarton, der einsam und verlassen auf irgendeinem Flughafen herumsteht ...

Verhaftung in New York

Nun ist endlich der große Augenblick gekommen: Meine Radreise durch den nordamerikanischen Kontinent beginnt. Ich schiebe das voll bepackte Fahrrad aus meinem Hotel am Südwestende des quirligen New Yorker Stadtteils Manhattan, die Sonne scheint, und mit 20 °C herrscht die ideale Temperatur zum Radfahren. Die ersten Voraussetzungen für meinen Start sind also gut. Noch ...

Mein Ziel war es, von New York aus quer über den Kontinent bis nach San Francisco zu fahren. Für die Durchquerung wollte ich ab Chicago die Route 66 benutzen. Die Abstecher in verschiedene Nationalparks eingeschlossen, standen etwas mehr als 11 000 Kilometer auf dem Programm. Auf dieser Strecke gab es zudem mit über 80 000 Höhenmetern etliche Hürden zu überwinden. So auch die Rocky Mountains.

Ich hebe mein eigens für diese Reise umgebautes Triathlonrennrad vom Gehsteig herunter auf die Fahrbahn. Dabei bekomme ich einen Vorgeschmack davon, wie viel Gepäck ich eigentlich aufgeladen habe. Je zwei Satteltaschen hinten und vorn sind fein säuberlich voll gepackt, zusätzlich gibt es noch eine Lenkertasche. Während meiner Vorbereitungen zu Hause habe ich mir monatelang Gedanken über die beste Verteilung des benötigten Materials gemacht, jedes einzelne Teil auf eine Küchenwaage gelegt, um zu entscheiden, ob ich es überhaupt mitnehmen will. Als oberste Grenze legte ich 25 Kilogramm Gepäck fest. Nun kommt mir alles viel schwerer vor.

Mein erster Weg führte in Richtung Hudson River. Auf diesem Fluss war Captain Sullenberger am 15. Januar 2009 mit seinem mit 120 Passagieren besetzten Airbus A320 der Fluglinie US Airways nach einem Vogelschlag die Notlandung gelungen.

Von meinem Hotel bis zum Hudson waren es nur etwa fünf Häuserblocks. Aber sich mit einem voll bepackten Fahrrad in den Verkehr der Millionenstadt New York einzufädeln, gehört nicht gerade zu den leichtesten Aufwärmübungen. Mein Plan, vorerst nur den Gehsteig zu benutzen, erwies sich als unrealistisch. Die Gehsteige von New York sind überfüllt mit gestressten Managern, Vierbeinern an der Leine, unzähligen grell bekleideten Joggern oder Touristen mit überfüllten Einkaufstaschen. Aber auch auf der Fahrbahn blieb für einen Radfahrer nicht viel Platz. Die Fahrweise und das ständige Hupen der New Yorker Autofahrer, vor allem der hiesigen gelben Taxis, waren abenteuerlich. Bis zur ersten Querstraße musste ich nicht mehr als etwa 200 Meter zurücklegen, trotzdem war ich gezwungen, ständig anzuhalten und vom Rad zu steigen. Es war vorerst unmöglich, mit den Radschuhen in die Fixierungen der Pedale zu steigen.

Fünf Häuserblocks weiter – und mit einigem Herzklopfen – stieß ich auf den Hudson River. Ich stand direkt vor einem großen Park mit verschiedenen Sportanlagen. Dort fuhr ich hinein und setzte mich auf eine Bank. Nun war es wichtig, mich genau zu orientieren. Ich hielt auf der Karte Ausschau nach dem Riverside Drive, denn diese Straße führt in nördlicher Richtung zur George Washington Bridge. Eine von nur drei Brücken über den Hudson River, die auch von Radfahrern benutzt werden darf. Sie sollte mich aus New York hinaus und in Richtung New Jersey führen, wohin ich meine Reise fortsetzen wollte.

Immer wieder hatte ich zu Hause Straßenkarten von New York studiert und das Internet durchforstet, um die optimale Strecke von meinem Hotel bis zur George Washington Bridge zu finden. Nun saß ich da mit der Karte in der Hand, in der ich die für mich beste Lösung mit rotem Farbstift markiert hatte. Und die rote Markierung verlief entlang des Riverside Drive. Gerade als ich wieder auf das Fahrrad steigen wollte, kamen zwei Radfahrerinnen auf mich zu. Etwas ältere Damen, die beide knallbunte Fahrradkleidung trugen und auf ihren

Helmen kleine Rückspiegel montiert hatten, offensichtlich um den Verkehr besser im Auge zu behalten. Zu meiner Überraschung sprachen beide Deutsch. Es stellte sich heraus, dass sie zusammen mit ihren Ehepartnern nach Beendigung ihres Berufslebens vor zwei Jahren aus der Schweiz nach New York ausgewandert waren. Die Radfahrerinnen erzählten mir, dass es einen Radweg zwischen dem Hudson River und dem Riverside Drive gebe. Sie erklärten ihn mir anhand meiner Straßenkarte, auf der er nicht eingezeichnet war. Als ich ihnen vor meiner Weiterfahrt noch erzählte, dass mein Ziel San Francisco sei, schauten sich beide fragend an und stiegen dann mitleidig lächelnd auf ihre Rennräder.

Ich hätte meinen Plan nicht ändern sollen. Den Radweg fand ich zwar gleich, aber bereits nach dem ersten Kilometer folgte eine Abzweigung nach der anderen. Es gab viele Unterführungen oder Überführungen und Abschnitte, auf denen man das Rad schieben musste, da der Radweg zum Fußweg wurde. Irgendwann erblickte ich dann in weiter Ferne die George Washington Bridge mit ihren beiden charakteristischen Brückenpfeilern. Zumindest stimmte die Richtung. Eigentlich musste ich ja nur in der Nähe des Flusses bleiben, dann konnte ich die Brücke nicht verfehlen. Aber New York ist eben keine kleine Stadt in den österreichischen Alpen, und Radwege in dieser Millionenstadt sind auch ein wenig weitläufiger als die bei mir zu Hause. Ich bereute es, nicht genau dem markierten Weg auf meiner Straßenkarte gefolgt zu sein. Zwei aus der Schweiz zugewanderte Frauen hatten mich dazu gebracht, meine stundenlangen peniblen Planungen links liegen zu lassen!

Nach ständigem Hin- und Herfahren, mehrfachem Nachfragen und einigen abenteuerlichen Manövern stand ich dann doch unter der George Washington Bridge. Nun teilte sich der Radweg. Man konnte entweder weiter geradeaus fahren oder in Richtung Brücke abzweigen. Von meinen Vorbereitungen her wusste ich, dass es einen separaten Fuß- und Radweg über die

Brücke gab. An der Kreuzung stand ein großes Schild mit einem Pfeil und dem Hinweis »To the bridge«. Doch leider klebte unter dem Schild ein Zettel, auf dem mit roter Leuchtschrift in großen Buchstaben zu lesen war »Men at work. Bridge closed for bicycles and pedestrians«. Der Weg war also heute gesperrt. Jetzt hatte ich ein echtes Problem. Meine einzige Möglichkeit, aus New York herauszukommen, ohne einen großen Umweg zu fahren, war der Weg über die George Washington Bridge. Nun begann es auch noch zu regnen. Und es war kein normaler Regen, sondern ein sintflutartiger Wolkenbruch. Im Schutz der Brücke holte ich mein Regenzeug aus der Satteltasche. Neben einer Regenjacke und Regenhose hatte ich zu Hause auch wasserdichte Socken getestet. Diese hatten sich als besonders vorteilhaft erwiesen, da man als Radfahrer trotz noch so guter Regenbekleidung ständig nasse Füße bekommt. Die wasserdichten Socken, die eigentlich aus dem Angelsport kommen, sorgen für trockene Füße.

Nach dem Kleiderwechsel war ich fest entschlossen, die Brücke zu benutzen, unter der ich nun stand. Ein Umweg kam für mich nicht mehr infrage. Ich entfernte die Satteltaschen von meinem Fahrrad und hob Letzteres über den Zaun, der den Fuß- und Radweg vom Riverside Drive trennte. Anschließend kamen die Satteltaschen an die Reihe. Bereits beim Überklettern des Zauns bekam ich die ersten Hupkonzerte der Autofahrer zu hören. Am Riverside Drive herrschte an dieser Stelle enormer Verkehr, da es sich um einen Zubringer zur Brücke handelte. Und Radfahrer waren hier sicher nicht willkommen. Als Polizist hätte ich wissen müssen, dass mein Vorhaben nicht nur verboten, sondern auch sehr gefährlich war. Ich befestigte so schnell als möglich die Satteltaschen an den Gepäckträgern, wechselte unter weiterem Hupkonzert irgendwie die Fahrbahn und trat in die Pedale. Es regnete nun immer stärker. Da es keinen Seitenstreifen gab, musste ich so schnell wie möglich treten, um den Verkehr nicht unnötig aufzuhalten. Die hinter mir fahrenden Autos konnten mich nicht überholen. Die Auffahrt auf die Brücke war zwar nur etwa 300 Meter lang, aber sehr steil, und bereits nach kurzer Zeit brannten mir die Oberschenkel. Obwohl ich mich nicht traute, nach hinten zu blicken, wusste ich, dass sich bereits eine Kolonne gebildet hatte. Ungefähr 100 Meter vor der Brücke teilte sich der Riverside Drive noch einmal. Da ich aber mit eingezogenem Kopf und bei strömendem Regen nach oben keuchte, bemerkte ich diese Abzweigung nur aus den Augenwinkeln heraus. Dann war ich auch schon vorbei. Das Schild mit der Aufschrift »No bicycles«, das ich nun passierte, wollte ich nicht sehen. Jetzt hatte ich endgültig alle Verbote missachtet, die man auf 300 Metern Fahrt missachten kann! Aber es gab auch kein Zurück mehr.

Unter wildem Hupen der Autofahrer und dem Dröhnen der Hörner riesiger Trucks begann ich meine Überquerung des Hudson. Die Fahrbahn auf der Brücke war in Längsrichtung gerippt, und etwa alle 20 Meter gab es eine handbreite, nach unten offene Querrille, damit Wasser abfließen konnte. An jeder Querrille bekam mein Rad einen Schlag, und die Satteltaschen hüpften auf den Gepäckträgern. Ein wahrer Horror aber waren die Längsrillen. Die Reifen rutschten laufend von einer Rille in die andere, und ich war ständig in Sturzgefahr. Zusätzlich bekam ich an jeder Querrille einen vollen Wasserguss von oben. Als ich hinaufschaute, sah ich, dass sich über mir eine weitere Ebene der Brücke befand, auf der ebenfalls der Verkehr dahinbrauste. Erst jetzt verstand ich, dass jene Abzweigung, die ich kurz zuvor versäumt hatte, auf die zweite Fahrbahnebene führte. Ich befand mich auf der unteren Fahrbahn, auf der nicht nur der größte Verkehr herrschte, sondern auch sämtliche Trucks über den Hudson River setzten. Ein Sturz auf dieser Brücke wäre für mich fatal gewesen, denn rechts von mir befand sich die Seitenleitschiene, und links von mir brauste auf drei Spuren der Verkehr vorbei. Bei jedem großen Truck spürte ich wegen des geringen Abstandes den Luftsog.

Nach wenigen Minuten halsbrecherischer Fahrt höre ich hinter mir plötzlich eine laute Sirene. Ich blicke in meinen auf der linken Lenkerseite angebrachten Rückspiegel und sehe zwei Polizeiautos. Eines unmittelbar hinter mir, das zweite seitlich zu mir aufschließend und dann in meiner Geschwindigkeit neben mir herfahrend. An beiden Fahrzeugen blinken sämtliche Blau-, Gelb- und Rotlichter und heulen die Sirenen. Auch das Hupen des übrigen Verkehrs hält an und die gestressten Fahrer deuten mit allen möglichen Gesten aus ihren Fahrzeugen heraus in meine Richtung. Als Polizist hätte ich es ja wissen müssen. Das konnte einfach nicht gut gehen. Nun überholt mich das neben mir fahrende Polizeiauto, setzt sich vor mich und wird langsamer. Gleichzeitig klappt ein Schild mit der Aufschrift »Stopp« hinter der rückwärtigen Scheibe nach oben. Da ich total aufgeregt bin und ja auch noch auf die gefährlichen Spurrillen achten muss, bremse ich zu spät ab und krache gegen die riesige hintere Stoßstange des Polizeiautos, das nun angehalten hat. Zu allem Überfluss komme ich auch nicht mehr rechtzeitig aus den Pedalsicherungen heraus und falle im Zeitlupentempo um. Die beiden vorderen Satteltaschen und die Lenkertasche werden vom Gepäckträger gerissen. Noch bevor ich mich wieder aufrappeln kann, steht bereits ein Polizist bei mir und schaut von oben auf mich herunter.

Obwohl ich bereits selbst 30 Polizeidienstjahre hinter mir habe, muss ich zugeben, dass der Anblick des böse dreinblickenden, mit allen möglichen Gegenständen behängten New Yorker Police Officers Respekt einflößend ist. Mittlerweile stehen insgesamt vier Polizisten um mich herum. Sie wechseln kein Wort mit mir, sondern beginnen sofort wie ein eingespieltes Team zu arbeiten. Einer hilft mir auf, der andere sammelt die Satteltaschen ein. Während der dritte Polizist den Kofferraum des vorn stehenden Polizeifahrzeuges öffnet, sperrt der vierte alle Fahrstreifen in meiner Fahrtrichtung. Offensichtlich führt die Anwesenheit der Polizei dazu, dass nun niemand mehr hupt.

Der Verkehr kommt vollständig zum Stillstand und alle können nun mitansehen, wie vier New Yorker Polizisten ihrem Kollegen aus Österreich helfen, der mit seinem Fahrrad mitten auf der verkehrsreichen George Washington Bridge umgefallen ist. Nach wie vor stumm und ohne mich eines weiteren Blickes zu würdigen, verfrachten sie mein Fahrrad, so gut es geht, in den Kofferraum. Ich muss im hinteren Polizeiauto Platz nehmen. Zwischen mir und den Vordersitzen ist eine dicke Plexiglasscheibe installiert, vor der eine der berühmten Pumpguns steckt. Wir fahren bis zum Ende der Brücke, mein Fahrrad, das halb aus dem Kofferraum des vorderen Polizeifahrzeugs herausschaut, hüpft bei jeder Querrille hoch. Ich sehe mich schon eine Menge Schäden reparieren.

Hinter der Brücke halten wir an einem Parkplatz an und ich muss aussteigen. »Are you crazy?«, ist der erste Satz, den die Polizisten zu mir sprechen. Der zweite Satz macht mir dann wirklich Angst: »You will be arrested!« Alle vier Uniformträger stehen um mich herum, und ich fühle mich wie ein Verbrecher. Kleinlaut greife ich in die Trikottasche und hole meinen internationalen Polizeiausweis hervor. Als meine amerikanischen Kollegen ihn sehen, schütteln sie verständnislos den Kopf.

Ich bin heute noch überzeugt, dass mich nur mein Polizeiausweis vor der angedrohten Haftstrafe oder zumindest vor einer hohen Geldstrafe gerettet hat. Trotzdem waren die New Yorker Police Officers nicht gerade beeindruckt von mir. Sie belehrten mich über alle möglichen amerikanischen Gesetze, machten weiterhin böse Gesichter und gingen dann zur Seite, um sich zu beraten. Kurze Zeit später holten sie mein Fahrrad und das Gepäck aus dem Kofferraum und fuhren ohne eine weitere Bemerkung davon. Offensichtlich waren sie über meine Sorglosigkeit mehr als verärgert.

Ich baute alles wieder zusammen und stieg auf mein Rad. Die ersten 18 Kilometer meiner Reise hatte ich geschafft. Noch hatte ich aber über 11 000 Kilometer vor mir ...

Ein rabenschwarzer Tag

E s gibt Tage, an denen geht alles schief. Einen solchen »rabenschwarzen« Tag erlebte ich, als ich mich gerade mit meinem Fahrrad in Pennsylvania über die Tuscarora Mountains quälte. Diese Gebirgskette liegt an den südlichen Ausläufern der Appalachian Mountains, der größten Berglandschaft im zentralen und östlichen Pennsylvania. Da der »Keystone State« Pennsylvania bei einer USA-Durchquerung von Osten nach Westen, also vom Atlantischen Ozean zum Pazifischen Ozean, im ersten Viertel der Strecke liegt, würde dieser Abschnitt normalerweise noch zum Bereich »Einradeln und Gewöhnen« gehören. Doch leider geht es hier bereits ständig bergauf und bergab. Teilweise sind die Steigungen steil und lang gestreckt wie in den Tiroler Alpen. Ein Tiroler Radfahrer ist das Bergauffahren ja gewöhnt, aber bei den Radreisen kommt noch der Gepäcktransport hinzu, und das führt zu einer zusätzlichen Erhöhung der Herzfrequenz.

In McConnellsburg, im südlichen Zentralpennsylvania, hatte ich einen Ruhetag in einem kleinen Motel verbracht. Die Tage davor waren wegen der vielen Steigungen anstrengend gewesen. Ich nutzte die Pause zur Regeneration meiner müden Oberschenkel und für die Reinigung meines verschmutzten Fahrrades. Nach dem Ruhetag wollte ich mit frischem Elan die restlichen Ausläufer der Tuscarora Mountains bezwingen.

Als ich in der Früh im Motel erwachte, blitzte bereits die Sonne ins Zimmer. Ein Zustand, den ich nicht kannte, denn normalerweise saß ich bereits auf dem Fahrrad, wenn der Tag erwachte. Mir war es lieber, früh zu beginnen und dann schon am späten Nachmittag langsam zum Ende zu kommen. Am heutigen Morgen hatte ich verschlafen. Dieses Missgeschick war der Anfang einer längeren Serie von Missgeschicken, und am Abend hatte ich eine ganze Tasche voller negativer Erlebnisse gesammelt.

Ich ärgerte mich. Zwar ist es auf einer solch langen Reise völlig irrelevant, ob man einmal drei Stunden später im Sattel sitzt, trotzdem begann der Tag für mich nun schon stressig. Mein übliches Ritual kam viel zu kurz: vor Sonnenaufgang aufstehen, duschen, genügend Schutzcreme sorgfältig am gesamten »Sitzfleisch« verteilen, alle getrockneten und gelüfteten Bekleidungsstücke in die Radtaschen an den dafür vorgesehenen Stellen verpacken und die Taschen sicher am Gepäckträger fixieren. Dann bekommt mein Fahrrad »Sprit« für die Reise, also Öl an allen wichtigen Reibungsstellen, die Luft in den Reifen wird ergänzt und die Bremsen werden kontrolliert. Anschließend ziehe ich mich an, wobei eine meiner vielen »Macken« ist, dass meine Sportbekleidung farblich immer zusammenpassen muss. Eine Kombination aus roter Radhose, blauem Radshirt und grünem Radhelm kommt für mich nicht infrage. Für andere mag das lächerlich sein, ich aber fühle mich in einer solchen Farbzusammenstellung einfach nicht wohl. Daher liegt in der Früh bereits die richtig aufeinander abgestimmte Kleidung neben dem Fahrrad. Schlussendlich schaue ich mir noch einmal die für den Tag geplante Strecke auf einer Straßenkarte an. Dann brauche ich meinen Startkaffee. Den gibt es normalerweise auch in den kleinsten Motels rund um die Uhr aus einer großen Thermoskanne.

Da ich verschlafen hatte, musste mein übliches Ritual etwas verkürzt werden. Alle Handgriffe und Tätigkeiten, die ich normalerweise blind beherrsche, absolvierte ich an diesem Morgen etwas halbherzig und unkonzentriert. Erst gegen zehn Uhr, fast vier Stunden später als üblich, stand ich abfahrbereit am Moteleingang. Vier Stunden weniger Zeit, das hieß etwa 60 bis 80 Kilometer weniger Strecke. Eigentlich wollte ich an diesem Tag bis ins etwa 200 Kilometer weiter westlich gelegene Uniontown in Westpennsylvania gelangen.

Ich steige auf mein Rad. Bereits nach den ersten Metern spüre ich, dass etwas nicht stimmt. Und dieses Etwas kenne ich schon. Ich habe es schon viele Male zuvor gespürt: Das Schlingern des Hinterrades kommt von einem luftlosen Reifen. Ich bin keine 50 Meter gefahren und habe schon den ersten Platten. Wütend bleibe ich stehen und lehne meinen fahrbaren Untersatz gegen eine Hausmauer. Natürlich befindet sich die Panne am Hinterreifen. Und das heißt: Radtaschen wieder abnehmen, Kette aushängen, Bremsen und Schnellspanner öffnen, Rad abnehmen. Dabei werden die Hände ölig, da vor dem Abnehmen der Kette der Umwefer zurückgezogen werden muss. In unmittelbarer Motelnähe sitze ich nun am Boden und wechsle den Schlauch. Zwar bin ich darin bereits routiniert, aber alles in allem vergeht trotzdem eine halbe Stunde, bis ich wieder im Sattel sitze.

Ich trete ordentlich in die Pedale, um meinen Rückstand zumindest ein wenig aufzuholen. Immerhin hilft mir der leichte Rückenwind, gut voranzukommen. Nach etwa zehn Kilometern erreiche ich eine Abzweigung ohne Beschilderung. Normalerweise sind in ganz Nordamerika die Kreuzungen bestens beschildert, hier steht aber nur noch ein kleiner Mast. Die Schilder, die mir den Weg weisen sollten, fehlen. Für meine Weiterfahrt benötige ich daher die Straßenkarte. Als ich danach greifen will, läuft es mir kalt über den Rücken. Sie ist nicht da. Ich muss schlucken. Ich habe Straßenkarten für jeden Bundesstaat dabei, den ich durchradeln will. Die Karten sind wichtig für mich, denn ich richte mich ausschließlich nach ihnen und nicht nach einem modernen Navigationsgerät. Die jeweils benutzte Karte befindet sich normalerweise wasserdicht verpackt in der Rückentasche meines Radtrikots, die anderen in einer Satteltasche. Nun fehlt mir die Karte von Pennsylvania. Nach kurzem Überlegen glaube ich zu wissen, wo ich sie gelassen habe: Sie liegt sicher noch auf dem Tisch im Motel, an dem ich meinen ersten Kaffee getrunken habe. Nun heißt es also, noch einmal zurückzufahren. Ich drehe um und radele die zehn Kilometer retour. Natürlich habe ich nun Gegenwind, und je näher ich dem Motel komme, desto stärker wird er. Die Karte liegt tatsächlich noch auf dem Tisch. Ich befinde mich nun wieder an meinem Ausgangspunkt. Mittlerweile ist es bereits Mittag und mein bisheriges Tagespensum ist gleich null.

Also wieder von vorn. Mein heutiges Tagesziel scheint nun unerreichbar. In der Nacht zuvor hat es stark geregnet. Obwohl jetzt wieder die Sonne scheint, befinden sich auf der Fahrbahn immer wieder kleinere und größere Pfützen in den Schlaglöchern. Solche Wasseransammlungen sind unproblematisch für Autofahrer, aber Radfahrer mögen sie überhaupt nicht. Trifft sie doch jedes Mal ein ordentlicher Wasserschwall, wenn sie von einem Auto überholt werden. Ich komme gut voran und hole sogar etwas Zeit auf. Wegen des starken Verkehrs fahre ich sehr konzentriert. Ständig schaue ich in meinen Seitenspiegel, um das Herannahen eines großen Trucks früh genug zu bemerken und rechtzeitig an den rechten Fahrbahnrand ausweichen zu können. Als ich wieder einmal eines dieser Ungetüme im Spiegel bemerke, trete ich stärker in die Pedale. Je langsamer ich fahre, desto größer ist die Gefahr, ins Schlingern zu kommen. Und dies ist bei starkem Verkehr gefährlich.

Während der Truck zum Überholen ansetzt, bin ich hoch konzentriert. Aus den Augenwinkeln heraus sehe ich das Ungetüm an mir vorbeibrausen. Als es mich fast überholt hat, gerät dessen hinterstes Räderpaar, auf dessen Höhe ich mich gerade befinde, in eine große Wasserpfütze. Ich höre ein lautes Zischen, und unmittelbar darauf ergießt sich ein enormer Wasserschwall über meine linke Körperseite. Mir bleibt für kurze Zeit die Luft weg, und ich muss meine Augen schließen. Für einige Meter fahre ich nun blind, was aber ausreicht, um mit meinem Fahrrad aus der Spur zu geraten. Ich schwanke gefährlich in Richtung Fahrbahnmitte, wo immer noch der Truck neben mir herfährt. Wahrscheinlich habe ich mehr Glück als Verstand, aber der Truck schafft es irgendwie an mir vorbei, ohne dass es zur Berührung kommt, die für mich vermutlich katastrophal geendet hätte. Nach einigen Schrecksekunden habe ich mich wieder gefangen und mein Rad halbwegs unter Kontrolle. Trotzdem muss ich anhalten. Mein Herzschlag hat sich verdoppelt. Wie ein begossener Pudel stehe ich am Straßenrand.

Es gab nun zwei Möglichkeiten: Entweder wechselte ich an Ort und Stelle meine Radbekleidung, oder ich fuhr bis zum nächsten Restaurant, um mich dort umzuziehen und bei der Gelegenheit ein verspätetes Mittagessen einzunehmen. Ich entschied mich für die zweite Variante und erreichte bereits zehn Minuten später einen der vielen Fast-Food-Tempel. In der Toilette schlüpfte ich in frische Radbekleidung. Nach einer ausnahmsweise schmackhaften und gar nicht ungesund aussehenden Suppe bot mir die Kellnerin den obligatorischen, fast durchsichtigen Kaffee an. Sie holte eine große Kanne von der Bar und kam auf mich zu. Am Nebentisch saß eine große Familie mit mehreren Kindern und verursachte ein großes Drunter und Drüber. Als die Kellnerin gerade unmittelbar vor meinem Tisch stand, stieß eines der herumlaufenden Kinder gegen die Kaffeekanne. Als ob ich das Unglück bereits vorausgeahnt hätte, machte ich mit meinem Stuhl einen Ruck zur Seite. Zu spät. Die Kanne fiel herunter, berührte mich an den Oberschenkeln, und ein Teil des heißen Kaffees ergoss sich über meine Beine. Die Kellnerin erschrak mindestens ebenso wie ich. Es war ihr sichtlich peinlich, und sie entschuldigte sich mehrmals bei mir. Der Restaurantmanager kam nun ebenfalls aufgeregt herbeigeeilt. Vermutlich sah er bereits eine Klage und eine enorme Entschädigungszahlung auf sich zukommen. Die Kellnerin, der Manager und einige Gäste redeten wild durcheinander auf mich ein. Aus ein paar Spritzern vergossenen Kaffees wurde ein Drama gemacht. Ich glaube, dass allen ein Stein vom Herzen fiel, als ich das Restaurant ohne weiteres Aufsehen verließ und mich wieder auf mein Rad setzte. Bezahlen musste ich weder mein

Essen noch die Getränke, als Gegenleistung verzichtete ich auf eine Millionenklage.

Nach frischem Kaffee duftend, radelte ich in den späten Nachmittag hinein. Für mich stand bereits fest, dass ich den heutigen Tag hinsichtlich einer guten Kilometerleistung abhaken konnte. In Gedanken beschäftigte ich mich schon mit meinem Nachtlager und hielt Ausschau nach einem geeigneten Platz für mein Zelt. Ich fuhr noch eine gute Stunde, dann erblickte ich vor mir eine Kirche, hinter der sich ein kleiner Wald befand. Ein optimaler Platz für das Nachtlager. Hier sollte mein nicht sehr erfolgreicher Radtag ein Ende haben.

Als ich auf die Kirche zufuhr, passierte es: Ich übersah ein großes Schlagloch. Mein Fahrrad geriet erst mit dem vorderen Rad in das etwa zehn Zentimeter tiefe Loch und dann mit dem hinteren. Es machte einen fürchterlichen Hopser, und ich hatte das Gefühl, dass sich sämtliche Teile von ihm lösten. Das war zwar nicht der Fall, aber die linke hintere Radtasche machte sich selbstständig. Jetzt büßte ich die Eile in der Früh, denn vermutlich war ich deshalb etwas schlampig gewesen und hatte die Tasche nicht gut fixiert. Das hinter mir fahrende Auto machte eine Vollbremsung und kam nur wenige Zentimeter vor meiner Radtasche zum Stillstand. Wäre ein amerikanischer Kleintruck mit fünfköpfiger Familie darübergerollt, hätte der Inhalt der Tasche sicher nicht überlebt. Zum Glück war alles andere unversehrt geblieben. Sogar die besonders stabilen Keramikfelgen, die ich mir eigens vor der Reise zugelegt hatte, wiesen keinen einzigen Kratzer auf. Diese Anschaffung hatte sich also rentiert. Ich nahm eilig die Tasche auf und schob mein Fahrrad die letzten Meter bis zur Kirche. Ich hatte nun mehr als genug vom Tag und wollte nur noch eines: die restlichen Stunden ruhig in meinem Zelt verbringen.

Leider wusste der große Hund, der direkt vor der Kircheneingangstür stand, nichts von meiner bisherigen Pechsträhne und meinem Wunsch nach Ruhe. Er stellte bereits seine Nackenhaare auf, als ich langsam auf ihn zu kam. Als er auch noch wie wild zu bellen begann, verwarf ich mein Vorhaben, den örtlichen Geistlichen um eine Zelterlaubnis zu bitten. Ich versuchte mich an dem Köter vorbeizuschleichen, was jedoch nicht gelang. Der Hund blieb ständig an meiner Seite, ich hatte keine Chance, irgendwie an den Wald hinter der Kirche zu gelangen. Schweren Herzens musste ich einsehen, dass sich mein Nachtlager nicht in der Nähe dieser Kirche befinden würde.

Also noch einmal weiter bis zum nächsten Ort. Ich will nicht mehr. Die heutigen Missgeschicke reichen mir. Der Tag war bisher schon daneben und gehörte von nun ab in die Rubrik »abgehakt«. Aber leider war er immer noch nicht vorbei. Als ob ich nicht schon genug Probleme gehabt hätte, kündigt sich durch ein schlingerndes Hinterrad die nächste Reifenpanne an. Nicht schon wieder. Weil ich wirklich keine Lust auf einen weiteren Schlauchwechsel habe, entscheide ich mich, mein Fahrrad bis zum nächsten Ort zu schieben. Es sind nur mehr zwei Kilometer. Die Reparatur vertage ich auf den nächsten Morgen. Ausgeschlafen wird alles besser aussehen.

Erst kurz vor Hereinbrechen der Dunkelheit habe ich endlich meinen Zeltplatz gefunden. Dieser ist sogar das Highlight des heutigen Tages: ein kleiner Hügel außerhalb eines Dorfes mit wunderbarer Sicht auf einen See, und ganz in der Nähe befindet sich eine Tankstelle. Also kann ich mir vorher noch ein Abendessen besorgen und habe für den nächsten Morgen bereits eine Bezugsquelle für meinen so wichtigen Morgenkaffee. Leicht frustriert vom heutigen Tag baue ich mein Zelt auf. Das Fahrrad und die Satteltaschen stelle ich an einen etwas entfernt stehenden Baum. Dann lege ich mich in meine Behausung und sehne mich nur noch nach zwei Dingen: essen und dann schlafen. Den heutigen Tag will ich einfach vergessen. Als die ersten Brösel meines Brotes auf den Zeltboden fallen, dauert es nur kurze Zeit, bis sich das letzte Unheil für heute anbahnt: Ameisen. Zuerst nur vereinzelt, aber kurze Zeit später in ganzen Kolonnen kommen sie ins Zelt gekrochen. Sie holen sich die Brotkrümel und suchen auch unter meinem Schlafsack nach Essbarem. Ameisen im Zelt sind der reine Horror. Sie können dir den Schlaf rauben. Ich springe auf, stürze wütend aus dem Zelt und schaue mich um. Sofort sehe ich, dass ich beim Aufbauen meines Nachtlagers nicht genau geschaut habe. Nur eine Handbreit hinter dem Zelt liegt ein großer Ameisenhaufen. Es wimmelt nur so von den kleinen bissigen Tierchen. Und leider sind Brotkrümel in der Nähe ihrer Behausung eine besonders gute Nahrungsquelle. Mir bleibt nichts anderes übrig, als mein Zelt abzubauen und fünfzig Meter entfernt wieder aufzustellen.

Ich kann von mir behaupten, dass ich einigermaßen belastbar bin. Normalerweise werfe ich bei Problemen nicht sofort meine Nerven weg. Aber inzwischen habe ich endgültig genug. Ich bin frustriert und fühle mich völlig ausgelaugt. Nicht körperlich, aber psychisch. Als ich wieder in meinen Schlafsack krieche, warte ich schon auf das nächste Malheur. Aber nun habe ich den heutigen Tag offensichtlich überstanden. Total müde sinke ich in den Schlaf. Ich kann mich noch gut daran erinnern, dass ich in dieser Nacht intensiv davon träumte, was mir am vergangenen Tag alles zugestoßen war. Und das war nicht gerade wenig ...

Dirk erzählt nix derartiges. Warum nicht?
Nicht vergessen, dass Thomas an burn-out litt.
Ist etwa diese Unfähigkeit, Dinge so hinzunehmen wie sie sind der Grund für burn-out? (Franz von Assisis Perfecte Laetitia).

»It's the law!«

Entgeistert blicke ich in Richtung Motel. Nur 300 Meter von mir entfernt liegt es, direkt an einem kleinen See. Auf der Veranda sitzen mehrere Gäste in der untergehenden Abendsonne. Eine kleine Idylle. Und genau dorthin möchte ich jetzt auch. Ich habe knapp 235 Tageskilometer in den Beinen. Inklusive mindestens 2000 Höhenmeter. Ich bin müde, habe Hunger und Durst und wünsche mir nur eines: mein voll bepacktes Fahrrad in die Wiese zu legen und mich zu den Leuten auf die Veranda zu setzen. Aber zwischen mir und diesem Motel liegen 300 Meter, die unüberwindbar scheinen. Zum ersten Mal verliere ich völlig die Fassung ...

Wenn man mit dem Fahrrad Nordamerika bereist, bietet sich einem die Möglichkeit, das Land und seine Bewohner intensiv kennenzulernen. Auch wenn es Zeiten gegeben hat, in denen ich beim Radfahren mehrere Tage hintereinander nur »Kilometer gefressen« habe, um möglichst schnell weiterzukommen, habe ich Landschaften wie Einheimischen große Aufmerksamkeit geschenkt. Oft war ich überrascht, wie faszinierend einzelne Streckenabschnitte waren, die in Reiseführern als karg und einsam bezeichnet werden. Jeder Bundesstaat hatte für mich seinen ganz besonderen Reiz und jede Landschaft ihre Eigenheit. Am auffälligsten waren diese Eigenheiten aber bei ihren jeweiligen Bewohnern. Irgendwie hatte ich in jedem Bundesstaat das Gefühl, dass die Einheimischen genau in diese Region passten. Nordamerikaner sind ihrer Heimat gegenüber sehr loyal.

Ich befand mich im Bundesstaat Pennsylvania, etwa 50 Kilometer östlich der Kleinstadt Somerset. Es war bereits später Nachmittag. Hinter mir lag ein wirklich harter Tag. Schon um fünf Uhr war ich im etwa 200 Kilometer weiter östlich gelegenen

Altoona auf mein Fahrrad gestiegen. Der Streckenverlauf war alles andere als flach gewesen. Ständig ging es bergauf und bergab. Die Steigungen waren zwar nie steil, zeitweise sogar fast unmerklich, aber am Ende des Tages konnte ich auf meinem Höhenmesser knapp 2000 gefahrene Höhenmeter ablesen. Zudem hatte mich während des ganzen Tages mein auf allen Radreisen so lieb gewonnener »Freund« begleitet: der Wind. Besser gesagt der Gegenwind. Das bedeutete, dass ich auch auf den ebenen Abschnitten gehörig kämpfen musste, um zumindest noch eine moderate Durchschnittsgeschwindigkeit aufrechtzuerhalten. Als wären Steigungen und Gegenwind noch nicht genug gewesen, ärgerte mich auch noch die Fahrradkette. So verlässlich diese auf allen meinen Radreisen gewesen war – sie riss kein einziges Mal –, heute hatte sie sich eindeutig vorgenommen, mich zu nerven. Dreimal machte sie schlapp. Das bedeutete jedes Mal: sämtliches Gepäck vom Rad nehmen, Hinterrad ausbauen, ein spezielles Kettenwerkzeug ansetzen, Kette reparieren, Rad wieder zusammenbauen und Gepäck aufladen. Vom Reinigen der völlig verölten Hände ganz abgesehen.

Nach etwa 200 Kilometern begann ich wie üblich, mich langsam auf das Ende des Tages vorzubereiten. Ich sah mich nach einer geeigneten Unterkunft um. Heute war mir der Begriff »Campen« fremd. Ich war körperlich ausgelaugt. Mein heutiges Ziel war ein sauberes Motel. Ich sehnte mich nach einer warmen Dusche und nach gutem Essen. Nur kein Müsli aus der Dose unter freiem Himmel auf einem Stein sitzend. Aber vorerst war weit und breit nichts Passendes in Sicht. Immer wenn ich besonders müde und erschöpft bin, schwindet auch meine Laune. Und wenn meine Laune schwindet, dann habe ich erst recht keine Lust mehr, auf dem Fahrrad weitere Kilometer abzustrampeln. In solchen Situationen hadere ich dann auch oft mit dem Sinn meiner Reise.

Immer nervöser werdend fuhr ich weiter, in der Hoffnung, doch noch ein Motel zu entdecken. Aber außer einigen teils verfallenen kleineren Gebäuden fand ich überhaupt keine Ansiedlungen. Schon während des vergangenen Tages war ich nur durch sehr kleine Orte geradelt. Diese Orte lagen weit auseinander und bestanden meist nur aus einer Tankstelle, einer kleinen Kirche und wenigen Häusern. Auf der gesamten Strecke hatte ich nur ein einziges größeres Motel passiert, und das war geschlossen gewesen.

Eine weitere Stunde radelte ich müde und demotiviert dahin, ohne auch nur im Entferntesten etwas zu erblicken, was einem Motel ähnlich sah. Ich musste mich wohl oder übel langsam darauf einstellen, doch wieder in meinem Zelt zu nächtigen. Aber auch dies bedeutete, dass ich dafür erst einmal eine geeignete Stelle finden musste. Meine Laune befand sich mittlerweile auf dem Tiefpunkt.

Als ich mich am Ende eines kurzen Anstieges auf einem kleinen Hügel befand, war plötzlich die nicht mehr erwartete Rettung in Sicht. Vor mir erstreckte sich ein etwas größerer Ort, der direkt hinter einem kleinen Fluss lag. Er war nicht weiter als etwa zwei bis drei Kilometer entfernt. Die Straße in den Ort hinein verlief zudem noch leicht abschüssig. Ich war gerettet. Ein solcher Ort hatte sicher auch ein Motel. Endlich gutes Essen, endlich ein bequemes Bett. Meine Motivation bekam einen ordentlichen Schub. Ich ließ mein Fahrrad bergab rollen und sah mich schon unter der warmen Dusche stehen.

Jetzt näherte ich mich einer kleinen Brücke. Unmittelbar dahinter standen bereits die ersten Häuser – darunter tatsächlich ein Motel, das sich deutlich von den anderen Gebäuden abhob. Es war größer, hatte eine Veranda und lag an einem kleinen Teich. Vor der Brücke hatten drei Fahrzeuge gehalten, deren Insassen offensichtlich ausgestiegen waren. Die Autotüren standen jedenfalls offen. Eine kleine Gruppe von Menschen hatte sich vor der Brücke versammelt und diskutierte wild gestikulierend mit einer kleinen Frau, die eine gelbe Warnweste trug und ein Funkgerät in der Hand hielt.

Mein Magen meldet sich. Ein ganz ungutes und flaues Gefühl steigt in mir auf. Ich weiß nicht, wieso. Aber irgendetwas stimmt hier nicht. Ich steige von meinem Fahrrad und spüre erst jetzt richtig, wie müde meine Beine tatsächlich sind. Fast knicke ich ein. Dann nähere ich mich der kleinen Gruppe. Niemand würdigt mich eines Blickes. Alle reden wie wild auf die kleine Frau mit der gelben Warnweste ein. Diese hebt immer wieder den Arm mit dem Funkgerät und zeigt in Richtung einer kleinen Kreuzung. Das ungute Gefühl in mir verstärkt sich. Ich bleibe direkt hinter der Gruppe stehen und höre zu. Einer der Männer schreit nun immer lauter. Er baut sich drohend vor der unscheinbar wirkenden Frau auf. Langsam beginne ich zu verstehen. Die aufgeschnappten Wortfetzen und ein mitten auf der Fahrbahn platzierter Balken mit der Aufschrift »Road closed«, den ich beim Näherkommen entdeckt habe, sprechen eine eindeutige Sprache: Die Brücke ist gesperrt!

Ich entfernte mich von der Gruppe, um mir den Grund der Sperrung genauer anzusehen. Zunächst konnte ich nichts Auffälliges erblicken. Aber dann sah ich, dass in der Mitte der hölzernen Brücke ein Querbalken gebrochen war. Über die gesamte Fahrbahnbreite verlief ein etwa 30 Zentimeter breiter Spalt. Mit fiel ein Stein vom Herzen. Deshalb konnten also Autos die Brücke nicht benutzen. Aber mit meinem Fahrrad würde es sicher kein Problem geben. Auf beiden Seiten der Brücke befand sich ein schmaler Gehsteig und einer dieser Gehsteige war vom Schaden nicht betroffen.

Ich holte mein Fahrrad, grüßte im Vorbeigehen die Gruppe und ging in Richtung Brücke. Sofort verstummten alle Anwesenden und schauten mir nach. Ich schob mein Fahrrad am Sperrbalken vorbei. Oder besser gesagt, ich wollte es vorbeischieben. Denn noch bevor ich den ersten Schritt auf die Holzbrücke gesetzt hatte, schrie mir eine Frauenstimme derart lautstark hinterher, dass ich erschrak. Ich drehte mich um und schaute der kleinen Frau mit der gelben Warnweste direkt in ihr hochrotes Gesicht. Sie stand unmittelbar hinter mir und machte einen völlig verstörten Eindruck. »What are you doing?« Sie schaute mich mit großen fragenden Augen an. Ganz ruhig erklärte ich ihr, dass ich mit meinem Fahrrad über die Brücke wolle. »No way«, entschied sie und stellte sich zwischen mich, mein Fahrrad und »ihre« Brücke.

Ich schlucke. Ich schlucke noch einmal. In meinen mehr als 30 Jahren als Polizeibeamter habe ich gelernt, gerade in unklaren oder gefährlichen Situationen möglichst ruhig zu bleiben. Ich zeige in Richtung Brücke. Dann auf mein Fahrrad. Gleichzeitig versuche ich der aufgebrachten Frau zu erklären, dass ich mit meinem Sportgerät problemlos über die Brücke gelangen könne. Währenddessen stelle ich das Fahrrad auf einen der beiden Gehsteige, um meine Entschlossenheit zu unterstreichen, die Holzbrücke nun zu überqueren. Die Farbe im Gesicht der selbst ernannten Polizistin wechselt jetzt von Rot zu Dunkelrot. Demonstrativ ergreift sie mit einer Hand den Lenker meines Fahrrades. Mit der anderen Hand deutet sie in Richtung der Personengruppe. Diese kommt sofort auf uns zu. Mir wird klar, dass sich die vorherigen Gegner nun gemeinsam gegen mich stellen. Wenn die Brücke schon gesperrt ist, dann selbstverständlich nicht nur für die Autofahrer, sondern auch für einen Radfahrer aus den Alpen. Gegen die geballte Sturheit der Einheimischen komme ich nicht an.

Ich bin sprachlos. Und das kommt bei mir nicht sehr oft vor. Eigentlich nie. Vorsichtig frage ich nach einer Lösung. Und diese ist dann auch gleich in Sicht: eine Umleitung. Alle Anwesenden zeigen in Richtung Kreuzung. Ich bin zufrieden. Mein einziges heutiges Ziel ist das Motel am anderen Ende der Brücke. Eine Umleitung ist zwar nicht das, was ich mir gewünscht habe, aber zumindest bleibt die Chance bestehen, zu meinem Essen und der warmen Dusche zu kommen. Mit ruhiger, aber bestimmter Stimme erklärt mir die Frau den Weg. Schon nach den ersten Sätzen schwindet meine wiedererlangte

Zuversicht schlagartig. Ich höre nur noch die Worte »31 Miles« und verspüre einen Stich im Herzen. Habe ich jetzt richtig gehört? 31 Meilen, das bedeutet etwa 50 Kilometer. Und 50 Kilometer bedeuten wiederum mindestens weitere zwei Stunden Radfahren. Zwei Stunden Umweg wegen eines nur 30 Zentimeter breiten Spaltes auf der Fahrbahn einer Holzbrücke. Aber nicht mit mir ...

Nun gehe ich aufs Ganze und greife auf alle meine schauspielerischen Fähigkeiten zurück. Obwohl ich von diesem Tag tatsächlich körperlich völlig fertig bin, verstärke ich den Eindruck nach außen hin noch ein wenig. Ich erkläre der gesamten anwesenden Gruppe, welche Strecke ich heute mit meinem Fahrrad bereits hinter mich gebracht habe. Während meiner Schilderungen knicke ich mit meinen Beinen immer wieder ein. Jedes Mal greift mir einer der Umstehenden unter die Arme. Ich schaue ratlos umher und beginne zu schluchzen. Außerdem bitte ich ständig um Wasser und etwas Essbares. Und schließlich täusche ich noch Atemnot vor. Ich bin kurz vor einem Nerven- und Kreislaufzusammenbruch. Um mir 50 Kilometer Umweg zu ersparen, ist mir jede Täuschung recht. Langsam schöpfe ich wieder Hoffnung. Alle schauen mich nun mitleidig an. Jetzt werde ich auch noch laut und beginne zu schreien. Meine Zuhörer verstummen, nur ich schreie. Ich habe gewonnen!

Leider hatte ich nicht gewonnen. Ich hatte mich zu früh gefreut. Zwar überhäufte man mich mit aufmunternden Worten, doch als ich den ersten Schritt in Richtung Brücke machte, spürte ich abermals die Härte der kleinen Frau. »It's the law«, sagte sie bestimmt und zeigte zum wiederholten Male in Richtung Umleitung. »You have to use the other way!« Ein allerletzter Versuch, doch noch die Brücke illegal zu überqueren, endete mit einem Telefonanruf beim örtlichen Sheriff. Die Auseinandersetzung mit einem Polizeikollegen wollte ich dann aber doch nicht riskieren.

Die nachfolgenden 50 Kilometer waren die zermürbendsten, die ich bis dahin auf meinem Fahrrad verbracht hatte. Zwar war ich körperlich erschöpft, doch insbesondere meine psychische Verfassung war auf einem Nullpunkt. Ständig sah ich diese Holzbrücke mit ihrem kleinen Spalt vor mir. Und auf der gesamten Umleitungsstrecke musste ich an das hochrote Gesicht der kleinen Frau mit Warnweste und Funkgerät denken. »It's the law, it's the law«, murmelte ich vor mich hin. Aus den vermuteten zwei Stunden sind dann vier geworden. Mein Körper forderte mehrere Pausen. Vor allem der letzte Teil der Strecke brachte mich noch einmal an meine Grenzen. Irgendwann hatte ich es dann doch geschafft. Ich stand vor dem Motel. Bevor ich die Veranda betrat, lehnte ich mein Fahrrad gegen einen Zaun und ging noch einmal in Richtung verhasster Brücke. Auf der gegenüberliegenden Seite erblickte ich meine kleine »Freundin«. Sie war gerade dabei, die Fahrbahn mit einem dicken roten Band abzusperren und mehrere Warnlampen aufzustellen. Nachdem sie ihre Arbeit beendet hatte, betrat sie die Brücke und kam auf mich zu.

Der für mich so deprimierende Tag endete damit, dass ich mit jener Frau, die mich so gequält hatte, gemeinsam vor dem Motel auf der Veranda saß und wir ein paar Flaschen »Budweiser« tranken ...

Dafür, dass er ein sportlicher Typ ist, ist er ziemlich quengelig. Und Was ist mit "Sport stärkt das Selbstbewusstsein"?

56

Schlacht am Buffet

Viel Radfahren bedeutet auch viel Essen. Ohne viel Essen kein stundenlanges Radeln. Das Problem beim Radreisen ist jedoch, dass es ziemlich kostspielig ist, ständig Nahrung in sich hineinzustopfen. Vor allem dann, wenn man darauf achtet, sich halbwegs gesund zu ernähren. Obwohl ich während meiner Vorbereitungszeit strickt auf gesunde Ernährung achtete, musste ich mich auf meinen Reisen in den USA und Kanada anders entscheiden: weniger Qualität, dafür auch weniger Dollars. Ich konnte es mir einfach nicht leisten, ständig auf hochwertige Kost zu achten. Um wenigstens hin und wieder meinem Gesundheitsbewusstsein gerecht zu werden, suchte ich mir alle drei bis vier Tage zum Abendessen ein gutes Restaurant aus. Dort aß ich dann besser, aber leider auch teuer.

»Nahrungstechnisch« lief mein Tag immer etwa gleich ab: Zuallererst benötigte mein Körper einen Kaffee. Ohne Kaffee in der Früh bin ich auch zu Hause unausstehlich. Und noch unausstehlicher wurde ich, wenn auf meinen Radreisen der Tag nicht mit Kaffee begann. Also war für mich nach dem Zusammenpacken das vorrangige Ziel immer die nächste Tankstelle. Tankstellen gibt es in den USA genügend, und meist sah ich bereits nach wenigen Kilometern die bunten Tafeln mit den Aufschriften »7-Eleven«, »Exxon« oder »Chevron«. An der Tankstelle startete mein Tag mit einem heißen Kaffee, einem Fruchtsaft und zwei Donuts. Jeder USA-Besucher weiß aber, dass es in diesem riesigen Land zwar viele gute Dinge gibt, aber nirgendwo einen guten oder wenigstens brauchbaren Kaffee. Der absolute Kaffeewahnsinn spielt sich leider in diesen Tankstellen ab. Meist handelt es sich nur um eine dünne, dunkle Brühe, an die ich mich erst nach und nach gewöhnte.

Das kleine Tankstellen-Frühstück reichte mir für die ersten zwei bis drei Stunden Fahrt. Dann benötigte ich jedoch einen ordentlichen Energieschub. Bei einem verspäteten zweiten Frühstück füllte ich meine Energiespeicher erst richtig auf. Meist bestellte ich eine Kombination aus »Scrambled eggs on toast« und »Pancakes with maple syrup«. Ich liebe Rühreier, daher mussten sie auch auf meinen Reisen her. Die amerikanische Art der Palatschinken in Kombination mit Ahornsirup schätzte ich wegen ihres Kalorienreichtums.

Nach einer weiteren Jause am Nachmittag fuhr ich meist noch ein bis zwei Stunden weiter. Dann hielt ich Ausschau nach einem Nachtlager und nach dem nächsten Restaurant. Außer an meinen Pausentagen, an denen ich immer ein paar mehr Dollars ausgab, musste es ein Mittelding zwischen einer der vielen billigen Fast-Food-Ketten und einem teuren Bedienrestaurant sein. Meine Favoriten waren die überall im Land bekannten und beliebten Ihop's, Wendy's oder Taco Bell's. Beliebt schon deshalb, weil hier meist das »All you can eat«-Prinzip herrscht. Man kann essen und trinken, was man will und so viel man will. Ein Buffet lässt jedes Radlerherz höherschlagen, und oft aß ich derart viel, dass mich die Kellnerinnen skeptisch beobachteten. Wahrscheinlich glaubten sie, ich würde einen Teil des Essens in meinem Radlerdress verschwinden lassen. Das tat ich aber nie.

Im südwestlichen Teil des Bundesstaates Ohio fuhr ich gerade in die beschauliche, etwa 20 000 Einwohner zählende Kleinstadt namens Chillicothe ein. Bis Ende des 18. Jahrhunderts war dieses Gebiet von den Shawnee-Indianern bewohnt. Mit dem Beitritt Ohios zu den Vereinigten Staaten von Amerika im Jahre 1803 wurde Chillicothe zur ersten Hauptstadt des neuen Bundesstaates. Als ich die North Bridge Street entlangradelte, sah ich plötzlich eines jener Schilder vor mir, die jeden Radreisenden magisch anziehen: Auf einer großen grünen Tafel stand in riesigen Buchstaben »Grand Buffet«. Es war später Nachmittag und einen Campingplatz für die kommende Nacht hatte ich bereits gefunden. Somit war für mich die Entscheidung gefallen. Nun hieß es, die leeren Energiespeicher aufzufüllen. Und zwar richtig.

Wie immer, nahm ich mein Fahrrad mit ins Lokal. Ich hatte auf allen meinen Reisen zwar noch nie Probleme gehabt, trotzdem wollte ich meine gesamte Reiseausrüstung nicht unbeaufsichtigt herumstehen lassen. Als ich mit meiner bunten Sportbekleidung verschwitzt und abgekämpft das Rad in das Restaurant schob, schauten mich die Besucher mit großen Augen an. Eine Kellnerin kam auf mich zu und machte mir klar, dass ich meine Ausrüstung vor der Tür lassen müsse. Nachdem ich ihr jedoch erklärt hatte, dass ich in New York gestartet und auf dem Weg nach San Francisco sei, war sie derart beeindruckt, dass sie mir gestattete, meine Ausrüstung doch mit in das Lokal zu nehmen. Ich durfte das Rad sogar neben meinem Tisch abstellen.

Die nette blonde Kellnerin stellte sich als Jenny vor und wies darauf hin, dass es heute ein besonders großes Buffet gebe. Sie legte mir das Besteck hin, brachte insgesamt fünf Flaschen mit unterschiedlich scharfen Soßen und einen großen Plastikbecher. Dann wünschte sie mir »Enjoy your meal« und deutete auf das Buffet. Mir lief das Wasser im Mund zusammen. Die Auswahl war riesengroß: von diversen dicken Suppen als Vorspeise über frittierte Hauptspeisen, die reine Kalorienbomben waren, bis hin zu den buntesten Desserts. Das einzig Gesunde war vermutlich die Auswahl an Salaten.

Als ich vom Tisch aufstehen wollte, um nun endlich meinen Teller am Buffet zu füllen, sah ich, wie direkt vor dem Fenster ein Minivan in eine Parklücke fuhr. Noch bevor dieser ganz zum Stillstand kam, öffneten sich auf beiden Fahrzeugseiten die Schiebetüren und mehrere Kinderköpfe kamen zum Vorschein. Bei meinen bisherigen Radreisen hatte ich immer wieder erlebt, wie ganze Familien über ein Buffet herfielen und den Restaurantbetrieb nahezu lahmlegten. Da vermutlich wieder eines dieser unterhaltsamen Schauspiele bevorstand, blieb ich noch sitzen. Das wollte ich mir nicht entgehen lassen.

Die Kinderköpfe verschwanden wieder im Minivan und die Fahrertür öffnete sich. Heraus kam ein schlanker, groß gewachsener älterer Mann. »Nichts mit der Schlacht am Buffet«, dachte ich. Schlanke Männer haben meist auch schlanke Familien. Aber da hatte ich mich geirrt. Der Mann ging zu einer der seitlichen Schiebetüren und half zwei Kindern beim Aussteigen, die selbstständig dazu offensichtlich nicht in der Lage waren. Die etwa zehnjährigen Buben waren Marke »XXL«. Sie hatten kurz geschorenes, stoppeliges Haar und bereits in ihrem jungen Alter ein Doppelkinn. Ihre Bäuche und Oberschenkel schwabbelten unter zirkusgroßen Sweatshirts und bunten Boxershorts.

Das offensichtliche Familienoberhaupt wechselte nun auf die andere Fahrzeugseite. Dort reichte er einem kleinen Mädchen die Hand, das zu meiner Überraschung sehr hübsch und vor allem sehr schlank war. Das Mädchen schob die Seitentüre noch ein wenig zurück und zwei weitere Personen stiegen aus, die vermutlich die Großeltern waren. Opa war schlank, Oma war die doppelte Ausführung ihrer dicken Enkel und wurde, nachdem der Vater und der Großvater ihr beim Aussteigen geholfen hatten, in einen jener motorisierten Rollstühle verfrachtet, die man in den USA häufig sieht. Vermutlich war ihr ein Fußmarsch vom Auto bis zum Restaurant nicht mehr zuzumuten.

Nun fehlte noch die Beifahrerin. Diese war bis jetzt im Auto sitzen geblieben, begann nun aber, sich vom Beifahrersitz auf den Parkplatz zu wuchten. Ich hatte noch nie in meinem Leben eine derart dicke Frau gesehen. Sie konnte sich selbst kaum noch auf den Beinen halten.

Offensichtlich war die Familie nun komplett und steuerte auf den Eingang des Lokals zu. Als sie eintraten, eilten unverzüglich zwei Kellnerinnen der Gruppe entgegen, um diese mit »Hi, how are you today« zu begrüßen. Eine von ihnen, Jenny, wies der Familie einen Tisch an, der bereits für sie reserviert war und der sich unmittelbar neben dem Buffet befand. Noch während Jenny in Richtung Tisch zeigte, stürmten die beiden kindlichen Mopse auf die Buffetecke zu, auf der die Nachspeisen lockten. Ungeduldig rissen sie jeder eine Eisschüssel an sich und griffen bereits zum Besteck, um sich beim Erdbeereis zu bedienen. »No«, schallte es aus Richtung der Eingangstür, die Großmutter pfiff ihre Enkel zurück und wies sie an, sich zum reservierten Platz zu begeben. Alle setzten sich an den schon gedeckten, mit Konfetti und Luftballons bunt dekorierten Familientisch. Jenny zählte der Familie die heutigen Speisen auf und zeigte den Kindern, welche Spezialitäten wo auf dem Buffet zu finden waren. Bei jedem Satz wurden die Augen der beiden dicken Jungen größer und sie rutschten unruhig auf ihren Stühlen hin und her.

Wie auf ein Kommando hin setzte sich plötzlich die gesamte Familie in Richtung Buffet in Bewegung. »Das große Fressen« begann. Das hübsche Mädchen, das hinsichtlich der Körperfülle so gar nicht zur restlichen Familie passte, füllte sich in ihren mindestens 1,5 Liter fassenden Plastikbecher süße Kirschlimonade aus dem Automaten. Aber noch bevor der Becher voll war, drängten die beiden dicken Buben dazwischen. Der Limonadenstrahl ergoss sich auf den Boden. Die Kinder stritten sich nun darum, wer seinen Becher als Erster auffüllen dürfe. Beim Hin- und Herrempeln wackelte der Automat bedenklich und die klebrige, ungesunde Flüssigkeit spritzte in immer größeren Mengen herum. Die anderen Familienmitglieder schien dies nicht zu stören. Die dicke Oma war in ihrem Rollstuhl ans Buffet gefahren und hielt sich an die dickflüssigen Suppen. Sie wählte eine Bohnensuppe, die sie mit einer großen Kelle in ihre Schüssel schöpfte. Hinzu kam noch Sahne sowie eine Menge Brotwürfel, Kürbiskerne und verschiedene Nudeleinlagen. Die übervolle Schüssel stellte die Frau auf ihren Schoß, um sich anschließend noch mehrere Scheiben des typisch amerikanischen Weißbrotes zu nehmen. Als sie zurück zu ihrem Platz fuhr, schwappte ein Teil der grünen, mit Zutaten überhäuften Suppe über ihre Beine und auf den Boden. Ohne weiter darauf geachtet zu haben, löffelte die Großmutter anschließend ihre Suppe in sich hinein. So schnell habe ich bis heute keine Frau einen Suppentopf leeren sehen.

Mittlerweile waren auch alle drei Kinder am Buffet erfolgreich. Nachdem sie ihre Limonadenbecher fast vollständig geleert und abgestellt hatten, wurde die halbe Nachspeisenabteilung abgeräumt. Jedes Kind schleppte neben zwei bis drei Tortenstücken noch Eiskugeln, verschiedenfarbige Cremes und die sonderbarsten Toppings zum Familientisch. Warum die Bäuche und Oberschenkel der beiden Buben so schwabbelten, war mir nun klar. Wieso das Mädchen im Gegensatz zu ihren Brüdern so schlank und hübsch war, ist mir bis heute ein Rätsel.

Opa kümmerte sich um die Hauptspeisen für die gesamte Familie. Er brachte einen vollen Teller nach dem anderen zum Tisch, damit sich jeder davon bedienen konnte. Es gab gebackene Zwiebelringe, verschiedene Arten von frittierten Meerestieren, Spaghetti mit dreierlei Soßen, Burgervariationen mit Unmengen von Pommes frites und Kartoffelbrei. Die Kinder wechselten ständig zwischen Burger und Eis hin und her, während die Erwachsenen vorerst ausschließlich die Hauptspeisen in sich hineinstopften.

Alle Familienmitglieder, egal, ob dick oder schlank, hatten keinerlei Tischmanieren. Sie schmatzten, schlürften und redeten wild durcheinander. Die drei Kinder knieten auf den Stühlen und konnten keinen Augenblick lang ruhig bleiben. Das führte auch dazu, dass andauernd Essensreste von den Tellern fielen, klebrige Limonadenspritzer den Tisch bekleckerten oder die Kellnerinnen Besteck, Servietten und Brot vom Boden aufheben mussten. Irgendjemand war immer in Richtung Buffet unterwegs, um sich Nachschub zu holen. Es war ein ununterbrochenes Kommen und Gehen, und sogar Oma fuhr mit ihrem elektrischen Rollstuhl ständig hin und her.

Andere Restaurantbesucher drehten sich immer öfter zur Familie um. Einige schüttelten den Kopf, andere wiederum schmunzelten. Die drei Kellnerinnen machten gute Miene zu bösem Spiel. Nur Jenny verdrehte die Augen, als sie an mir vorbeiging. Rasch leerte sich das Buffet. Die Küchentür ging auf und es wurde Nachschub gebracht. Mehrere Gäste standen nun fast gleichzeitig auf und eilten zur neu gefüllten Buffettheke. Offensichtlich wollten sie sich einen Vorteil gegenüber der Familie verschaffen. Als die drei Kinder ein weiteres Mal über die Nachspeisen herfallen wollten, waren nur noch wenige Portionen vorhanden.

Zum Abschluss der Fressorgie gab es noch eine besondere Überraschung: Jenny kam mit einem monströsen Eisbecher aus der Küche. Darin befanden sich viele bunte Eiskugeln, dazwischen dicke Schokoladensoße und obendrauf Schlagsahne mit Zuckerstreuseln. Aus der Mitte des Bechers ragte eine lange Wunderkerze in die Höhe. Als Jenny den Becher auf den Tisch gestellt hatte, zündete sie den »Sternspritzer«, wie die Wunderkerze bei uns in Österreich genannt wird, an. Drei Paar Kinderaugen leuchteten noch einmal auf. Sämtliche Familienmitglieder bekamen besonders lange Löffel, und der Eisbecher wurde in kürzester Zeit gemeinsam geleert. Am Ende war der Tisch auch noch mit Eisklecksern übersät.

Alles in allem dauerte das gesamte Schauspiel nicht viel länger als eine Stunde. Als sich alle vom Tisch erhoben, um das Lokal zu verlassen, bekamen die Kinder als Abschiedsgeschenk noch jeweils einen großen, bunten Lolli.

Ich hatte über eine Stunde nur dagesessen und das Schauspiel verfolgt. Obwohl mir selbst der Magen knurrte, war es mir das Warten wert. Nun kam aber endlich ich an die Reihe. Und irgendwie machte ich es nicht anders. Ich aß ebenfalls fast eine Stunde lang und füllte meine leeren Kohlenhydratspeicher wieder auf. Dabei achtete ich auch nicht darauf, nur gesunde Speisen auf den Teller zu legen. Um mich aber doch ein wenig abzugrenzen, verzichtete ich beim abschließenden Eisbecher auf den Sternspritzer ...

Tornado in Kansas

Ich liege auf dem Rücken und starre in den Himmel. Dort oben beginnt sich das Chaos zu entwickeln. Vor die eben noch hell leuchtenden Sterne schieben sich immer mehr Wolken. Dunkel und bedrohlich. Wind kommt auf. Zuerst nur ganz leicht. Aber bereits wenige Augenblicke später bläst er mit einer Stärke, die mir Angst macht. Völlig ungeschützt schaue ich einem herannahenden Tornado ins Auge ...

Seit ich die Grenze von Missouri nach Kansas überschritten hatte, war ich einem äußerst unangenehmen »Begleiter« ausgesetzt: starkem Gegenwind. Während meiner Vorbereitungen zu Hause hatte ich immer wieder davon gelesen, dass der Wind den Radfahrern in Kansas besonders behilflich sein kann. Aber nur dann, wenn man das Land in östliche Richtung durchquert. Leider fuhr ich genau in die umgekehrte Richtung. Anfangs hatte ich mich noch gewundert, wieso ich nur Radfahrern begegnete, die mir entgegenkamen, wobei sie meist mit einem mitleidigen Lächeln oder einem »good luck« an mir vorbeifuhren. Nun wusste ich, warum.

Bereits am frühen Nachmittag meines ersten Reisetags im Bundesstaat Kansas entdeckte ich am Straßenrand ein merkwürdiges Schild. Es stand fast versteckt hinter einem dichten Strauch am Beginn einer der vielen langen Geraden des Highways. »Are you storm ready?«, konnte ich darauf in großen roten Buchstaben lesen. Ich fuhr achtlos vorbei und dachte nicht über diese Warnung nach. Leider missachtete ich dann auch noch einen weiteren ausdrücklichen Ratschlag: Ein Radfahrer, dem ich begegnete, keuchte mit hochrotem Kopf zu mir herüber: »Be careful of the tornados!« Dabei zeigte er in Richtung Horizont. Zwar noch weit weg, aber doch schon deutlich sichtbar, waren dort schwarze Wolken zu erkennen. Und ich fuhr genau darauf zu. Spätestens jetzt hätten bei mir alle Alarmglocken läuten müssen. Fünf Stunden später bereute ich die Missachtung der drei Hinweise schwer ...

Auf meiner Radreise hatte ich es mir zur Angewohnheit gemacht, bereits ab dem späten Nachmittag Ausschau nach Kinderspielplätzen zu halten. Auf solchen Spielplätzen gab es meist Picknicktische mit Sitzgelegenheiten drum herum, und fast immer waren sie auch noch überdacht. Für mein Nachtlager waren diese Picknickplätze optimal. Die Tische hatten genau die richtige Größe, sodass ich dort meinen Schlafsack für die wohlverdiente Nachtruhe ausbreiten konnte. Die Satteltaschen stellte ich auf den Boden, die verschwitzte Radbekleidung hängte ich über die umstehenden Sitzbänke, und mein Fahrrad stand regengeschützt gleich neben mir. Hatte ich so einen Kinderspielplatz entdeckt, führte mich mein nächster Weg zur örtlichen Polizeiwache. Ein auf dem Kinderspielplatz schlafender fremder Radfahrer wird naturgemäß überall in den USA von der Polizei geweckt und kontrolliert. Um das zu vermeiden, meldete ich mich jeweils bei der zuständigen Dienststelle, zeigte dort meinen internationalen Polizeiausweis vor und ersparte mir dadurch weitere Kontrollen.

Nachdem der Radfahrer mich gewarnt hatte, fuhr ich noch etwa eine halbe Stunde weiter. Dann stieg ich vom Rad und studierte meine Karte. Etwa 150 Kilometer hatte ich an diesem Tag schon in den Beinen. Davon hatte ich wegen des lieben Windes auf mindestens 149 Kilometern hart kämpfen müssen, um überhaupt voranzukommen. Reading hieß jener kleine Ort, der durch einen winzigen Punkt auf meiner Kansas-Karte eingezeichnet war. Er lag nur mehr wenige Kilometer entfernt direkt auf meiner Fahrtstrecke. Meine müden Beine rieten mir, in diesem Ort nach dem obligatorischen Kinderspielplatz zu suchen. Eine weitere halbe Stunde später passierte ich auch schon das Ortsschild von Reading. Und ich hatte Glück: Gleich hinter diesem Schild sah ich ein bunt bemaltes Gebäude, wie sie in den USA typisch sind für Kindergärten oder Schulen. So war es auch hier. Ich stand vor einem Kindergarten, dem ein kleiner Spielplatz angeschlossen war. Meinen Platz für die kommende Nacht hatte ich gefunden. Noch spielten einige Kinder auf der Wiese, ihre Mütter waren aber bereits dabei, die Überreste des Picknicks zu entsorgen: Cokedosen, Chips- und Donutspackungen und angebissene Burger verschwanden in den großen Mülleimern.

Meine Anmeldung auf der Polizeiwache von Reading dauerte dieses Mal ein wenig länger. Der diensthabende Police Officer war offensichtlich froh über ein wenig Abwechslung. Er erzählte mir stolz, dass er heute einen Verkehrsunfall zu bearbeiten hatte. Der erste Unfall in diesem Jahr innerhalb seines Gebietes. Ansonsten habe sich nicht viel getan. Und es war immerhin bereits Anfang August.

John, so hieß der etwas korpulente Officer, erklärte mir, dass seine Hauptaufgabe eigentlich darin bestehe, täglich den Wetterbericht genau zu verfolgen. Reading lag in einem Tornadogebiet, und etwa einmal pro Woche streiften mehr oder weniger starke Tornadoausläufer diese Gegend. In diesem Fall musste er die Leute im Dorf warnen und sie in ihre Häuser schicken. Alltag in Reading und eigentlich nichts Besonderes. Kurz bevor ich den Raum verließ, erwähnte John noch nebenbei, dass es heute Nacht vielleicht noch einen Thunderstorm geben könnte.

Auf meinem Weg zurück zum Kinderspielplatz kam ich an einem kleinen Chinarestaurant vorbei. Ich kehrte ein und war dort der einzige Gast. Dafür verdrückte ich aber für mindestens drei Personen verschiedene Reisvariationen. Als ich das Lokal verließ, blickte ich in einen klaren Sternenhimmel. Die bedrohlich wirkenden schwarzen Wolken in der Ferne hatte ich bereits vergessen. Mittlerweile waren auch die Mütter mit ihren Kindern fort. Ich war hundemüde und richtete mir mein Nachtlager ein, wie ich dies an vielen Abenden tat. Da die vergangenen Tage sehr heiß gewesen waren und es in der Nacht nur unmerklich kühler wurde, schlüpfte ich auch heute nur mit meiner Unterhose bekleidet in den Schlafsack. Gleich neben meinen Kopf legte ich aber ein T-Shirt und meine Turnschuhe. In den USA sind nackte Oberkörper in der Öffentlichkeit nicht überall gern gesehen. Beim Verlassen des Schlafsackes griff ich daher immer zuerst nach dem T-Shirt und schlüpfte in meine Schuhe.

Meist schlief ich nach einem harten Radtag bereits nach wenigen Minuten ein. Egal, wie laut es in der Umgebung war oder wie hell die Parklampen leuchteten. An diesem Abend schaute ich mich noch ein wenig um. Dabei bemerkte ich, dass etwa 200 Meter von Spielplatz entfernt besonders reges Treiben herrschte. Dort befand sich ein Parkplatz, der sich rasch mit Autos füllte. Ganze Familien strömten zu Fuß ebenfalls in Richtung Parkplatz. Aus den Autos wurden Kühlboxen, Getränkekisten und sogar Klappstühle ausgeladen. Einige Kinder hatten Spielzeug bei sich. Alle Personen verschwanden nach wenigen Minuten in einem kleinen Gebäude, das aussah wie der Treppenhauszugang zu einer unterirdischen Parkgarage. Aber noch bevor ich meine Beobachtungen näher deuten konnte, fielen mir die Augen zu.

Irgendwann wache ich auf, weil jemand meinen Namen ruft. Neben meiner Parkbank steht eines jener monströsen Polizeiautos, wie sie in Amerika üblich sind. John, der Police Officer, bei dem ich mich angemeldet habe, beugt sich aus dem Fahrerfenster und schaut in meine Richtung. Im Halbschlaf höre ich, wie er aufgeregt etwas zu mir herüberschreit. Da aber der Motor des Wagens läuft, verstehe ich nicht genau, was er mir sagen will. Er deutet in Richtung des Parkplatzes, den ich vor dem Einschlafen noch beobachtet hatte. Dort ist nun niemand mehr zu sehen, nur die vielen abgestellten leeren Fahrzeuge. Als das Polizeiauto weiterfährt, weiß ich immer noch nicht, was John mir sagen wollte.

Ich drehe mich auf die Seite, um weiterzuschlafen. Als ich an der Überdachung vorbei in den Himmel schaue, traue ich meinen Augen nicht: Die Sterne sind fast verschwunden, und dort droben scheint alles in heftiger Bewegung zu sein. Dicke, dunkle Wolken, wie ich sie noch nie gesehen habe, drehen sich in verschiedenste Richtungen. Dazwischen sind immer wieder kurze blitzartige Aufhellungen zu sehen. Ich richte mich auf und blicke mich um. Da mittlerweile auch die Parklaternen ausgeschaltet sind, ist es am Spielplatz stockdunkel. Ich habe das Gefühl, dass die sich ständig drehenden Wolken immer näher Richtung Boden bewegen. Von einer Sekunde auf die andere beginnt das Gras der vor mir liegenden Spielwiese sich wie auf stürmischer See in Wellen zu bewegen. Gerade eben herrschte noch völlige Windstille. Mit dem aufkommenden Wind beginnt es zu tröpfeln. Aber es sind riesige Tropfen. Ich höre sie deutlich auf die Überdachung klatschen. Gerade als ich daran denke, dass ich zumindest ein Dach über dem Kopf habe, legt der Wind weiter zu. Gleichzeitig wird der Regen stärker und ich spüre die ersten Tropfen auf meinem Gesicht.

Langsam wird mir ein wenig unwohl. Ich habe schon viele Gewitter in meinen heimatlichen Bergen erlebt, aber noch keines war so schnell gekommen und so bedrohlich wie dieses hier. Während ich noch immer unentschlossen bin, zuckt ein heller Blitz auf, und fast gleichzeitig knallt es ohrenbetäubend. Der obere Teil einer kleinen Straßenlaterne, in die der Blitz eingeschlagen hat, fällt zu Boden. Nun bricht endgültig das Chaos los. Ähnlich einem starken Hagel, der in meiner Tiroler Heimat immer wieder vorkommt, prasseln riesige Regentropfen zu Boden. Der Wind wird so heftig, dass mein an die Bank gelehntes Fahrrad nicht nur umgeblasen, sondern unter eine Kinderschaukel geschoben wird. Die vier am Boden stehenden Satteltaschen machen sich selbstständig, alle Kleidungsstücke werden von den Sitzbänken gerissen. Ich sehe nur noch aus den Augenwinkeln heraus, wie sie in alle Richtungen davonfliegen.

Der mittlerweile sturmartige Wind macht einen Höllenlärm. Es blitzt und donnert ununterbrochen. Mein bisheriges Unwohlsein schlägt in echte Angst um. Ich warte geradezu darauf, dass der nächste Blitz meinen Unterschlupf treffen wird ...

In Panik springe ich aus meinem bereits völlig durchnässten Schlafsack und vom Tisch herunter. Nur mit der Unterhose bekleidet und dem Schlafsack in einer Hand laufe ich in Richtung Parkplatz. Die Spielwiese steht bereits knöcheltief unter Wasser, und bei jedem meiner Laufschritte höre ich das Wasser spritzen. Im Nu habe ich die etwa 200 Meter bis zum Parkplatz hinter mir gelassen. Ich renne zwischen den abgestellten Fahrzeugen hindurch und entdecke darunter auch das Polizeifahrzeug von John. Als ich zum Eingang des Gebäudes komme, reiße ich die Tür auf und stürze ins Innere.

Es handelt sich tatsächlich um einen Stiegenabgang. Von unten höre ich deutliches Stimmengewirr, Lachen und fröhliches Durcheinanderreden. Nach den ersten fünf Stufen hat die Treppe einen Absatz und macht einen Knick nach rechts. Als ich ihn erreiche, glaube ich zu träumen: Einige Meter unter mir befindet sich ein Raum in der Größe einer kleineren Turnhalle. Überall stehen Tische und Bänke, wo die unterschiedlichsten Leute gruppenweise beisammensitzen. Dazwischen spielen Kinder miteinander, und Frauen halten ihre schlafenden Babys im Arm.

Urplötzlich verstummen die Gespräche, die ganze Halle blickt zu mir herauf. Ich stehe völlig durchnässt am Stiegenabgang, habe meinen Schlafsack in der Hand und trage als einziges Kleidungsstück meine Unterhose. »Oh, this is the Austrian boy with the bicycle«, sagt ein kleines Mädchen und zeigt aufgeregt in meine Richtung. Im selben Augenblick beginnen einige Leute zu lachen. Die Situation ist mir mehr als peinlich. Ein uniformierter Mann erhebt sich und kommt auf mich zu. Es ist John, der Police Officer. Ruhig fragt er mich, ob alles in Ordnung sei und wieso ich seiner Warnung nicht gefolgt und gleich in den Schutzkeller gewechselt sei. Ich stehe nur mit weit geöffnetem Mund da, und mir fällt keine vernünftige Antwort ein.

Ich befand mich also tatsächlich in einem Schutzkeller. Deshalb waren mir am Abend auch die vielen Leute aufgefallen. Die Bewohner von Reading hatten bereits gewusst, dass sie wegen der Tornadogefahr eine Schutzzone aufsuchen müssen. John hatte mich ja noch gewarnt. Seine Warnung hatte ich aber nicht richtig gedeutet, und auch alle anderen Anzeichen eines herannahenden Tornados hatte ich sträflich ignoriert ...

Hilfsbereitschaft
auf die Probe gestellt

Offenheit und Hilfsbereitschaft. Beide Eigenschaften habe ich auf all meinen Radreisen durch die USA in besonders hohem Maße kennengelernt. Als ehemaliger Leistungssportler bin ich viel in der Welt herumgekommen und hatte dabei immer wieder mit den unterschiedlichsten Menschen Kontakt. Nirgendwo hat es Probleme gegeben. Ich war überrascht, wie offen und interessiert die Menschen auf uns Sportler zugegangen sind. Unsere Leistungen wurden gewürdigt und auf Trainingskursen und Wettkämpfen haben sich immer wieder schöne Kontakte mit der einheimischen Bevölkerung ergeben. Obwohl ich jahrelang nur positive Erfahrungen gesammelt hatte, wusste ich nicht, ob mir eine ähnliche Offenheit auch als Radreisender entgegengebracht werden würde. Radreisende gelten grundsätzlich schon als Eigenbrötler. Wie würde man mich mit meinem voll bepackten Fahrrad und im Begriff, allein und bei jeder Witterung die USA zu durchqueren, im Land der unbegrenzten Möglichkeiten aufnehmen? Mich, den kernigen Tiroler aus dem kleinen Land Österreich, dessen Lage in den USA nur wenigen Menschen bekannt ist?

Eines kann ich gleich vorwegnehmen: Alle meine Bedenken waren unberechtigt. Offenheit und Hilfsbereitschaft waren an der Tagesordnung. Egal, ob ich, wie zu Beginn meiner Reise, durch die Millionenstadt New York radelte oder in ein kleines, völlig abgelegenes Dorf kam. Mir liefen zwar immer wieder schräge und völlig ausgeflippte Typen über den Weg und mir wurde bei manchen Begegnungen auch mal mulmig, aber nie gab es größere Probleme. Ob ich nach einem Weg fragte oder nach der nächsten Übernachtungsmöglichkeit, mir wurde immer weitergeholfen. Reparierte ich am Straßenrand mein Fahrrad unter Fluchen und mit hochrotem Kopf, blieben fast alle Autofahrer stehen. Offensichtlich machte ich einen erbärmlichen Eindruck. Jedenfalls wollten mir alle helfen. Und als mir in der Mojave-Wüste das Wasser ausging, hat mir ein freundlicher Autofahrer vermutlich das Leben gerettet.

Hin und wieder war mir die Hilfsbereitschaft aber ein wenig zu aufdringlich. Und einmal wurde meine eigene Hilfsbereitschaft mehr als auf die Probe gestellt ...

Amarillo, Texas. Ich sitze an einer am Stadtrand gelegenen Tankstelle am Boden, direkt vor der Eismaschine. In Nordamerika sehen die Tankstellen der großen Ketten sich sowohl an den Zapfsäulen als auch im Inneren alle sehr ähnlich. Ich wähle immer denselben Platz, wenn ich dort Rast einlege: direkt vor der Haupteingangstür und unmittelbar vor der obligatorischen Eismaschine. Ich lehne mich an das kühle Gerät und versorge meinen Körper mit Flüssigkeit und Nahrung.

An diesem Tag gönne ich mir ein riesiges Sandwich. Und zwar ein doppeltes. Belegt mit massenhaft Wurst, Käse und ganz viel Dressing. Eine Kalorienbombe, die ich allerdings jetzt auch dringend benötige. Es ist zwar erst früher Nachmittag, aber ich habe für heute genug. Seit vier Uhr in der Früh bin ich unterwegs. Nun mag ich nicht mehr. Nach der Pause werde ich mich nach einer Campingmöglichkeit umsehen.

Noch während ich an mein künftiges Nachtlager denke, biegt eine Radfahrerin in die Einfahrt der Tankstelle. Ich schätze sie auf Mitte 40. Sie trägt einen hautengen, bunten Einteiler als Raddress. Ebenso bunt ist ihre Rennmaschine. Als sie mich erblickt, kommt sie lächelnd auf mich zu. »How are you today?« Die übliche Begrüßung in den USA. Offensichtlich auch zwischen Radfahrern. Die Sportlerin steigt vom Rad und setzt sich neben mich. Dabei bemerke ich ihre gut trainierten Radfahrerbeine. Etwas, was einem anderen Radfahrer sofort auffällt. Und noch etwas bemerke ich: einen ganz besonderen Duft. Den Duft von Massageöl.

Sofort kommen mir Bilder aus meiner eigenen Wettkampfzeit in den Kopf. Damals hatte es keinen Trainingstag ohne dieses Massageöl gegeben. Wir kommen ins Reden. Die Radfahrerin hört mir begeistert zu, als ich ihr von der Strecke erzähle, die ich schon abgestrampelt habe. Und schon nach wenigen Minuten fragt sie mich, wo ich heute mein Nachtlager geplant habe. Als ich ihr diese Frage nicht sofort beantworten kann, bietet sie mir wie ganz selbstverständlich an, in ihrem Haus zu nächtigen. Es befinde sich ganz in der Nähe und sie habe genügend Platz. Überrascht und ein wenig voreilig nehme ich dankend an.

Ich folgte Jessie. So hieß die sportliche Radfahrerin, die nur wenige Minuten von der Tankstelle entfernt in einem typisch amerikanischen kleinen Haus wohnte. Dieses stand in der Mitte eines großen Gartens, in dem Unmengen verschiedenster Gegenstände lagen. Vom Gartenwerkzeug über Steinplatten bis hin zu Autoreifen. Als Jessie bemerkte, dass ich mit staunenden Augen ihre »Müllhalde« bewunderte, erklärte sie mir sogleich, dass sie allein sei und keine Zeit zum Aufräumen habe. Ich lehnte mein Fahrrad an einen Holzstapel in der Garage. In diesem Moment bat mich Jessie ganz nebenbei, ob ich ihr nicht gleich helfen könne, das Holz aus der Garage hinter das Haus zu bringen. Dies habe sie heute sowieso vorgehabt, und so werde es nun schneller gehen. Ich dachte mir nichts dabei, und schon waren wir beide die nächste halbe Stunde damit beschäftigt, das Holz an seinen neuen Platz zu tragen. Weil ich noch in voller Radmontur war, rutschte ich wegen der glatten Sohle der Radschuhe mehrfach gefährlich aus. Meine Radhandschuhe erfüllten dagegen voll und ganz ihren Zweck. Anstatt mir die Späne des morschen Holzes in die Hand zu stoßen, steckten sie nun haufenweise in den Handschuhen. Einige Holzteile waren so schwer, dass wir sie nur zu zweit tragen konnten. Außerdem musste ich ständig auf Nägel und Schrauben achten, die gefährlich aus dem Holz herausragten. Endlich stand das Holz neu gestapelt auf der anderen Seite des Hauses.

»Do you want a coffee?«, fragt mich Jessie, als ich mich auf einer kleinen Hausbank niederlasse. Dies ist jetzt genau das, was ich nach der Schufterei brauche. Ich liebe Kaffee. Jessie gibt mir ein Zeichen, mit ins Haus zu kommen. Innen sieht es ähnlich aus wie im Garten. Die Sportlerin war in den letzten Wochen sicher mehr mit dem Radfahren beschäftigt als mit dem Aufräumen ihrer Wohnung. Mittlerweile weiß ich auch, dass Jessie schon seit einigen Jahren allein hier wohnt. Besser gesagt, fast allein. Denn aus dem Nebenzimmer ertönt plötzlich ein lautes Bellen. Ich öffne neugierig die Tür. Ein riesiger Hund, vermutlich eine Mischung aus Schäferhund und Bernhardiner, steht vor mir. Als mich das Monster erblickt, springt es an mir hoch und sabbert mir die Radhose voll. Die Hundebesitzerin ignoriert uns. Ich schiebe den Mischling von mir weg und stelle mich neben die verhinderte Hausfrau. Diese ist gerade dabei, die Kaffeemaschine in Gang zu setzen. Besser gesagt: Sie versucht es. Als sie mich mit fragenden Augen ansieht, weiß ich, was sie meint. Vom Holzstapeln zum Maschinereparieren. Da ich große Lust auf einen guten Kaffee habe, lege ich mich voll ins Zeug. Aber so sehr ich mich auch bemühe, ich bekomme das Ding nicht zum Laufen. Ich kann mir nicht vorstellen, dass es in den letzten Monaten auch nur einen Tropfen Kaffee hergegeben hat. So schmutzig ist es. Als ich an einigen Stellen auch noch Schimmel entdecke, ist mir die Lust auf Kaffee vergangen. Nur Augenblicke später greife ich in das überfüllte Waschbecken und helfe Jessie beim Abtrocknen. Meine dritte Arbeit im Gastgeberhaus.

Als Jessie eine Hundeleine von der Wand nimmt, schwant mir Böses. Hundeleine und Hund kann bedeuten, dass ein Hundespaziergang geplant ist. Ich bin gerade dabei, meine Radschuhe gegen Turnschuhe zu tauschen. Aber nicht, um mit dem Monster spazieren zu gehen, sondern um mir ein wenig Erleichterung nach einem harten Radlertag mit anschließendem Holzschleppen zu verschaffen. Als Jessie das bemerkt, glaubt sie vermutlich, dass ich mich um den Hundespaziergang reißen würde. Sie drückt mir lächelnd die Leine in die Hand und bittet mich darum, eine kleine Runde zu gehen. Genau das, was ich jetzt brauche. Nach stundenlangem Radfahren noch ein Ausflug mit einem Hundemonster. Der Hund dürfte die Geste seines Frauchens verstanden haben. Er zeigt mir seine Freude, indem er wieder an mir hochspringt. Aber meine Radhose ist ja sowieso schon schmutzig. Nun hat sie noch einige Flecken mehr. Da Jessie versichert, sie werde in der Zwischenzeit etwas zu Essen vorbereiten, hellt sich meine Stimmung ein wenig auf. Sie fällt aber sofort wieder in den Keller, als ich aus dem Haus trete und dem Vierbeiner die Leine an das Halsband klicken will. Der Hund stürmt sofort los. Ich sehe ihn noch im Wald verschwinden, dann ist er weg. Mein Ärger über mich selbst ist groß. Ich bin müde, hungrig und will eigentlich nur eines: mich hinsetzen, etwas essen und danach ein feines Nachtlager. Stattdessen heißt es nun: das Monster wiederfinden.

Meine Suche nach dem Hund dauerte fast eine Stunde. Wobei ich zugeben muss, dass nicht ich das Tier gefunden habe, sondern das Tier mich. Ich hatte schon aufgegeben und war mit schlechtem Gewissen auf dem Rückweg zu Jessie. Kurz vor dem Haus tauchte das Monster plötzlich wieder auf. Ganz so, als ob überhaupt nichts gewesen sei. Und so tat ich dann auch: Ich erzählte Jessie nichts von meinem Missgeschick.

Das von Jessie zubereitete Abendessen war dann eigentlich gar kein Abendessen. Es bestand aus einem Stück Toast. Darauf lagen eine kümmerliche Scheibe Käse und zwei dünne Scheiben einer sehr fett wirkenden Wurst. Als Dekoration hatte Jessie eine kleine Gurke neben den Toast gelegt. Zu trinken gab es kalte Milch aus einer besonders hässlichen Fünf-Liter-Plastikflasche. Ich hasse Milch beim oder nach dem Radfahren. Davon ist mir einmal so übel geworden, dass ich mich übergeben musste. Kalte Milch verträgt ein Radlermagen einfach nicht. Das Glas rührte ich nicht an. Dafür schlang ich aber den Toast mit Heißhunger in zwei Bissen hinunter. Entweder bemerkte Jessie das nicht oder sie deutete es nicht richtig, denn die Frage nach einem eventuellen Nachschlag kam ihr nicht über die Lippen. Nach dem opulenten Mahl hatte ich mehr Hunger als zuvor. Mein Magen meldete sich ständig. Er flehte nach mehr Essen. Als ich meinen leeren Teller in das Waschbecken der Küche stellte und mein volles Glas Milch in den Kühlschrank, glaubte ich zu wissen, warum mir Jessie kein weiteres Essen anbot. Der Kühlschrank war so leer wie mein Magen. Nur zwei weitere Plastikpackungen mit Milch standen einsam und verlassen im hintersten Winkel. Wahrscheinlich sehnte sich der Kühlschrank ebenso nach Nahrung wie ich ...

Ich setze mich hungrig, müde und mittlerweile auch frustriert vor dem Haus auf die Bank. Meine Einladung habe ich mir ein wenig anders vorgestellt. Jessie gesellt sich zu mir. In den Händen hat sie zwei Gläser Rotwein. Ich lasse mir meine schlechte Laune nicht anmerken. Sie meint es sicher nur gut, aber Wein trinke ich auf meinen Radreisen ebenso wenig wie Milch. Mein bevorzugtes Getränk ist Bier. Ich genieße es ganz besonders, wenn ich am Abend nach einem anstrengenden Tag vor meinem Zelt sitze. Vorsichtig frage ich Jessie, ob ich anstatt des Weines nicht ein Glas Bier haben könne. Jessie verneint. Gleichzeitig erklärt sie mir aber, dass sie eigentlich auch lieber ein Bier hätte. Dann steht sie auf, stellt die Weingläser auf den Boden und holt eine Einkaufstasche. Jessie will offensichtlich Bier für uns besorgen. In mir keimt schlechtes Gewissen auf. Daher übernehme ich »freiwillig«. Ich greife mir die Einkaufstasche und frage, wo sich der Liquor Store befindet. Jessie zeigt in eine Richtung und sagt »ten minutes«. Als ich auf die Wiese trete, folgt mir sofort das große Hundemonster. Nach einigen obligatorischen Freudensprüngen an meine Brust ist es schon wieder aus meinen Augen verschwunden. Jessie wirft mir noch die Hundeleine nach.

Meine Einkaufstour entwickelte sich zum Horrortrip. Von den angekündigten zehn Minuten Wegstrecke war ich meilenweit entfernt. Obwohl ich immer nur dem Straßenverlauf folgte und mich dabei nicht verlief, benötigte ich eine gute halbe Stunde bis zum ersten Store. Da dort aber ebenso wenig Alkohol verkauft wurde wie beim nächsten und übernächsten Geschäft, verging noch einmal eine Viertelstunde. Dann erst hielt ich ein Sechserpack Budweiser in den Händen. Der Hund hatte offensichtlich kein Interesse an Bier, er hielt sich inzwischen offenbar in einem anderen Lokal auf. Erst auf dem Heimweg gesellte er sich wieder zu mir. Es war bereits dunkel, als ich zurück zu Jessie kam. Sie fragte mich gar nicht, wo ich so lange gewesen sei. Vermutlich interessierte es sie nicht. Stattdessen griff sie sich gleich eine Flasche Bier und trank diese in wenigen Schlucken leer. Noch bevor ich mich selbst auf die Bank setzen konnte, hielt sie bereits die nächste Flasche in ihren Händen. Als ich meinen ersten wohlverdienten Schluck nahm, waren seit meinem Aufbruch eineinhalb Stunden vergangen. Ich war fix und fertig.

Endlich liege ich im Bett. Es ist Mitternacht. Die Budweiser haben wir gemeinsam vollständig geleert. Je länger der Abend dauerte, desto besser haben wir uns unterhalten. Aber ich habe auch noch einige »kleinere« Arbeitsaufträge entgegengenommen: Geschirr abwaschen, Holz zum Ofen in das Wohnzimmer bringen oder mein Bett selbst überziehen. Und schließlich noch einmal mit dem Hund kurz »Gassi gehen«. Ausnahmsweise lief er dabei nicht weg. Vermutlich war er mittlerweile ebenso ausgelaugt und müde wie ich. Als ich im Bett liege und an die Zimmerdecke blicke, lasse ich den Abend noch einmal Revue passieren. Heute bin ich derjenige gewesen, der das Wort »Hilfsbereitschaft« in Ehren gehalten hat. Irgendwie bin ich stolz und zufrieden mit mir.

Hundeattacke

Auf allen meinen Radreisen gab es, von wenigen Ausnahmen abgesehen, keine größeren Probleme mit der Tierwelt. Drei dieser Ausnahmen waren ein stechwütiger Moskitoschwarm in Kansas, ein besonders frecher Elch im nördlichen Kalifornien und ein Grizzly in Alaska. Davon später mehr ...

Radfahrer, die nicht ausschließlich in Motels übernachten, kommen zwangsläufig mit zwei- und mehrbeinigem Getier in Kontakt. Mit ein wenig Respekt und bei Einhaltung einiger Grundregeln verlaufen solche Zusammentreffen aber meist friedlich. Obwohl ich zugeben muss, dass ich nicht alle Tiere mag, respektiere ich doch jede ihrer Spezies. Meine wichtigste Erkenntnis auf meinen Radreisen war: »Du bist nur Gast in der Tierwelt, und in dieser Welt zählen nicht die Menschenregeln, sondern jene der anderen Bewohner!« Damit bin ich immer gut gefahren, es gab ein friedliches Nebeneinander. Viele der gefährlichen Monster, vor denen mich meine Freunde vor meinen Reisen gewarnt hatten, habe ich nie zu Gesicht bekommen.

Aber eine einzige Tiergattung mochte mich überhaupt nicht, und ich mochte sie noch viel weniger: den »besten Freund des Menschen« – den Hund.

Es gibt keinen einzigen Bundesstaat der USA, in dem ich nicht mehrfach von Hunden gejagt wurde. Oft verfolgten mich gleich mehrere Exemplare verschiedenster Größen und Rassen, und ich musste enorme Sprintstärken entwickeln, um meine Waden oder die offensichtlich besonders beliebten Satteltaschen vor den Hundezähnen zu retten. Immer wieder war ich überrascht, wie schnell und ausdauernd sogar Exemplare von der Größe einer Ratte einem Radfahrer hinterherhetzen und welche Lautstärke sie beim Kläffen entwickeln können. Erstaunt war ich auch darüber, wie weit ein Hund sein Maul öffnen kann, wenn er auf Radfahrerjagd geht. Einige der Hunde hätten sich sicher gern ihren Artgenossen angeschlossen, kamen jedoch nicht von ihrem Platz hoch. Sie waren schlichtweg zu fett. Exemplare der Marke »extra large«, ebenso wie ihre Besitzer. Diese Hunde mochte ich doch ein wenig, denn sie stellten keine Gefahr für mich dar. Sie kläfften, rissen ihr Maul auf, sabberten – und blieben dann doch lieber faul auf der Veranda liegen.

Mit der Zeit entwickelte ich ein Gespür für drohende Gefahr. Vor allem in entlegenen Gebieten war ich besonders aufmerksam, wenn ich mich Gebäuden näherte. Außerhalb der Städte hatten nahezu alle Grundstücke einen oder mehrere vierbeinige Bewacher, die aufsprangen und die Verfolgung aufnahmen, sobald ich vorbeifuhr. Ausgenommen sind jene der Sorte »extra large«, die in der Regel ruhig liegen blieben. Wenn ich Glück hatte, verhinderten eine lange Kette oder ein hoher Zaun meine Sprinteinlagen. Oft waren die Zäune aber zu niedrig oder die Hunde waren Spezialisten im Hochsprung und die Jagd begann ...

Ich überquerte nach einem besonders schönen Sonnenaufgang die Grenze zu Colorado. Die Nacht davor hatte ich noch bei einer netten Familie im westlichsten Kansas verbracht, die zwei – ausnahmsweise freundliche – Schäferhunde in der Wohnung hielten. Freundlich waren sie aber vermutlich nur deshalb, weil sie nicht wussten, dass ich ein Radfahrer bin.

Es gibt Streckenabschnitte, auf denen fahre ich nur so dahin, ohne viel zu denken. Dann bin ich mit dem Fahrrad geradezu verschmolzen und es fällt mir leicht, vorwärts zu kommen. Als ich die Grenze zu Colorado überquerte, lag vor mir wieder eine jener besonders langen Geraden, die es in Zentral-USA sehr oft gibt. Außerdem musste ich hier wieder die Seitenstreifen einer Interstate benutzen. Das Befahren einer Interstate mit einem Fahrrad ist in den USA immer dann erlaubt, wenn keine Alternativstrecke zur Verfügung steht. Aber gerade diese Straßen haben oftmals sehr eintönige Streckenabschnitte.

Die Eintönigkeit der Straße, der Lärm der Trucks und das gedankenlose Dahinfahren führen immer wieder dazu, dass ich unaufmerksam für die Umgebung werde. Ich registriere es daher nur nebenbei, als in weiter Ferne mehrere kleinere Gebäude sichtbar werden, die direkt an der Straße liegen. Normalerweise wäre das ein Alarmzeichen für mich gewesen. Dieses Mal leider nicht. Einzelne Gebäude in der Wildnis bedeuteten immer Gefahr. Kein einsames Haus ohne Hundebewachung.

Kurze Zeit später, ich passiere gerade das erste Haus, sehe ich plötzlich aus den Augenwinkeln heraus, wie sich auf der Veranda ein großes dunkelhaariges Etwas erhebt und in meine Richtung läuft. Im Bruchteil einer Sekunde bin ich hellwach und registriere, dass es sich dabei um einen der von mir so geliebten Vierbeiner handelt. Das Ding ist besonders groß, die Rasse kann ich jedoch nicht zuordnen. Ich höre kein Bellen, mir fällt aber auf, wie schnell dieser Hund trotz seiner Größe laufen kann. Aufgrund meiner Unaufmerksamkeit erschrecke ich derart, dass ich mit meinem Fahrrad ins Schlingern komme und dabei mit dem rechten Schuh aus den Pedalklicks rutsche. Ohne festen Halt in den Pedalen kann man nicht sprinten, und ohne Sprint hat man schlechte Karten gegen einen Hund.

Als das schwarze Etwas nur noch wenige Meter von mir entfernt ist, gibt es einen fürchterlichen Ruck, und der Hund wird im vollen Lauf gestoppt. Er hat offensichtlich vergessen, dass er angekettet ist. Nun liegt er benommen am Boden und schaut mir verdutzt hinterher. Mir fällt ein Stein vom Herzen, denn nach wie vor habe ich meinen rechten Schuh nicht in die Pedalhalterung geklickt. Noch bevor mir dies gelingt, sehe ich mit Schrecken, dass in der Wiese des vor mir liegenden Nachbarhauses bereits zwei andere Hunde warten. Sie sind zwar viel kleiner, aber leider nicht angekettet, und sie schauen mit großen Augen, offenen Mäulern und aufgestelltem Rückenfell in meine Richtung. Offensichtlich haben sie das vorhergehende Schauspiel beobachtet und wollen nun das Missgeschick ihres Freundes ausgleichen ...

Ich rolle langsam auf das Haus zu und versuche währenddessen, wieder Halt im Pedal zu finden. Als ich mich etwa auf ihrer Höhe befinde, geben sich die Hunde gegenseitig ein stilles Hundekommando und stürmen gemeinsam los. Nun weiß ich, dass ich keine Chance habe. In Gedanken spüre ich schon einen schmerzhaften Biss in einen meiner Radfahrerunterschenkel und sehe Löcher in den Radtaschen. Aber ein weiteres Mal habe ich Glück: Die Wiese ist von der Interstate durch einen Gitterzaun getrennt, der mir bis jetzt gar nicht aufgefallen ist. Beide Hunde stoppen wild kläffend vor dem Zaun. Der Größere der beiden versucht irgendwie hinüberzukommen und springt wie wild gegen das Gitter. Nach dem Schrecken kommt nun Schadenfreude in mir auf. Zäune zwischen jagenden Hunden und Radfahrern sind schlecht für die Hunde, aber gut für Radfahrer.

Der eine Vierbeiner der beiden war zwar viel kleiner, aber offensichtlich schlauer als sein Partner. Er sprang nicht ständig, aber erfolglos gegen den Gitterzaun, sondern drehte um und ging gemächlich in Richtung Veranda. Einer weniger, dachte ich hoffnungsvoll. Leider falsch gedacht. Da es sich um einen klugen Hund handelte, gab er nicht auf, sondern machte nur kehrt, um Anlauf für einen gewagten Sprung über den Zaun nehmen. Ohne einen einzigen Kläffer sprintete er auf das Gitter zu und setzte wie ein olympischer Hochspringer zum Sprung an. Obwohl der Zaun sicher eineinhalb Meter hoch war, berührten nur die Hinterbeine des Hochspringers die obersten Gitterstreben. Dies alles spielte sich exakt in der Sekunde ab, in der ich mit meinem Fahrrad an der Landezone des Hundes vorbeirollte.

Mittlerweile bin ich wenigstens mit beiden Schuhen wieder an den Pedalen fixiert. Ich ziehe wie wild am Lenker und lege all meine Kraft in die Tretkurbel. Wie bereits viele Male zuvor, wuchte ich mein Fahrrad mit dem Gewicht des ganzen Zusatzgepäcks vorwärts. In meinem Rückspiegel, den ich – wie auf allen meinen Reisen – auf der linken Seite des Lenkers montiert habe, sehe ich die kleine Ratte hinter mir her hecheln. Kleine Ratte gegen großen Radfahrer, lautete nun das Duell. Obwohl mir größere Hunde mehr Angst einjagen, hat dieses kleine Exemplar doch etwas Gefährliches an sich. Das Maul ist derart weit geöffnet, dass man den Rest des kleinen Kopfes im Rückspiegel gar nicht mehr erkennen kann.

Die Jagd spielt sich auf dem Seitenstreifen der Interstate ab. Ein Radfahrer wird von einem kleinen Köter verfolgt, und vorbeifahrende Trucks veranstalten ein Hupkonzert dazu. Ich weiß bis heute nicht, ob die Truckfahrer zu mir oder zu meinem Verfolger gehalten haben.

Mein Adrenalinspiegel senkt sich ein wenig, als ich sehe, dass der Abstand zwischen uns nun doch ein wenig größer wird. Aber sämtliche Vierbeiner in dieser Gegend scheinen sich gegenseitig zu helfen und sich beim Jagen abzuwechseln. Denn plötzlich kommt aus heiterem Himmel ein weiterer Hund in mein Blickfeld. Abermals handelt es sich um eine Mischung aus mindestens fünf verschiedenen Rassen. Das Grundstück, von dem aus der Mischling startet, befindet sich auf der gegenüberliegenden Straßenseite und hat keinerlei Abgrenzungen. Der Hund überquert mühelos die Interstate, ohne dass er auch nur in die Nähe eines Trucks kommt. Dabei berechnet er offensichtlich genau die Geschwindigkeit des Fahrradfahrers, denn er läuft in schräger Linie über die Straße und befindet sich am Ende genau auf der Höhe meiner linken hinteren Radtasche. Als er sie erreicht, schnappt er zu. Da ich in diesem Moment gerade einen besonders starken Tritt in die Pedale mache, verfehlt er die Tasche, knickt mit den Vorderbeinen ein und überschlägt sich infolge seines hohen Tempos zweimal. Als ob nichts gewesen wäre, springt er nach dem zweiten Purzelbaum sofort wieder auf die Beine und jagt weiter hinter mir her. Vorneweg ich als Radfahrer mit hochrotem Kopf, hinter mir der Mischling und im Abstand von weiteren 20 Metern die kleine Ratte, die immer noch nicht aufgegeben hat.

Nun habe ich endgültig genug. Mehr aus Verzweiflung als aus Mut bremse ich mein Fahrrad voll ab. Ich schaffe es gerade noch, aus beiden Pedalhalterungen herauszukommen, ohne umzufallen, lasse das Fahrrad los und werfe es zur Seite. Dann drehe ich mich um und brülle meine Verfolger an. Gleichzeitig setze ich meinen wildesten Gesichtsausdruck auf und bin zu allem entschlossen. Weder meine Unterschenkel noch meine Radtaschen will ich kampflos den Bestien überlassen.

Nun geschieht aber etwas, mit dem ich nie gerechnet hätte: Beide Hunde bleiben sofort stehen, senken den Kopf und ziehen ihren Schwanz ein. Ihre Mäuler schließen sich, und sie schauen verdutzt in meine Richtung. Ich werde mutiger und mache einen ruckartigen Schritt auf die verblüfft dreinblickenden Vierbeiner zu. Im selben Augenblick drehen sich beide um und laufen laut winselnd davon. Wahrscheinlich ebenso überrascht wie die beiden Ausreißer stehe ich da und blicke ihnen hinterher. Ich weiß zwar nicht, warum, aber den Wettkampf habe ich gewonnen.

Für mich war diese Jagd ein Schlüsselerlebnis. Ich konnte meine Erfahrung nun bei den noch folgenden Hundeattacken ausnutzen. Alle weiteren Jagden spielten sich zwar ähnlich ab, aber ich ging immer als Sieger daraus hervor. Dabei stellte ich fest, dass die meisten amerikanischen Hunde eigentlich riesengroße Angsthasen waren. Man musste sich ihnen nur in den Weg stellen.

Ich gebe zu: In den USA leben ganz sicher auch mutige Hunde. Aber diese beiden gehörten glücklicherweise nicht dazu ...

Nachts in der Polizeistation

Zwei Strecken gibt es in Nordamerika, die in jedem Reiseführer beschrieben sind und von denen jeder USA-Tourist
zumindest schon einmal gehört hat: die »Traumstraße«
entlang der Westküste mit den Highways 1 und 101 und die
»Route 66«, die erste und einst einzige direkte Verbindung
zwischen dem Osten und dem Westen der USA, zwischen
Chicago und dem vor den Toren von Los Angeles gelegenen
Städtchen Santa Monica. Während die Highways 1 und 101
mittlerweile klassische Touristenattraktionen sind, bleibt der
Mythos »66« ein Geheimtipp für alle Rad- und Motorradreisen-
den. Diesen Mythos wollte ich auch hautnah erleben – auf dem
Sattel meines Fahrrades.

Es gibt keine Straße in den USA, die so geschichtsträchtig
ist wie die Route 66. Der Schriftsteller John Steinbeck nannte
sie einst »Mother Road«, für viele Einheimische und Zuwande-
rer war sie »Straße der Hoffnung und Sehnsucht«. Zuvor konnten Siedler nur auf ihren Planwagen über mehr oder minder
befestigte Wege oder in Eisenbahnwaggons von Chicago nach
Südkalifornien an die Küste des Pazifiks gelangen.

Im Jahre 1903 erfolgte die erste USA-Durchquerung mit
einem Automobil, jedoch noch auf Schotter, Ziegelsteinen
und Holzplanken. Einige Jahre später wurden erste Asphalt-
straßen gebaut, und Ende 1910 gab es in den USA bereits eine
halbe Million Automobile. Der Straßenbau florierte, es folgten
Beleuchtungen, Tankstellen und sogar erste Straßenkarten.
Da der Wunsch nach einer durchgehenden Ost-West-Verbindung immer stärker wurde, begann man ab 1920 mit dem Bau
der knapp 4000 Kilometer langen Verbindung Chicago–Santa
Monica. 1926 war es dann so weit: Am 11. November erfolgte die
offizielle Nummernvergabe. Der Name Route 66 war geboren.

Aber erst seit 1937 war dieser Highway durchgehend asphaltiert und verfügte über eine Infrastruktur von Motels, Werkstätten und Versorgungsmöglichkeiten. Nun ging es ständig bergauf. Es gab jetzt saubere Toiletten an den Tankstellen und hübsche »Highway-Hostessen«, die sogar beim Windelwechseln halfen. Die ständig neu errichteten Imbissbuden hatten die Form von Indianerzelten, Flugzeugen, Windmühlen oder Milchflaschen. Nach dem Zweiten Weltkrieg brach das Goldene Zeitalter der Route 66 an. Der Auto-Tourismus nahm zu, und nun war auch der erste Reiseführer erhältlich. In der Wohlstandsära der 1950er-Jahre konnte man mit dem Kultautomobil Chevrolet Corvette die Weite des Landes wie im Fluge genießen.

Als 1956 mit dem offiziellen »Interstate Highway Act« das Zeitalter der mehrspurigen Autobahnen eingeläutet wurde, begann nach nur drei Jahrzehnten der Niedergang der Route 66. Der »Überlebenskampf«, der nun einsetzte, wurde medial unterstützt. Zwischen 1960 und 1964 strahlte der Fernsehsender CBS eine eigene Serie aus, in der die Erlebnisse zweier junger Männer geschildert wurden, die mit einer Corvette auf der »US 66« nach Westen reisen. Die 1973 aufgrund des arabischen Ölembargos eingeführten massiven Benzinrationierungen hatten die Schließung von Tankstellen zur Folge, und auch die Autoindustrie musste gravierende Einbußen hinnehmen. Die neuen supermodernen Highways führten schließlich dazu, dass im Frühjahr 1977 in Chicago das letzte 66-Straßenschild abmontiert wurde.

Doch der Mythos lebte weiter. 1983 wurde die »Route 66 Association« gegründet. Viele Vereine, Einzelpersonen und sogar ganze Konzerne setzten sich dafür ein, dass die »Mother Road« wieder zum Leben erweckt würde. Einzelne Streckenabschnitte wurden neu beschildert, und Harley-Davidson-Fans ebenso wie Radfahrer entdeckten die »66« neu. Weltweit wurden plötzlich alle Arten von Souvenirs angeboten, und die berühmte Straße war wieder in aller Munde. Heute existiert die einstige

Verbindung zwischen Chicago und Santa Monica wieder. Zwar großenteils ersetzt durch mehrspurige Highways mit unzähligen Filialen berühmter Fast-Food-Ketten, doch streckenweise ist der ursprüngliche Zustand noch erhalten. Und auf diesen oft einsamen Streckenabschnitten erlebt man auch heute noch hautnah das Flair dieser »Straße der Hoffnung und Sehnsucht«.

In Chicago war ich in die Route 66 eingebogen, um sie von der ersten bis zur letzten Meile abzuradeln. Und dies, obwohl ich wusste, dass die Originalroute auf weiten Strecken einen äußerst schlechten Straßenbelag aufweist und zudem abschnittweise durch die einsamsten Gegenden verläuft. Zu Hause hatte ich alle möglichen Informationen über diese Ost-West-Verbindung gesammelt, das Internet durchforstet und fast alle noch auf dem Markt befindlichen Bücher gelesen. Je mehr Informationen ich erhielt, desto neugieriger wurde ich und desto öfter träumte ich sogar von der 66.

Als es dann so weit war, hatte ich manchmal wirklich das Gefühl, auf einer ganz besonderen Route unterwegs zu sein. Obwohl in Chicago noch Lärm, Verkehr und Stress überwogen, genoss ich schon bald jeden Kilometer der Strecke. Und je einsamer sie wurde, desto mehr genoss ich es.

Da viele der Orte an dieser Strecke heute verlassen sind, gibt es oft über größere Distanzen hinweg keinerlei Versorgungsmöglichkeiten. Immer wieder findet man aber auch kleinere, bewohnte Ansiedlungen, die ihren ursprünglichen Charakter fast vollständig erhalten haben. Straßenschilder, Neonleuchten an den Motels und Tankstellen weisen darauf hin, dass sich doch noch hin und wieder Menschen in diese einsamen Gegenden verirren. Gäste werden in solchen Orten besonders freundlich behandelt, und Einwohner weisen patriotisch darauf hin, dass der Charakter der »Mother Road« aufrechterhalten bleiben müsse.

Im Bundesstaat New Mexico wurde die ursprüngliche Route 66 durch den Highway 40 ersetzt. Streckenweise verläuft die alte Straße parallel zum modernen Asphaltband. Der Osten dieses Staates gehört – vor allem für einen Radreisenden – zu den eher dünn besiedelten Gegenden. Die meisten Orte bestehen nur aus wenigen Häusern und sind ohne besondere Infrastruktur. Tankstellen, an denen auch diverse Nahrungsmittel angeboten werden, sind ebenso selten wie Supermärkte oder Motels. Weil bereits im texanischen Westen die Orte rar gesät sind, muss sich ein westwärts reisender Radfahrer in New Mexico schon bald mit Verpflegung, vor allem aber mit Wasser eindecken.

Die allermeisten Orte an der Route 66 haben allerdings eine Polizeistation. Und jede dieser Police Stations hat natürlich ihr eigenes Gefängnis, wobei die Bezeichnung »Gefängnis« nicht immer wörtlich zu nehmen ist. Oft handelte es sich nur um einen kleinen Raum neben dem Büro, mit einer mehr oder weniger gut verschließbaren Tür. Häufig wurde ein solcher Raum als Lager genutzt, was wiederum darauf hinwies, dass in dieser Polizeistation selten jemand unter Arrest gestellt wurde. Einen solchen »Arrest« – zum Glück einen von der sauberen und gepflegten Sorte – durfte ich einmal kennenlernen.

Etwa 60 Kilometer hinter der Grenze New Mexicos befindet sich Tucumcari, der neben Santa Rosa einzige etwas größere Ort im Umkreis von etwa 200 Kilometern. Tucumcari, dessen Name indianischer Herkunft ist, war zwischen 1930 und 1960 ein beliebter Stopp für 66-Reisende. Die kleine Stadt wurde 1901 als Eisenbahnstadt gegründet und glich in ihrer Blütezeit einer wahren »Bettenburg«. Es gab bis zu 2000 Motelzimmer, bei einer maximalen Einwohnerzahl von 8000. In den ganzen USA gab es zur selben Zeit nur noch einen einzigen Ort mit einer größeren »Pro-Kopf-Bettenrate« – Las Vegas in Nevada. Heute sind viele der ehemaligen Motels verfallen, doch einige wurden liebevoll restauriert und Namen wie »Cactus«, »Apache« oder »Blue Swallow« erinnern an die blühenden Zeiten dieser Herbergen.

Die für diesen Ort zuständigen Police Officers waren besonders freundlich zu mir. Wie üblich, holte ich mir gleich nach meiner Ankunft in der Polizeiwache Tipps, wo ich ein möglichst günstiges Motel und Nachschubmöglichkeiten für meinen Magen finden könnte. Beide Auskünfte erhielt ich von zwei Polizistinnen. Eine davon war bereits in Europa gewesen und hatte mehrere Wochen in Italien verbracht. Die zweite erklärte mir, zwar noch nie aus New Mexico herausgekommen zu sein, aber dafür kannte sie ihr Land, insbesondere die hiesigen Straßenverhältnisse, fast in- und auswendig, da sie eine fanatische Radfahrerin war. Somit gab es genügend Gesprächsstoff, und es entwickelte sich eine angeregte Diskussion zwischen uns dreien. Eine der Polizistinnen hatte sich als Cindy vorgestellt, die andere hieß Kathy. Irgendwann machte die Italienurlauberin eine große Kanne Kaffee, währenddessen holte ihre Kollegin plötzlich ihr Fahrrad aus dem Nebenraum und erklärte mir stolz, dass sie damit täglich zur Arbeit fahre. Ihre ganz und gar nicht »USA-typische« schlanke Figur, ließ darauf schließen, dass sie vermutlich tatsächlich viele Trainingskilometer in den Beinen hatte. Das Fahrrad war eine richtige Rennmaschine, mit diversen Werbeaufklebern versehen und so leicht wie ein Kinderrad. Beim Fachsimpeln über das Radfahren und beim Trinken des viel zu dünnen, nach Abspülwasser schmeckenden Kaffees verging die Zeit. Plötzlich war es dunkel und meine Uhr zeigte bereits nach neun Uhr abends.

Ich hatte seit mehreren Stunden nichts gegessen, was meine beiden Gesprächspartnerinnen am Knurren meines Magens hören konnten. Meine Kleidung war vom Schweiß durchnässt, und ich fühlte mich unwohl in meinem Körper, der die letzte warme Dusche vor fünf Tagen gesehen hatte. Ich wurde ein wenig nervös, was Cindy und Kathy offensichtlich bemerkten. Fast gleichzeitig machten sie mir das Angebot, doch auf der Polizeiwache zu übernachten. Ich schaute sie etwas fragend an, da ich keinen zweiten Raum entdecken konnte. Die Radfahrerin stand auf, ging zu einem Vorhang und zog ihn auf die Seite. Dahinter kam tatsächlich ein weiterer Raum zum Vorschein. Aber anstatt einer Tür befand sich ein dickes Stahlgitter hinter dem Vorhang, das seitlich aufgeschoben werden konnte – die Gefängniszelle. Einfach ausgestattet mit einem Stahlrohrbett, einem kleinen Tisch mit Stuhl und einem WC, ohne jeglichen Sichtschutz. Alles war in sauberem Zustand, und es wies nichts darauf hin, dass hier in letzter Zeit ein Häftling eingesessen hatte. Ich zögerte nur kurz, denn als mir auch noch angeboten wurde, im oberen Stock die Dusche zu benützen, entschied ich mich für die Nacht im Gefängnis.

Nun machten es sich Cindy und Kathy gemütlich. Sie öffneten beide ihre Gurte mit den Dienstwaffen, Handschellen, Pfeffersprays und sonstigem sonderbaren Material und legten diese ohne weiteren Kommentar auf einen Bürotisch. Somit lagen zwei großkalibrige Pistolen ungesichert im Raum herum.

Cindy griff zum Telefonhörer und bestellte bei einem örtlichen Pizzaservice etwas zu essen. Ihren telefonischen Anweisungen konnte ich entnehmen, dass in Kürze Pizzen der Größe »XXL« auf dem Tisch stehen würden. Kathy half mir, mein Fahrrad samt Gepäck hereinzuholen, und zeigte mir, wo ich meine nassen Sachen aufhängen konnte. Schon nach kurzer Zeit schaute es in der Polizeiwache aus wie auf einem türkischen Basar. Überall hingen Kleidungsstücke herum, die Gepäcktaschen standen geöffnet am Boden, mein Fahrrad lehnte an der Wand, und die für den nächsten Tag benötigten Straßenkarten waren zwischen den Pistolen auf dem Bürotisch ausgebreitet. Dies dürfte dann doch ein wenig zu viel des Guten gewesen sein, denn schließlich wurden die Gürtel mit den Waffen sauber in einem großen Metallkasten verschlossen. Im ganzen Raum roch es nach verschwitzter Kleidung.

Als ich in meinen Badeschlappen vom Duschen zurückkam, befand sich bereits ein weißes Laken auf dem Bett in der Zelle. Am Fußende lagen drei Decken, die so sauber zusammengelegt waren, dass ich keine einzige Falte sehen konnte. Schon beim Betreten des Raums roch ich die frische Pizza. Ich hatte mich nicht getäuscht: Drei Ungetüme von Pizzen mit verschiedenstem Topping standen auf dem Tisch. Jede davon hatte das Ausmaß eines Reifens mittelgroßer Geländewagen. Zusätzlich war für jeden von uns eine Eineinhalb-Liter-Flasche Cola dabei. Natürlich zuckerfrei.

Ich hatte riesigen Hunger und schaffte es fast, meine gesamte Pizza aufzuessen. Cindy und Kathy hielten sich ebenfalls nicht zurück. Wir aßen und redeten, bis plötzlich das Telefon läutete. Während Cindy den Hörer abnahm, diskutierte ich mit Kathy weiter. Nach kurzer Zeit unterbrach uns Cindy und gab ihrer Partnerin zu verstehen, dass sie kurz wegfahren müssten. Offensichtlich hatten sie nun einen Einsatz. Bis zu diesem Zeitpunkt hatte ich mir keine Gedanken darüber gemacht, ob sich beide Polizistinnen überhaupt noch im Dienst befanden oder nicht. Ich wusste aber auch, dass ein Polizist in den USA vor allem in kleinen Orten keine geregelte Arbeitszeit hat und sich eigentlich immer irgendwie im Dienst befindet. Während Kathy ihren Waffengurt anlegte, gab sie mir zu verstehen, dass ich einfach warten solle, bis sie wieder zurück seien. Zu welchem Einsatz und wohin sie fahren würden, sagte mir niemand. Also blieb ich sitzen, aß meine restliche Pizza und begann dann, meine verschmutzten Satteltaschen ein wenig zu reinigen.

Nach etwa einer halben Stunde bemerkte ich Lärm vor der Polizeiwache, ein unartikuliertes Geschrei, das immer lauter wurde. Plötzlich ging die Tür auf und Cindy und Kathy kamen mit einem wild brüllenden älteren Mann in die Wache. Er hatte eine kurze Hose an, sein Hemd war an mehreren Stellen aufgerissen, und seine beiden Hände waren durch Handschellen auf dem Rücken fixiert. Die Polizistinnen drückten den Tobenden auf einen Stuhl und wiesen ihn an, endlich ruhig zu sein. Schon nach kurzer Zeit fiel er seitlich vom Stuhl und musste aufgehoben werden. Als Cindy ihm drohte, ihn mit einer Art Kabelbinder an den Stuhl zu fesseln, wurde er ein wenig ruhiger. Vor seinem Mund hatte sich etwas Schaum gebildet, und der Mann duftete deutlich nach Hochprozentigem. Nun roch es in der Polizeistation nicht nur nach verschwitzter Sportbekleidung, sondern auch nach Alkohol.

Erst als sich der Betrunkene ein wenig beruhigt hatte, bemerkte er mich. Er schaute zuerst mich an und blickte sich dann im Raum um. Sein Gesichtsausdruck zeigte mir, dass er ein wenig ratlos war. Vermutlich wusste er nun nicht mehr, ob er sich tatsächlich auf einer Polizeiwache befand oder in einem Sportartikelladen. Er wurde ganz ruhig und lächelte mich plötzlich an. Kathy erklärte mir nun, dass es sich bei dem Mann um Jo handele, einen alten harmlosen Landstreicher, der seit vielen Jahren unter einer Brücke wohne und in der kleinen Stadt allseits bekannt sei. Ganz entgegen der Gewohnheiten eines Landstreichers neige Jo normalerweise nicht zu übermäßigem Alkoholkonsum, aber etwa zweimal im Jahr überkomme es ihn dann doch, und zwei Flaschen billiger Schnaps seien dann am Ende des Tages geleert. An solchen Tagen schreie Jo dann so lange herum, bis er von einer Polizeistreife abgeholt und zum Ausnüchtern in der örtlichen Zelle abgelegt werde. Die Zeit für Jo dürfte also wieder einmal reif gewesen sein.

Nachdem sich Jo beruhigt hatte, wurden ihm die Handschellen wieder abgenommen. Er saß nun friedlich auf seinem Stuhl. Als Jo die Pizzareste der beiden Polizistinnen auf dem Tisch liegen sah, deutete er darauf. Kurze Zeit später aß er die bereits kalt gewordenen Stücke mit lautem Schmatzen auf. Cindy und Kathy hatten offensichtlich schon mehrfach mit dem alten Mann zu tun gehabt und wussten, dass von ihm keine Gefahr ausgehen würde. Das zeigte auch die Tatsache, dass Jo irgendwann im Laufe des weiteren Abends mit uns dreien am runden Polizeitisch saß und sich an den Gesprächen beteiligte. Zwar lallte er mehr als er redete, und er nickte auch immer wieder ein, aber er verhielt sich völlig friedlich. Gegen Mitternacht war er dann endgültig auf dem Stuhl eingeschlafen. Gemeinsam schleppten wir ihn daher in die eigentlich für mich vorgesehene Gefängniszelle und legten ihn dort ins Bett. Nach kurzem Murmeln drehte sich Jo um und begann zu schnarchen.

Ich selbst benötigte die restliche Nacht kein Bett mehr, denn die Gespräche mit Cindy und Kathy dauerten bis in die frühen Morgenstunden. Die Situation war schon etwas bizarr: Ich saß mit zwei Polizistinnen in deren Polizeiwache und unterhielt mich mit ihnen über das Leben. In der unverschlossenen Gefängniszelle schnarchte friedlich ein stadtbekannter Landstreicher. Radbekleidung hing an den Wänden, mein Fahrrad stand im Raum und weitere Reiseausrüstung am Boden. Pizzaschachteln mit Essensresten und halb leere Colaflaschen waren auf dem Tisch verteilt. Wäre jetzt eine fremde Person in die Polizeistation gekommen, sie hätte sicher wieder umgedreht. Der Raum erinnerte eher an eine Studentenwohnung.

Bei Tagesanbruch saß ich bereits wieder auf meinem Fahrrad. Zwar unausgeschlafen, aber um ein schönes Erlebnis reicher. Cindy und Kathy ließen es sich nicht nehmen, mich mit ihrem Polizeiauto noch aus dem Dorf zu begleiten. Jo schlief in der Zwischenzeit vermutlich noch immer friedlich in der Gefängniszelle. Allein und ohne jede weitere Polizeibeaufsichtigung ...

Diebe im Waschsalon oder: der Kampf mit dem Damenslip

Auf meinen Radreisen habe ich die Waschsalons schätzen gelernt. In den USA und Kanada heißen diese Waschsalons »Laundrys«. Egal, wie abgelegen oder klein ein Dorf ist, die Wahrscheinlichkeit, einen solchen Waschsalon zu finden, ist groß. Die Laundrys sehen alle in etwa gleich aus: Je nach Größe der Stadt befinden sich einige wenige oder viele nebeneinander aufgereihte Waschmaschinen in einem nach Waschpulver riechenden Raum. In einer anderen Reihe, meist genau gegenüber, stehen die Trockner. Für die Inbetriebnahme beider Geräte sind Münzen erforderlich, und daher hat jeder Waschsalon einen eigenen Wechselautomaten. Im gesamten Raum verteilt befinden sich große Tische, auf denen mehr oder weniger motivierte Frauen ihre Wäsche sortieren und zusammenlegen. Und dann ist da noch die obligatorische »Zuckeraufnahmestelle« in Form eines meist riesigen bunten Automaten. Aus diesem können sich die Besucher ihre Tagesration an übersüßen Getränken oder Schokolade Größe XXL entnehmen, um ihre Motivation beim Wäschezusammenlegen zu steigern.

Hausfrauen im »Land der unbegrenzten Möglichkeiten« waschen ihre Wäsche nur ganz selten selbst. Entweder sie können sich eine Hilfskraft leisten, oder sie suchen mehr oder weniger regelmäßig eine Laundry auf. Schon der Abwechslung wegen. Solche Waschsalons erfüllen daher oft noch eine weitere wichtige Funktion: Sie sind Treffpunkt für Einheimische, Anlaufstelle für redefreudige Omas und Laufsteg für die neueste erworbene Mode.

Mir haben die Laundrys immer einen guten Dienst erwiesen. Und dies in mehrfacher Hinsicht. Zum einen war es für mich die einzige Möglichkeit, hin und wieder meine völlig verschmutzte und nach Schweiß riechende Radbekleidung zu waschen. Vor allem bei den Radlerhosen ist dies besonders wichtig. Denn die in der Kleidung abgelagerten kleinen Salzkristalle können auf langen Tagesetappen scheuern und zu schmerzhaften Entzündungen führen. Saubere Radhosen sind daher für einen Radreisenden ein Muss. Zum anderen waren die Trockner für mich vor allem an Regentagen Gold wert. Auch noch so durchnässte Bekleidung war innerhalb von nur zehn Minuten wieder trocken. Aber nicht nur trocken, sondern auch noch erwärmt. Ein Genuss, wenn ich an solchen Tagen vor Kälte und Nässe zitternd in einen trockenen und angenehm warmen Raddress schlüpfen kann. Hin und wieder habe ich auch neben den Waschmaschinen und Trocknern geschlafen. Nämlich immer dann, wenn ich kein anderes geeignetes Nachtlager gefunden hatte und einfach nicht mehr weiterwollte. Der Großteil der Laundrys in den USA und Kanada hat 24 Stunden geöffnet. Ebenso wie die großen Lebensmittelketten. Fast immer wurde ich während meines Dahinschlummerns geduldet. Vermutlich aufgrund meines ebenfalls im Raum stehenden Fahrrades und dem zum Trocknen ausgebreiteten Zeug. Jeder konnte sehen, dass ich ein Radreisender war und kein gefährlicher Krimineller.

Einmal hatte ich aber ein sehr unschönes Erlebnis im Waschsalon.

In Holbrook, etwas östlich der Touristenstadt Flagstaff in Arizona, sah ich unmittelbar hinter dem Ortsschild einen dieser Waschsalons. »Laundry open all day 24 hours« stand in großen Leuchtbuchstaben über der Tür. Ich war müde und ein wenig ausgelaugt von der vergangenen Etappe. Über die Grenze von New Mexico führte mich mein Weg entlang der Route 66 über Sanders und den Petrified Forest Nationalpark in das Wüstendorf Holbrook. Die Fahrt war anstrengend, da ich immer wieder von der streckenweise stillgelegten alten Straße auf den neuen Highway 40 ausweichen musste. Das ständige Suchen nach dem Verlauf der geschichtsträchtigen 66 und das Hin- und Herwechseln waren sehr ermüdend. Für heute hatte ich genug. In ein Hotel wollte ich nicht, und das Nächtigen im Freien freute mich ebenso wenig. Daher kam mir der Waschsalon gerade recht.

Der Raum war groß. Ich konnte mehr als 20 Waschmaschinen zählen und ebenso viele Trockner. Offensichtlich hatte ich genau die »Stoßzeit« erwischt. Überall waren Frauen mit ihrer Wäsche beschäftigt oder standen in kleinen Gruppen zusammen, vermutlich um sich irgendwelche ganz wichtigen »Frauengeschichten« zu erzählen. Alle Damen hatten sich, soweit ich sehen konnte, bereits aus dem Lebensmittelautomaten bedient. Entweder sie zogen fortwährend an einem Strohhalm, der in einer Coladose steckte, oder bissen genussvoll in einen Schokoriegel. Jene Frauen, die gerade dabei waren, ihre Wäsche zusammenzulegen, hatten ihre »Motivationsnahrung« vor sich auf dem Tisch stehen. Als ich mit meinem Fahrrad in den Waschsalon trat, wurde ich sofort von oben bis unten gemustert. So wie immer, wenn ich mit meinem voll bepackten Fahrrad in eine Laundry komme. Ich steuerte den letzten noch freien Tisch im Raum an und begann sofort, den Inhalt meiner Gepäcktaschen auszubreiten. Aus den Augenwinkeln heraus sah ich, wie mich alle beobachteten. Meine schmutzige Wäsche steckte ich gleich in eine der Waschmaschinen. Wie bei ähnlichen Gelegenheiten, räumte ich die Gepäcktaschen komplett aus, um diese innen zu reinigen und zu trocknen. Alles, was sich nicht gerade in der Waschmaschine befand, lag kurze Zeit später sauber sortiert auf dem Tisch. Mein Fahrrad stand daneben. Da ich meinen Raddress, den ich noch anhatte, ebenfalls waschen wollte, ging ich in die kleine Umkleidekabine im hinteren Teil des Raumes. Die Tür ließ ich einen Spaltbreit offen, um immer ein Auge auf mein Fahrrad zu haben.

Plötzlich höre ich ein lautes Krachen und dann einen Schrei. Durch den Türspalt sehe ich, dass mein Fahrrad umgefallen ist.

1 Vor Manhattans
  Skyline, beim
  Start in das große
  Abenteuer.

2 Alles im Blick:
  Rückspiegel am
  Fahrrad sind eine
  Lebensversiche-
  rung, wenn man
  mit Gepäck auf
  Landstraßen und
  Highways unter-
  wegs ist.

4

3

5

3 Speziell für Radreisende beschilderte Bike-Route in Kalifornien. Eine von vielen.

4 Nie ein GPS verwendet. Immer nur den Schildern nach.

5 Wald, Zelt, Picknicktisch. Das Paradies für müde Radreisende.

Mittagspause an der berühmten Route 66 in New Mexico. Ziemlich einsam hier.

7 George Washington Bridge über den Hudson River, von New York (Manhattan) nach New Jersey. Leider war der Radweg gesperrt; ich habe es trotzdem versucht ...

8

9

10

8 Go West: über 4800 km nur Highway 50.

9 Auch Fische mögen Briefe.

10 Selten, aber es kam doch vor: Plattfuß in Columbus/ Ohio.

11 Wenn man müde ist, schläft man überall.

12 Brandgefährlich: ein herannahender Tornado in Texas.

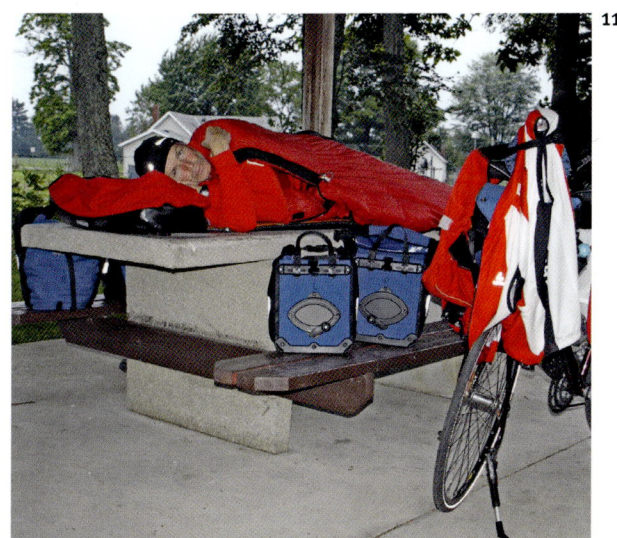

13

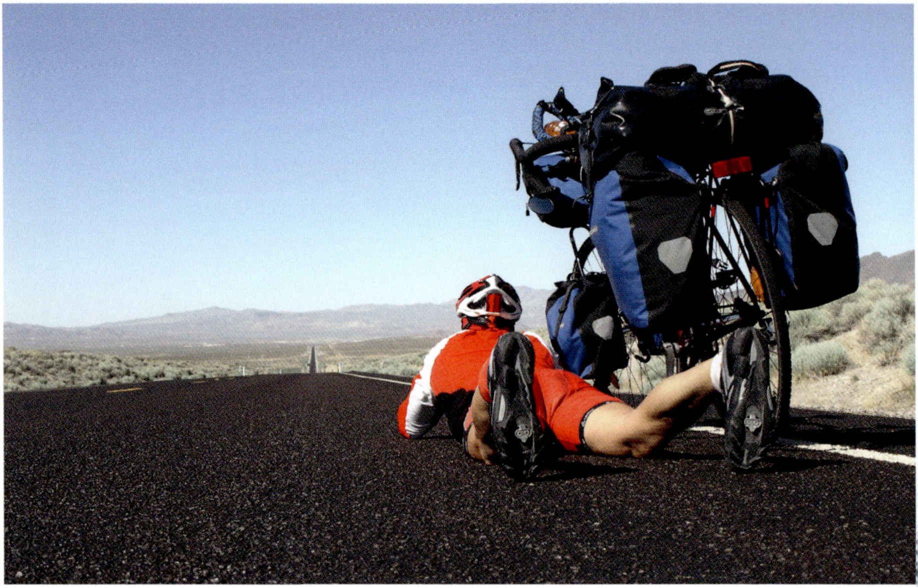

14

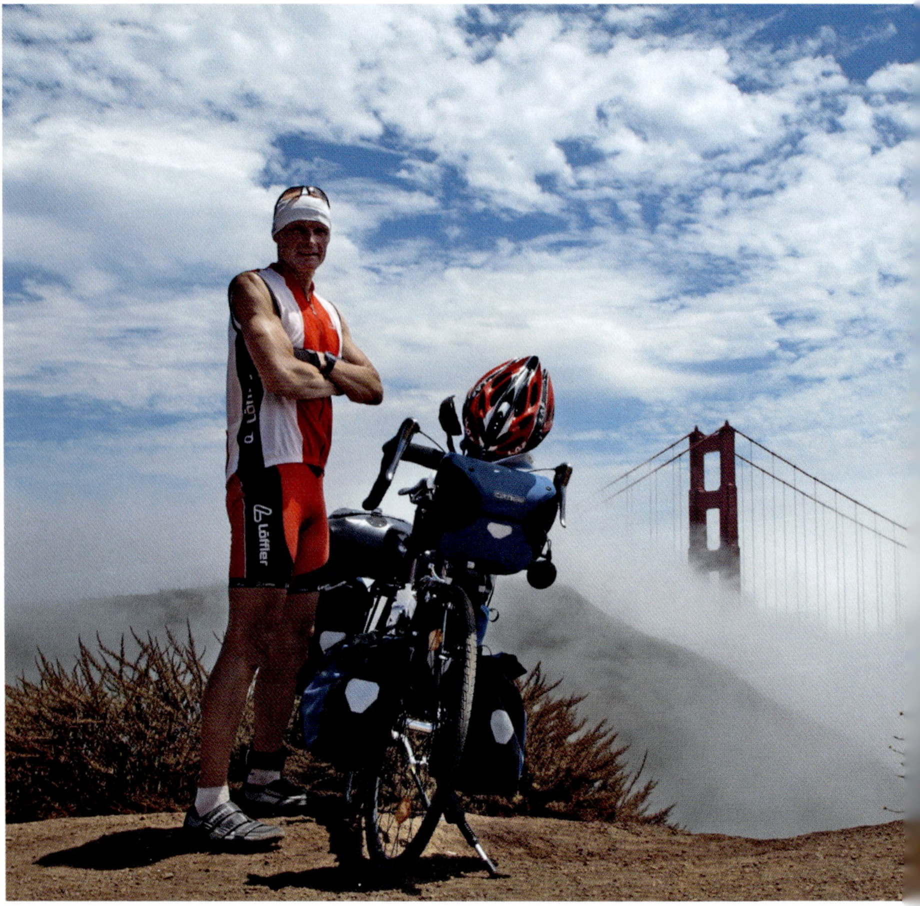

13 Selbst bei genauestem Hinsehen schnurgerade bis zum Horizont: Highway in Utah. Ein wirklich umwerfender Anblick.

14 Auch im Nebel ist sie unverwechselbar, die Golden Gate Bridge in der Bucht von San Francisco.

15 The Loneliest Road in America: Highway 50, Abschnitt in Utah und Nevada.

16 Fast überall in den USA gibt es spezielle Hike & Bike-Zeltplätze.

17 Der Highway 1 verläuft in Kalifornien immer entlang der Küste des Pazifischen Ozeans.

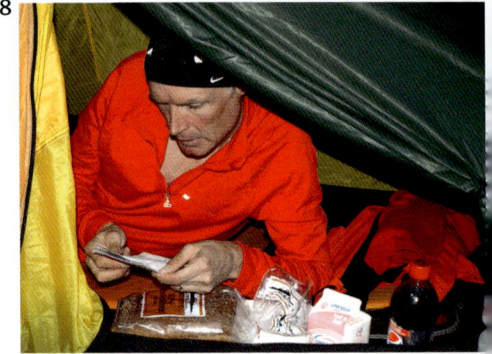

18 Wichtigste Nachtlektüre im Zelt: das Kartenstudium für die nächste Tagesstrecke.

19

19 Immer wieder Stars & Stripes. Die US-Flagge ist stets und überall präsent.

20 Endlich in Vancouver, an der kanadischen Westküste (Provinz British Columbia).

Dabei hat es mehrere Wäschestücke mit auf den Boden gerissen, die am gegenüberliegenden Tisch gerade zusammengelegt wurden. Die Frau versucht, ihre Handtücher und Blusen unter dem Rad hervorzuziehen. Ich trage nur meine kurzen Radsocken, ansonsten bin ich völlig nackt. Rasch schlage ich mir ein kleines Handtuch um meine Hüften und laufe hinaus zu der Frau, die angefangen hat, heftig zu schimpfen. Jetzt sehe ich auch, warum: Mein Fahrrad hat einen Teil der gerade gewaschenen Wäsche wieder verschmutzt. Von der heutigen Tagesetappe ist mein Drahtesel über und über mit Staub bedeckt, der sich nun über die frische Wäsche verteilt hat. Außerdem sind Ölspritzer von der Gangschaltung des Hinterrades auf die Handtücher gelangt. Mittlerweile stehen mehrere Frauen um uns herum. Alle schimpfen, einige greifen nach meinem Fahrrad, die anderen zur Wäsche. Als ob es ein Wahnsinnsunfall wäre, ziehen und reißen alle irgendwie herum. Dabei ist nur ein Fahrrad umgefallen. Dies genügt aber offensichtlich, um die so lieb gewonnene Routine im Waschsalon gehörig durcheinanderzubringen.

Ich schreie laut: »Stop – be careful!« Mein Fahrrad ist mir heilig. Die Frauen können ja nicht wissen, wie wichtig mein fahrbarer Untersatz für die restliche Reise ist. Bevor die Gangschaltung oder andere wichtige Teile Schaden erleiden, greife ich ein. Durch das unkontrollierte Herumreißen der Frauen haben sich aber bereits einige Kleidungsstücke in den Speichen und Ritzeln des Hinterrades verfangen. Ich habe alle Hände voll zu tun, die Frauen zu beruhigen und zu verhindern, dass sie weiterhin über mein Sportgerät herfallen. Nie hätte ich gedacht, dass ein umfallendes Fahrrad einen solchen Tumult auslösen kann. Was ich zu diesem Zeitpunkt aber ganz vergessen habe: Außer meinen Radsocken und dem kleinen um meine Hüften geschlungenen Handtuch trage ich noch immer nichts am Körper. Das immer zahlreicher werdende weibliche Publikum ist also nicht allein auf mein umgefallenes Fahrrad zurückzuführen. Die Gelegenheit, einen gut durchtrainierten Sportlerkörper zu betrachten, will man oder besser: frau sich sicher nicht entgehen lassen.

Mit einer Hand halte ich meinen »Lendenschurz« fest. Mit der anderen versuche ich, einen rosafarbenen Damenslip zu lösen, der sich in der Gangschaltung verfangen hat. Robuste Reiseräder haben normalerweise nur wenige Schwachpunkte. Einer davon ist aber die Gangschaltung. Wenn hier etwas nicht passt, beginnt die Kette beim Treten von allein hin- und herzuspringen. Vor allem beim Bergauffahren kann dieses Problem dazu führen, dass man absteigen und sein Rad schieben muss. Nicht selten ist dann eine komplett neue Schalterjustierung notwendig. Es gelingt mir, mein Rad aufzurichten und wieder an den Tisch zu lehnen. Nun kann ich mich in Ruhe um den noch immer festhängenden Damenslip kümmern. Mittlerweile ist dieser nicht mehr einfarbig, sondern das Rosa ist mit einigen schwarzen Punkten und Strichen verziert. In Radsocken und mit meinem kleinen »Röckchen« werkele ich an der Gangschaltung herum. Die Frauen formieren sich rund um den Tisch und beobachten meine Versuche. Alle haben ihre Wäschearbeiten eingestellt. Ein fast nackter Mann kämpft mit einem kleinen Damenslip.

Da ich voll auf meine Reparaturarbeiten fokussiert bin und darauf, dass mir mein Handtuch nicht von den Hüften rutscht, bemerke ich die beiden jungen Burschen nicht, die leise in den Waschsalon kommen. Ich sehe nur noch vier Hände, die nach meiner Radausrüstung greifen. Dann ist der Tisch plötzlich halb leer. Ein Teil meiner Ausrüstung macht sich selbstständig. Zwei wasserdichte Plastikboxen, eine mit Werkzeug gefüllt, die andere mit der gesamten Erste-Hilfe-Ausrüstung, sind verschwunden. Als ich mich aufrichte, sehe ich nur noch, wie die zwei Burschen eilig den Waschsalon verlassen. Und mit ihnen ein Teil meiner wichtigsten Notausrüstung. Verwirrt blicke ich den beiden hinterher. Die Frauen hingegen haben weiterhin ihre Augen nur auf mich gerichtet. Die Diebe sind uninteressant für sie. Ein sportlicher Körper jedoch offensichtlich nicht.

Nur wenige Augenblicke später habe ich mich wieder gefasst. Außer meinem um die Hüften geschlungenen Handtuch lasse ich alles fallen und stürze zur Tür. Kampflos werde ich die beiden Burschen nicht ziehen lassen. Während sich meine restliche Wäsche in der Waschmaschine dreht, sprinte ich meinem Werkzeug und der Erste-Hilfe-Box hinterher. Damit haben die Diebe offensichtlich nicht gerechnet. Vor allem nicht mit meiner Sprintstärke und der Entschlossenheit eines Radreisenden, sein wichtiges Material zu verteidigen. Als sie sich kurz umdrehen und bemerken, dass ich ihnen dicht auf den Fersen bin, lassen sie beide Boxen fallen. Gleichzeitig verliere ich auch mein Handtuch. Mit beiden Händen greife ich nach dem Material, das sich nun auf dem Asphalt verteilt hat. Während ich hastig mein Zeug einsammle, verschwinden die Diebe hinter einer Hausecke. Ich stehe nun da, halte zwar mein wiedererlangtes Material in den Händen, dafür trage ich aber sonst nichts mehr am Körper. Bis auf die Radsocken ...

Mittlerweile haben alle Frauen im Waschsalon ihren Standort vom Tisch zum großen Fenster verlegt. Von dort aus können sie das Schauspiel bestens verfolgen. Ich bin weniger als 50 Meter von der Laundry entfernt. Außer diesen Frauen habe ich mittlerweile weitere Beobachter. Mehrere Autos mussten anhalten, damit ich mein Werkzeug und das restliche Notmaterial einsammeln kann. Zu Hilfe kommt mir jedoch niemand. Ein wenig Mitleid dürften die Autofahrer mit mir aber schon haben, denn keiner von ihnen hupt oder schimpft. Zuerst schlinge ich mir mein Handtuch wieder um die Hüfte, dann suche ich in Ruhe den Platz vor mir ganz genau ab. Ich möchte kein noch so kleines Teil vergessen. Als ich davon überzeugt bin, wieder alles beisammenzuhaben, trete ich den Weg zurück in Richtung Waschsalon an. Und zwar als Sieger ...

Ich glaube, dass ich und mein Fahrrad mit unserem Auftritt im und vor dem Waschsalon für ein wenig Abwechslung in der vermutlich ansonsten sehr langweiligen Welt einiger von ihnen gesorgt haben. Zwei der Damen haben mir anschließend sogar geholfen, meine frisch gewaschene Wäsche zusammenzulegen. Und zwei weitere wollten es sich nicht nehmen lassen, mich beim Einräumen der Gepäcktaschen zu unterstützen. Von einer anderen wurden mir drei Schokoriegel in die Lenkertasche gesteckt. Und zuletzt durfte ich bei der sehr hübschen Wäschereibesitzerin sogar noch zu Abend essen.

Meine Nacht verbrachte ich dann tatsächlich noch in diesem Waschsalon. Als ich am Morgen wieder erwachte, war der Raum schon wieder gut besucht. Einige der Frauen hatten gar keine Wäsche zum Waschen mit, sondern setzten sich nur auf die Bank, um mir beim Umziehen zuzusehen ...

Route 66 und Coca Cola

I ch blicke mich um. Insgeheim denke ich an die Fernsehsendung »Versteckte Kamera«. Mitten in der kalifornischen Mojave-Wüste steht ein Coca-Cola-Automat. An einer verlassenen Tankstelle in Amboy. Ich bin am Verdursten und habe kein Münzgeld bei mir ...

Auf allen Radreisen liebte ich ein Getränk ganz besonders: eisgekühlte Coca Cola. Das hatte einen ganz besonderen Grund. In diesem Getränk ist viel Zucker enthalten. Jeder Radreisende weiß, Zucker ist zwar nicht das gesündeste Nahrungsmittel, aber es gehört zum Ernährungsbaustein Kohlenhydrate. Und Kohlenhydrate sind nun einmal wichtig, damit die Radfahrerbeine ihre Arbeit verrichten können. Ohne gute Beinarbeit gibt es kein gutes Vorankommen.

Immer wenn ich heute eisgekühlte Colaflaschen sehe, verbinde ich dies mit einem ganz besonderen Erlebnis an der berühmten Route 66.

Die Route 66 hat viele einsame Abschnitte, aber besonders einsam wird es westlich von Kingman in Arizona. Dort geht es hinein in die berühmte Mojave-Wüste, deren westliches Ende im südöstlichen Kalifornien liegt. Die Strecke von Kingman bis Ludlow, einem kleinen beschaulichen Ort direkt in der Mojave Desert, betrug etwa 140 Meilen, also rund 225 Kilometer, und die hatte ich mir an diesem Tag auch als Tagespensum vorgenommen. Eigentlich nichts Besonderes, solche Tagesetappen bewältigte ich auf meinen Radreisen des Öfteren. Obwohl ich eigentlich ein besonders genauer Vorausplaner bin, ständig die Straßenkarten studiere und mir auch immer aktuelle Informationen vor Ort hole, machte ich bei meiner Vorbereitung einen großen Fehler. Ich verkalkulierte mich in Bezug auf die vermutlich benötigte Wassermenge. Diesen Fehler musste ich schon bald bitter büßen, denn einige Stunden später hatte ich zum ersten Mal in meinem Leben das Gefühl, wirklich zu verdursten.

Bereits kurz nach vier Uhr in der Früh startete ich noch bei Dunkelheit in Kingman. Bis zu meinem ersten größeren Stopp in Needles, unmittelbar an der Grenze Südkaliforniens, hatte ich etwa 70 Kilometer zu bewältigen. Da es dabei aber auch über den 1200 Meter hohen Sitgreaves Pass ging, musste ich bereits gehörig in die Pedale treten. Die Auffahrt zum Pass war steil und die ersten Vorboten der totalen Einsamkeit waren deutlich zu sehen. Ich fuhr an verlassenen Campruinen vorbei, sah stillgelegte Schotterstraßen zu alten Goldminen und radelte immer wieder zwischen riesigen grauen Felsblöcken hindurch. Unmittelbar nach Sonnenaufgang wurde es immer heißer. Nachdem ich den Pass hinter mir gelassen hatte, gelangte ich zu dem aus nur wenigen Holzbauten bestehenden, ehemaligen Goldgräberörtchen Oatman. Dort begrüßten mich zu allererst mehrere Esel, die seelenruhig auf der einzigen durch den Ort verlaufenden Straße hin und her spazierten. Während der Abfahrt vom Pass sah ich als einzige grüne Tupfer in der grauen Landschaft die im Westen von Arizona wachsenden »Jumping-Cholla-Kakteen«. Da mir an einer Tankstelle in Needles mitgeteilt wurde, dass es nach etwa 40 Kilometern noch eine weitere Tankstelle gebe, füllte ich vorerst nur meine drei Radflaschen mit frischem Wasser auf. Zusätzliches Wasser wollte ich erst an der nächsten Tankstelle mitnehmen. Gegen zehn Uhr wurde es plötzlich brütend heiß, und bei der Auffahrt zum South Pass, dem Beginn des Mojave-Plateaus, zeigte das Thermometer auf meinem Fahrradcomputer bereits über 30 °C.

Zu Beginn der Mojave Desert musste die ehemalige Route 66 dem modernen Highway 40 weichen. Man verlässt ihn erst kurz hinter dem South Pass. Die Originalstrecke verläuft unterhalb des Highways im tiefsten Hinterland der kalifornischen Wüste. Ich weiß heute noch, dass die Abzweigung zur Originalroute die Ausfahrt Nr. 115 war. Genau an diesem Schild blieb ich kurz stehen, sah auf der anderen Straßenseite die mir angekündigte Tankstelle und überlegte mir anhand meiner Straßenkarte die weitere Vorgehensweise. Dann traf ich eine folgenschwere Entscheidung: Ohne an der Tankstelle frisches Wasser zu besorgen, setzte ich meine Fahrt fort. Da ich bisher von meinen drei Radflaschen nur eine geleert hatte, war ich davon überzeugt, noch genügend Wasser für die restliche Strecke zu haben.

Bereits nach wenigen Kilometern im Hinterland herrscht totale Einsamkeit, gleichzeitig nimmt das Unglück seinen Lauf: Die Temperatur steigt plötzlich auf 48 °C. Zudem wird es windig und natürlich bläst dieser Wind von vorn. Obwohl Hitze verbunden mit Gegenwind schon genug Übel für jeden Radfahrer bedeuten, ändert sich auch noch der Zustand der 66 massiv. Die Straße ist eigentlich keine richtige Straße mehr. Ein Schlagloch reiht sich an das andere, wobei die Löcher eine gefährliche Größe aufweisen.

Obwohl ich in den Tiroler Bergen aufgewachsen bin, wo sechs Monate im Jahr Schnee liegt, vertrage ich normalerweise Hitze viel besser als Kälte. Aber 48 °C gehen an meine Substanz. Ich habe das Gefühl, mich in einer Sauna zu befinden. Aufgrund des starken Gegenwindes trete ich mit der kleinsten Übersetzung in die Pedale. Immer wieder muss ich im Stehen fahren und beuge mich dabei stark über den Lenker. Ich stopfe mir Watte in die Ohren. Zum einen will ich mir keine Mittelohrentzündung holen, zum anderen ist das eintönige Blasen des Windes nervenaufreibend. Ständig muss ich den vielen Schlaglöchern ausweichen und lenke mein Rad von einer Straßenseite auf die andere. Dazwischen gibt es selten einen Abschnitt mit intaktem Belag. Ich holpere mehr vorwärts, als dass ich fahre, und die Satteltaschen rutschen auf den Gepäckträgern hin und her.

Wirklich Angst bekomme ich aber, als ich merke, dass meine Wasservorräte langsam zu Ende gehen. Aufgrund der Hitze, des Gegenwindes und der damit verbundenen Anstrengung muss ich alle paar Minuten einen Schluck aus der Radflasche nehmen. Mein Körper verlangt dringend nach Wasser, mein Mund fühlt sich vollkommen ausgetrocknet an. Ich bekomme zunehmend das Gefühl, zu verdursten. Seit mehreren Stunden bin ich keinem einzigen Auto begegnet, kann also niemanden anhalten, um nach Wasser zu fragen. Ich gehe so sparsam wie nur möglich mit dem Wasser um, trotzdem leere ich die letzte Radflasche gefährlich schnell. Mein Bauchgefühl sagt mir, dass ich mich in einer echt gefährlichen Situation befinde.

Der nächste Ort, der auf der Straßenkarte eingezeichnet ist, heißt Amboy. Die etwa 30 Kilometer bis dorthin muss ich noch schaffen. Meine Recherchen im Zuge der Vorbereitungen haben ergeben, dass dort immer noch eine Tankstelle in Betrieb sein müsste. Und eine Tankstelle bedeutet auch Wasser.

Von allen geradelten Kilometern meiner Radreisen waren diese 30 bis Amboy die härtesten. Ich hatte keinen Schluck Wasser mehr und war kräftemäßig am Ende. Zudem befand ich mich in einer der ödesten Gegenden der USA, wo sich nur trockene Salzseen, schwarze Lavabrocken und karges Gebüsch abwechselten. Am Ende einer der vielen Geraden sah ich plötzlich in der Ferne etwas, das wie eine kleine Ansammlung von Häusern ausschaute. Mit allerletzter Kraft fuhr ich im Schritttempo auf das Ortsschild von Amboy zu. Die Häuseransammlung entpuppte sich jedoch als zwei eingefallene Scheunen, eine Art größere Garage und tatsächlich eine Tankstelle. Vor der Tankstelle stand ein riesiges Neonschild mit der Aufschrift »Roy's Motel & Cafe«. Ich war gerettet.

Nur Augenblicke später spürte ich ein äußerst ungutes Gefühl in mir aufkommen. Die Tankstelle machte einen leeren und verlassenen Eindruck. Müll lag auf dem Vorplatz und einige Sträucher wucherten an den Wänden empor. Schlagartig wurde mir bewusst, dass ich mich zu früh gefreut hatte. So sehr ich mich nach irgendeinem Lebenszeichen umblickte, ich sah keinen Menschen. Sofort schlich wieder jene Angst in mir hoch, die mich die letzten Stunden begleitet hatte. Verzweifelt schaute ich mich um. Ohne Wasser hatte ich keine Chance mehr, auf dem Fahrrad den nächsten Ort zu erreichen.

Plötzlich bemerke ich an der Wand des Gebäudes, das einer größeren Garage ähnelt, einen roten Kasten. Dieser zeichnet sich deutlich von den sonnengebleichten grauen Wänden des Gebäudes ab. Als ich mein Rad näher heranschiebe, traue ich meinen Augen nicht. Ich kann nicht glauben, was da vor mir steht. Vor meiner Nase befindet sich ein Getränkeautomat. Die rote Lackfarbe schaut wie frisch gestrichen aus, deutlich sichtbar sind die Worte »Coca Cola« zu lesen. Ein summendes Geräusch zeigt mir, dass dieser Automat tatsächlich in Betrieb ist. Der ganze Kasten ist, wie ich es schon oft bei im Freien stehenden Geräten gesehen habe, durch ein Metallgitter geschützt. Um den Automaten vor mutwilliger Beschädigung und Plünderung zu schützen, sind nur der Schlitz zum Einwerfen des Geldes und das Fach zum Entnehmen der Getränke frei zugänglich.

Ich blicke mich um, denn ich habe das Gefühl, in der Sendung »Versteckte Kamera« zu sein. Mitten in der Mojave-Wüste, an einer stillgelegten Tankstelle im verlassenen Ort Amboy, steht ein Coca-Cola-Automat. Und dieser ist auch noch in Betrieb. Mir läuft das Wasser im Mund zusammen. Ich kann förmlich die Cola riechen und schmecken. Hastig greife ich in die Rückentasche meines Radtrikots. Dort habe ich, wie bei all meinen Radreisen, eine wasserdichte Hülle verstaut. In dieser befinden sich meine wichtigsten Dokumente und eine kleine Geldtasche mit der Kreditkarte und Bargeld. In den USA bezahle ich fast alles mit meiner Kreditkarte, trotzdem habe ich immer ein wenig Bargeld dabei. Insbesondere Münzen benötige ich immer wieder und hier vor allem die »Quarter«, also die Viertel-Dollar-Münzen. Fast alle Automaten, egal, ob befüllt mit Getränken, fettarmen Snacks oder Notfallzahnbürsten für Truckfahrer, schlucken diese »Quarter«. Für mich ist klar, dass ich nun sämtliches Münzgeld gegen möglichst viel Coca Cola

eintauschen werde. Erwartungsfroh öffne ich die kleine Geldtasche. Aber schon, als ich sie in die Hand nehme, fühlt sie
sich verdächtig leicht an. Als ich dann den Verschluss öffne,
läuft es mir eiskalt den Rücken herunter. In der Geldtasche ist
keine einzige Münze mehr. In Panik schaue ich zwischen die
beiden Fächer und ziehe sie weit auseinander. Aber so sehr ich
die Geldtasche auch durchsuche, schüttle und nochmals durchsuche, ich finde nur einige Dollarnoten und die Kreditkarte.

»Das kann doch nicht wahr sein!« Die rettenden Colaflaschen
liegen eisgekühlt direkt vor meiner Nase im Automaten und
trotzdem kann ich sie nicht erreichen. Völlig verzweifelt und
dem Verdursten nahe setze ich mich auf den heißen Asphalt,
kurz davor, zu resignieren.

Meine Gedanken spielen verrückt. Ich sehe mich schon ausgetrocknet am Boden liegen, und dies vor einem prall gefüllten
Getränkeautomaten. Wenn ich nicht wirklich verdursten will,
muss ich mir unbedingt eine Lösung einfallen lassen. Aber so
sehr ich nachdenke, eine Lösung ist nicht in Sicht. Weiterhin
sehe ich keine Menschenseele, und kein einziges Fahrzeug
nähert sich dem verlassenen Ort.

Nach etwa einer weiteren halben Stunde Resignation entscheide ich mich, den Automaten gewaltsam aufzubrechen.
Ich bin mir zwar sicher, dass Einbruch in den USA unter hoher
Strafe steht, aber ich muss einfach zu den Colaflaschen gelangen, um zu überleben. Bei meiner Suche nach einem geeigneten Werkzeug finde ich seitlich des Gebäudes eine lange Eisen-
stange. Mit dieser will ich den Automaten knacken. Als ich
die Stange vom staubigen Boden aufhebe, habe ich vor lauter
schlechtem Gewissen Schweißperlen auf der Stirn. Trotzdem
setze ich die Stange wie einen Hebel in einen kleinen Spalt des
Schutzgitters. Nun bin ich nicht mehr weit von einer krimi-
nellen Handlung entfernt. Genau genommen bin ich bereits
mittendrin, denn auch vorbereitende Handlungen sind normalerweise unter Strafe gestellt.

Gerade als ich mit vollem Körpereinsatz die Brechstange nach unten drücken will, höre ich ein Motorengeräusch. Ich drehe mich um und sehe eine riesige Staubwolke, die sich mir nähert. Nach kurzer Zeit kann ich in dieser Wolke einen großen schwarzen Truck erkennen. Ich springe auf die Fahrbahn hinaus, um den Truck anzuhalten. Dem Fahrer bleibt gar nichts anderes übrig, als sein Gefährt abzubremsen, denn ich rühre mich keinen Millimeter von der Stelle. Nach stundenlanger Einsamkeit will ich das rettende Fahrzeug nicht vorbeifahren lassen. Nur wenige Meter vor mir kommt das Gefährt zum Stehen. Der Fahrer springt aus seinem Führerhaus und ist völlig aufgebracht über den unvorhergesehenen Stopp. Als er aber sieht, dass vor ihm ein halb verdursteter Radfahrer mehr schwankt als steht, ändert sich sein Gesichtsausdruck sofort. Ohne dass ich nur eine Andeutung machen muss, geht er zurück zu seinem Führerhaus, holt eine Kühlbox heraus und stellt sie vor mich hin. Neben etlichen Flaschen Budweiser Bier liegen auch mehrere Gatorade-Plastikflaschen auf Eis. Der Truckfahrer reicht mir lächelnd eine Bierflasche, tauscht diese aber aufgrund meines verdutzten Gesichtsausdrucks wortlos in Gatorade um. Mit gierigem Blick und zitternden Händen nehme ich die Flasche entgegen, schraube den Verschluss ab und nehme einen ersten Schluck.

Nie wieder hat mir Gatorade mit Orangengeschmack so gut geschmeckt. Und zehn Minuten später stehe ich wieder vor dem Cola-Automaten. In meinen Händen halte ich mehrere Münzen ...

Sandsturm in der Mojave-Wüste

Plötzlich sehe ich wie durch einen Nebelschleier in einiger Entfernung eine dunkle Wand, die vom Boden bis in den Himmel hinaufreicht. Diese Wand bewegt sich wellenartig voran. Der Wind wird immer stärker. Radfahren ist nicht mehr möglich. Ich muss absteigen und schieben. Mit einem unguten Gefühl blicke ich auf das Geschehen, das sich, immer näher kommend, vor meinen Augen abspielt ...

Wenn ich mit dem Rad auf Reisen bin, suche ich die Herausforderung. Herausforderungen wie etwa die Überquerung der Rocky Mountains, die Bewältigung der »Loneliest Road in USA« oder diverser Wüstenabschnitte.

Unter all diesen Herausforderungen waren die Wüsten etwas ganz Besonderes. Mit einem voll bepackten Fahrrad durch eine Wüste zu fahren heißt vor allem, mental stark zu sein. Die körperlichen Voraussetzungen müssen ja sowieso passen. Die kann man auch gut trainieren. Viele Vorbereitungskilometer führen zwangsläufig zu einer guten körperlichen Verfassung. Eine mentale Vorbereitung ist aber nicht so einfach. Ich habe von Radfahrern gehört, die Zehntausende Kilometer gefahren sind, Weltreisen unternommen haben, über die höchsten Pässe radelten, aber Wüstenabschnitte meiden wie der Teufel das Weihwasser. Andere wiederum vermeiden Strecken, die über Gebirgsketten führen, planen dafür aber Abschnitte durch heiße Wüstengebiete. Es gibt hier eigentlich keinen Mittelweg. Entweder man liebt das Radfahren in der Wüste oder man hasst es.

Ich gehöre zur ersten Gruppe. Wüsten sind meine Sache. Berge habe ich zu Hause genug, aber diese Art der Weite und Unendlichkeit gibt es in meiner Heimat nicht. Wüsten faszinieren mich.

Zwischen Las Vegas und Los Angeles befindet sich die Mojave Desert. Neben dem Death Valley ist diese Wüste die heißeste Gegend im Westen der USA. Wenn man mit dem Fahrrad von Las Vegas aus westwärts fährt, muss man die Seitenstreifen des Highway 15 benutzen, da keine andere Straße bis nach Barstow, einem Städtchen am westlichen Rand der Wüste, führt. Dieser Highway 15 verläuft zwischen Las Vegas und Barstow teilweise kilometerweit schnurgeradeaus. Rechts und links davon nichts als Sand und Steine. Die einzige nennenswerte Abwechslung ist das Überqueren des gut 1400 Meter hohen Mountain Pass etwa zehn Kilometer hinter der Grenze zu Kalifornien. Unmittelbar darauf geht es hinein in die heißeste Region der Mojave. Vom Pass sind es etwa 40 Kilometer bis zum kleinen Wüstenörtchen Baker. Baker ist bekannt als letzte größere Verpflegungsmöglichkeit, will man nach Norden auf den Highway 127 abbiegen, um den berühmten Death Valley Nationalpark zu durchqueren. Schon auf diesen 40 Kilometern bis Baker brennt die Sonne während der Sommermonate gnadenlos auf den Asphalt.

Dass es in Wüsten während der Nacht kalt und am Tag oft brütend heiß ist, habe ich mehrfach am eigenen Leib erfahren. Auch weiß ich, wie es sich anfühlt, zusätzlich noch dem Gegenwind ausgesetzt zu sein. Gegenwind und Hitze sind für Radfahrer eine schlechte Kombination. Die mentale Stärke wird in diesem Fall extrem hart auf die Probe gestellt. Heiße Luft, wie von einem übergroßen Föhn, bläst ständig ins Gesicht und trocknet Mund und Lippen aus.

Eine Sache aber ist in allen Wüsten für Radfahrer die absolute Katastrophe: ein Sandsturm.

Aufgewirbelte Sandkörner kriechen in jede Pore des geschundenen Körpers und setzen sich am Fahrrad und den Satteltaschen fest. Insbesondere an den geölten Teilen des Rades bleibt der Sand kleben. Bereits nach kürzester Zeit ist an ein Weitertreten nicht mehr zu denken. Kette, Kettenblätter und Ritzel knirschen bei jeder Kurbelumdrehung. Weder Material noch Mensch halten dies lange aus. Aber auch mit einer Pause in irgendeinem Unterschlupf ist es nicht getan. Fast alle Fahrradteile müssen irgendwie vom Sand gereinigt werden. Wo aber gibt es in der Wüste einen Schlauch und genügend Wasser zum Abspritzen der gröbsten Verunreinigungen?

Bis auf ein einziges Mal hatte ich bei meinen Wüstenerlebnissen Glück. Aber dieses eine Mal war für mich besonders lehrreich. Es hat mir schmerzlich gezeigt, wie klein und verletzlich ein Radfahrer in der Wüste sein kann.

Ich schwitzte auf dem Highway 15, zwischen Las Vegas und Barstow. Den Mountain Pass hatte ich bereits hinter mich gebracht, und nun ließ ich mich bergab rollen. Etwa fünf Kilometer talwärts und dann noch 35 flache Kilometer bis Baker. Dort wollte ich Pause machen und meine Wasservorräte auffüllen.

45 Grad Hitze hatte ich schon des Öfteren erlebt, und Hitze ist mir lieber als die oft klirrende Kälte in meinen heimatlichen Bergen. Aber wieder einmal war mein Wasservorrat knapp. Das passiert mir auf meinen Radreisen relativ oft. Immer wieder verschätze ich mich mit meinen Berechnungen. Somit musste ich mich leider wieder mit dem Trinken etwas zurückhalten. Die noch ausstehenden Kilometer bis zur nächsten Tankstelle in Baker stellten aber kein größeres Problem dar. Schlimmer war der immer stärker werdende Wind. Unter Radreisenden gibt es einen Spruch: »Der Wind bläst immer von vorn.« Das kann ich nur bestätigen. Auf fast allen meinen Reisen mit dem Rad hat der Wind tatsächlich meist von vorn geblasen. Richtig starken Rückenwind hat es nur selten gegeben. Nun war er wieder da. Mein Freund, der Wind.

Bei meinen Einsätzen als Flugretter im Großraum Innsbruck gibt es ebenfalls oft starken Wind, den Föhn. Oft bläst er derart stürmisch, dass es sich in unserem Hubschrauber anfühlt, als sitze man in einer Achterbahn. Ich hasse den Föhn. Mir wird bei solchen Verhältnissen regelmäßig übel und ich muss mich stark darauf konzentrieren, meine Arbeit gut zu machen. Es gibt Piloten, die mögen den Föhn ebenfalls nicht. Aber diese Piloten haben eine Lösung gefunden: Sie haben sich mit dem Föhn verbunden. Dies aus einem ganz einfachen Grund: Es blieb ihnen gar nichts anderes übrig. Der Föhn war schon viele Hundert Jahre vor ihnen da und er wird auch noch viele Hundert Jahre nach ihnen da sein. Also muss man mit ihm leben und die Einsätze auch an den Tagen gut abwickeln, an denen man ihm nicht ausweichen kann. Ich habe mir daher auf meinen Radreisen angewöhnt, mich ebenso wie die Piloten zu verhalten und mit dem Wind zu leben. Gegen ihn anzukämpfen, bringt nichts.

Etwa zehn Kilometer vor meinem Zwischenziel im Wüstenort Baker wurde der Gegenwind aber so heftig, dass ich aufstehen musste, um überhaupt noch weiterzukommen. Ich trat voll in die Pedale und hatte aufgrund meines langsamen Tempos wieder einmal das Gefühl, steil bergauf zu fahren. Mein Gesicht wurde immer heißer. Es rauschte in meinen Ohren, und der Schweiß tropfte mir ununterbrochen von der Stirn. Nun hatte der Wind bereits eine solche Stärke erreicht, dass kleine Sandkörner aufgewirbelt wurden. Diese prallten gegen mein Gesicht und trotz der Radbrille spürte ich sie auch in den Augen. Mir wurde etwas mulmig, denn eine solche Windstärke hatte ich bisher noch nicht erlebt. Zumindest nicht, während ich mich im Sattel befand. Wenige Minuten später wurde auch die Sicht schlechter. Durch den aufgewirbelten Sand entstand eine Art gelber Nebel. Ich musste meine Augen immer weiter zukneifen.

Plötzlich sehe ich vor mir diese riesige dunkle Wand. Sie reicht vom Boden bis hoch in den Himmel hinauf. Noch kann ich mir nicht erklären, was ich da sehe. Die Wand steht nicht still, sie wogt hin und her. Wäre sie weiß-blau gewesen, hätte sie wie eine riesige Ozeanwelle ausgesehen. Mit Auftauchen dieses Phänomens wird der Wind noch stärker. Weiterfahren ist nun nicht mehr möglich. Ich muss absteigen und schieben. Wegen des vielen Sandes auf dem Asphalt rutsche ich mit meinen Radschuhen immer wieder zurück. Ich habe das

Gefühl, auf Eis zu gehen. Mit fast zugekniffenen Augen spähe ich nach vorn, um zu beobachten, was nun weiter geschehen wird. Der Highway verläuft immer noch geradeaus. Normalerweise kann man viele Kilometer weit bis zum Horizont sehen, jetzt wird der Himmel aber trotz des Sonnenscheins immer dunkler. Ich spüre einen Schauer in mir, und von einer Sekunde auf die andere ist mir klar, dass ich direkt in einen Sandsturm hineinlaufe.

Dann bricht das Chaos los.

Mit voller Wucht prallt die Wand gegen meinen Körper. Eine Mischung aus Luft und Milliarden von Sandkörnern. Unverzüglich muss ich die Luft anhalten. Es bleibt mir nichts anderes übrig, als mein Fahrrad loszulassen und beide Hände schützend gegen das Gesicht zu halten. Ich kann mich nicht mehr auf den Beinen halten. Wie von einer unsichtbaren Faust getroffen, werde ich zu Boden gestoßen. Ich bleibe auf dem Bauch liegen und versuche, mein Gesicht mit den Händen zu schützen. Mein Fahrradhelm zieht am Kinnriemen. Das vorn geöffnete Fahrradtrikot flattert trotz der Bauchlage wie wild im Wind. Ich komme hinter meinem Fahrrad zu liegen, das mir so zumindest ein wenig Schutz bietet. Meinen Körper presse ich im Windschatten der Satteltaschen so dicht wie möglich an den Boden. In der näheren Umgebung ist keine andere Schutzmöglichkeit vorhanden. Ich hätte wohl ohnehin keine mehr sicher erreicht. Man sieht kaum die eigene Hand vor den Augen, und die Stärke des Sturmes erstickt jeden Versuch aufzustehen im Keim. Hilflos wie ein Käfer liege ich am Boden. Nur liegen Käfer auf dem Rücken und zappeln mit den Beinen, ich liege platt auf dem Bauch. Nun ist Warten und Hoffen angesagt. Ich habe keinerlei Erfahrung mit Sandstürmen und weiß daher auch nicht, wie lange er dauern wird.

Wie lange ich tatsächlich am Boden lag, weiß ich nicht. Mir kam es jedenfalls unendlich lange vor. Überall am Körper spürte ich die Sandkörner. Meine Augen hielt ich fest geschlossen.

Ich wollte auf keinen Fall Sand hineinbekommen. Aufgrund meiner fast leeren Wasserflaschen wäre auch keine besonders effektive Augenreinigung möglich gewesen. Der meiste Sand setzte sich in meinen Ohren fest. Dort knisterte und kratzte es.

Als ich so dalag und über mir die Welt einstürzte, dachte ich eigenartigerweise mehr an mein Fahrrad als an meine eigene Sicherheit. Mir gingen viele Fragen durch den Kopf: Wie würde ich das Fahrrad nun halbwegs reinigen können? Ist an ein Weiterfahren überhaupt zu denken? Oder muss ich bis zum nächsten Ort schieben? Aber zehn Kilometer nur schieben?

Irgendwann wurde der Wind schwächer. Als ich den Kopf hob, sah ich, wie die Wand weiter in Richtung Osten zog. Sie sah von hinten genauso aus wie von vorn. Dieser Anblick war mir aber trotzdem bedeutend lieber. Ich hatte gerade meinen ersten Sandsturm erlebt.

Während des Sturmes war es um meine Sicherheit gegangen. Jetzt, nach dem Sturm, ging es um mein Fahrrad. Es sah fürchterlich aus. Zwar war unerklärlicherweise nichts abgerissen worden, aber der Sand war überall und hatte vor dem Rad einen Wall gebildet. An eine Reinigung hier vor Ort war nicht zu denken. Wenn auch der Sturm vorbei war, herrschte noch immer der übliche Gegenwind. Es wäre völlig sinnlos gewesen, mein Fahrrad zu zerlegen, um den Versuch zu machen, es auch nur halbwegs vom Sand zu befreien. Auch hätte ich die Satteltaschen komplett ausräumen müssen. Dort drinnen befanden sich ebenfalls Sandkörner. Seit damals weiß ich, dass die Satteltaschen zwar wasserdicht sind, aber kleine Sandkörner sich trotzdem einen Weg ins Innere suchen und auch finden.

Es blieb mir also doch nichts anderes übrig, als mein Rad bis nach Baker zu schieben. Dort konnte ich es dann in Ruhe wieder auf Vordermann bringen. Ich hatte Glück im Unglück. Hinsichtlich der Entfernung nach Baker hatte ich mich verschätzt. Es waren nur mehr vier Kilometer, die ich nach einer guten Stunde Schieben geschafft hatte.

In Baker nahm ich ein Motel. Am nächsten Tag musste ich eine Zwangspause einlegen. Diesen Tag benötigte ich, um alle Teile des Fahrrades sauber zu bekommen. Immer wieder knirschte es bei den Probefahrten. Und dieses Geräusch ist einfach nicht auszuhalten. Erst nach dem x-ten Putzvorgang waren die Kette und der Rest wieder voll einsatzbereit.

Ich habe nie wieder so lange an meinem Fahrrad herumgeputzt. Aber ich geriet bis heute auch nie wieder in einen solchen Sandsturm.

Die Wüsten liebe ich trotzdem noch immer ...

Gefangen auf der Golden Gate Bridge

Die verzweifelten Schreie des Kindes gehen mir durch Mark und Bein. Langsam werde ich nervös. Um das Kind herum herrscht das blanke Chaos. Aufgeregte Menschen reden wild gestikulierend durcheinander. Ich verliere den Überblick. Endlich höre ich die Sirenen der Feuerwehrfahrzeuge ...

Nachdem ich zwei Monate in die Pedale getreten war, sah ich sie vor mir: Die berühmte Golden Gate Bridge von San Francisco. Meine erste allein unternommene längere Radreise war zu Ende. Ich hatte Nordamerika von Osten nach Westen durchquert. Und mit dem Anblick dieses gigantischen Bauwerks wusste ich, dass ich es geschafft hatte! Ich kann mich noch genau an die tiefen Gefühle erinnern, die ich damals in mir spürte. Ich war mit mir im Reinen.

Ganz langsam und besonders aufmerksam näherte ich mich dem Südportal der Golden Gate. Wie oft hatte ich in den letzten Wochen von diesem Augenblick geträumt. Immer wieder hatte ich mich selbst dabei beobachtet, wie ich mit meinem Fahrrad ehrfürchtig die Brücke überquerte. Und nun war es wirklich so weit.

Schon die Ankunft in San Francisco war für mich ein einmaliges Erlebnis. Ich hatte mich so auf diese Weltstadt gefreut, über die ich dank meiner intensiven Vorbereitungen schon einiges wusste. San Francisco ist eine der ältesten Städte der USA. Sie wurde bereits 1776 von spanischen Mönchen errichtet. 1846 erhielt sie ihren heutigen Namen, in den darauffolgenden Jahren wuchs die Stadt auf 150 000 Einwohner an. 1906 ereignete sich das folgenschwere Erdbeben mit anschließender Feuersbrunst, bei dem über 80 Prozent der aufstrebenden Stadt vernichtet wurden. Der Wiederaufbau erfolgte jedoch rasch, und heute leben im Zentrum von San Francisco etwa 780 000 Einwohner, in der gesamten Bay Area (San Francisco, Oakland, San José usw.) sogar fünf Millionen. Die Flächenausdehnung der im Umriss nahezu quadratischen Stadt beträgt heute etwa 120 Quadratkilometer. Viele der schnurgeraden, rechtwinklig angelegten Straßen weisen enorme Steigungen und Gefälle auf. Keine andere Weltstadt beherbergt so viele unterschiedliche Kulturen, und über 20 Prozent der wahlberechtigten Einwohner gehören der Homosexuellenbewegung an. China Town, die Transamerica Pyramid, das Embarcadero Center oder das weltberühmte Hafenviertel Fisherman's Wharf gehören zu den bekanntesten Touristenattraktionen der Stadt. Ebenso die weltweit einzigartigen Cable Cars, wie die historischen Straßenbahnen genannt werden, oder eben die faszinierende Golden Gate Bridge.

Die Golden Gate Bridge ist weder die längste noch die höchste Brücke der Welt. Aber sie ist ganz sicher eine der schönsten. Sie ist die Touristenattraktion schlechthin. Täglich benutzen Tausende Pendler und Touristen dieses Wunderwerk der Brückenkonstruktion. Die Hängebrücke ist das Wahrzeichen der Stadt und überspannt seit 1937 das Golden Gate, die Meerenge am Eingang der San Francisco Bay. Die Brücke ist 1280 Meter lang und befindet sich 67 Meter über dem Pazifik. Jeder der zwei Türme für die Halteseile ist mit 600 000 Nieten versehen, und auf der sechsspurigen Fahrbahn überqueren täglich 120 000 Fahrzeuge die Brücke. Das Auffallendste an diesem Bauwerk aber ist die charakteristische Farbe. Das zunächst geplante Grau setzte sich nicht durch. Die Einwohner von San Francisco durften mitreden und entschieden sich für die so berühmt gewordene Rostschutzfarbe. 365 Tage im Jahr, rund um die Uhr, wird diese Farbe ausgebessert und erneuert.

Das Orange der Golden Gate Bridge war es auch, das mich beim ersten Anblick so fasziniert hat.

Als ich mich der Bucht auf dem berühmten Highway 1 von Süden her näherte, hatte ich Herzklopfen. Erst einmal musste ich mich orientieren, um die richtige Auffahrt zur Brücke zu finden. Ich suchte nach dem Weg für die Fußgänger, denn auf keinen Fall wollte ich auf dem Highway zur Brücke gelangen. Der Verkehr in diesem Bereich war enorm. Es schien, als ob alle Fahrzeuge zur selben Zeit das Golden Gate überqueren wollten. Ich fand mich schnell zurecht, und in kürzester Zeit stand ich mit meinem voll bepackten Fahrrad am Souvenirstand, direkt an der Südspitze des imposanten Bauwerks. Allein der Anblick der massiven, über die beiden Pylone verlaufenden Stahlseile versetzte mich in Erstaunen. Ich konnte sechs Spuren für den Verkehr entdecken und auf beiden Seiten je einen breiten Streifen für Fußgänger und Radfahrer. Aber man konnte als Radfahrer nicht einfach auf die Brücke auffahren. Das war nur zu bestimmten Zeiten möglich und dann auch nur auf einem der beiden dafür vorgesehenen Streifen. Ich sah das dafür vorgesehene Hinweisschild natürlich nicht, und als ich mit meinem Fahrrad stolz auf die Brücke auffuhr, wurde ich sofort von einem Police Officer gestoppt. Für mich hieß das wieder retour und warten.

Ich setzte mich auf einen Mauervorsprung. Direkt neben mir war ein Musterstück der Tragseile angebracht, deren Beschaffenheit hier aus der Nähe zu betrachten war. Von meinem Platz aus konnte ich das rege Treiben rund um mich herum gut beobachten. Unermüdlich floss der Verkehr, und immer mehr Fußgänger betraten die Brücke. Ständig wurden Fotos gemacht, und oft behinderten Gruppen die anderen Fußgänger, wenn sie sich für ein Erinnerungsfoto platzierten. Auffällig waren die vielen Japaner, die meist in besonders großen Gruppen auftraten und fast immer von einem Touristenführer begleitet wurden.

Eine Gruppe von etwa 20 kleinen japanischen Kindern mit mehreren Begleitpersonen stellte sich nun am Beginn der

Brücke auf. Kurz darauf gab eine der Begleitpersonen den Kindern einen Wink, und alle setzten sich gleichzeitig in Bewegung. Unter lautem Lachen betraten sie die Brücke. Während die meisten artig ihren erwachsenen Begleitern folgten, blieb eines der Kinder, ein Junge, nach ein paar Schritten stehen. Er lehnte sich gegen das Brückengeländer, das aufgrund der vielen Selbstmordversuche besonders hoch und mit dicken Gitterstreben versehen ist. Der Junge schaute durch das Geländer in die Tiefe, wo gerade mehrere Segelschiffe unter der Brücke hindurchfuhren. Dann steckte er den Kopf zwischen den Gitterstreben hindurch und hielt sich gleichzeitig daran fest.

Plötzlich ein lauter Schrei. Sofort weiß ich, was geschehen ist: Der Kopf des Kindes steckt zwischen den Gitterstreben fest! Es schreit nun immer lauter und hysterischer. Mehr und mehr Leute springen zum Brückengeländer. In kürzester Zeit hat sich eine riesige Menschentraube rund um den schreienden Jungen gebildet. Ich kann nicht erkennen, wer zu wem gehört. Die Schreie klingen verzweifelt. Einige Menschen ziehen am Kind, andere wiederum halten dagegen. Je mehr gezogen wird, desto lauter werden die Schreie. Die Situation wird völlig unübersichtlich. Nun sehe ich gar nichts mehr. Der Ort des Unglücks liegt ja genau am Südbeginn der Brücke. Also dort, wo schon unter normalen Verhältnissen große Menschenmassen auf die Brücke drängen. Und nun wollen alle an diesem gefährlichen Schauspiel teilnehmen. Ich lasse mein Fahrrad stehen und versuche, in die Nähe des Buben zu gelangen. Aber vorerst ist ein Durchkommen unmöglich. Einige Schaulustige zücken ihre Handys und richten diese tatsächlich in Richtung Kind. Youtube lässt grüßen!

Ein Mann redet ganz besonders hektisch in einer mir unbekannten Sprache auf den Jungen ein. Er beugt sich weit über das Geländer, offensichtlich um ihm in die Augen schauen zu können. Aufgeregt fuchtelt er mit den Händen herum und versucht nun, ganz auf das Brückengeländer zu steigen. Er befindet sich eindeutig in einem Ausnahmezustand und gerät selbst in höchste Gefahr. 67 Meter unter ihm rauscht der Pazifik. Ich probiere es noch einmal. Gewaltsam schiebe ich die vor mir befindliche Menschentraube auseinander. Dann erwische ich gerade noch den Mann an seiner Jacke. Im nächsten Augenblick rutscht er aus und prallt mit seinem Oberkörper gegen die Geländerkante. Mit fahlweißem Gesicht steigt er auf den Gehsteig zurück und setzt sich nieder.

Die verzweifelten Schreie des Jungen gehen mir durch Mark und Bein. Langsam werde ich nervös. Um den kleinen Kerl herum herrscht das blanke Chaos. Aufgeregte Menschen reden wild gestikulierend durcheinander. Ich verliere den Überblick. Endlich höre ich die Sirenen der Feuerwehrfahrzeuge.

Eine Frau versucht es nun mit Gewalt. Sie zerrt mit aller Kraft an dem Buben. Doch je mehr sie zieht, desto lauter werden die Schreie. Dann ändert sich plötzlich die Situation. Der Junge hört auf zu schreien. Langsam sackt er in sich zusammen. Ich erkenne sofort die Gefährlichkeit der Situation. Offensichtlich ist nun Sauerstoffmangel im Spiel. Und von meinen Diensten am Rettungshubschrauber weiß ich, wie fatal sich ein Mangel an Sauerstoff bei einem Kind auswirken kann. Ich reiße die Frau zurück und schreie sie energisch an. Mit großen Augen sieht sie mich an und lässt das Kind los. Ich greife nach dessen Kopf und halte ihn fest. Durch den schlaffen Körper wird er nach unten gezogen. Das Gesicht ist mittlerweile blau angelaufen. Ich kann nicht richtig erkennen, ob das kleine Geschöpf noch atmet. Die Situation ist äußerst dramatisch. Das Kind ringt offensichtlich mit dem Tod.

Endlich ist eines der Feuerwehrfahrzeuge da. Mehrere »Fire-fighters« springen aus dem Auto. Schnell erkennen sie die Gefahr. Nur wenige Sekunden später halten zwei der Retter eine Art Bergeschere zwischen die Geländerstreben und spreizen diese auseinander. Das Kind fällt mir direkt in die Arme. Gleichzeitig macht es einen tiefen Atemzug. Gott sei dank. Die bläuliche Farbe im Gesicht verschwindet, und das Kind macht die Augen auf. Es beginnt wieder zu schreien. Doch nun sind diese Schreie etwas Positives. Jener Mann, den ich vor dem Absturz in den Pazifik bewahrt habe, kniet sich nun neben den Jungen und nimmt ihn in die Arme. Die umstehenden Leute beginnen zu klatschen. Und weiterhin wird gefilmt.

Am nächsten Tag schaute ich im Internet nach. Und tatsächlich: Auf Youtube konnte ich mehrere Ausschnitte finden, die das gefährliche Schauspiel aus den verschiedensten Blickwinkeln zeigten. Man konnte das Chaos sehen, das in kürzester Zeit entstanden war. Und man sah die Hilflosigkeit der umstehenden Leute. Aber ich genoss es auch, zu sehen, wie das Kind lebend in eines der Feuerwehrfahrzeuge geladen und abtransportiert wurde ...

Angriff der Moskitos

Es gibt Tiere, die sind sehr klein, aber auch sehr lästig. Dazu gehören alle Arten, die fliegen und stechen. Drei dieser »Monsterarten« können einen Radfahrer an die Grenzen seiner psychischen Belastbarkeit bringen: »Blackflies« (Schwarzfliegen), »Horseflies« (Pferdefliegen) und die Moskitos. Mit Letzteren hatte ich auf meinen Radreisen immer wieder zu kämpfen.

Moskitos sind eine Mückenart, die in manchen Ländern sogar für Menschen gefährliche Krankheiten übertragen kann. So etwa Malaria oder das Denguefieber. Während einiger Sommermonate treten diese Plagegeister auch in fast allen Staaten Nordamerikas und in Kanada auf. Zwar besteht dort nicht das Problem einer Krankheitsübertragung, aber ihr Auftreten in Schwärmen birgt andere Gefahren. Moskitos injizieren, während sie stechen, eine Substanz, die die Blutgerinnung verzögert und zu einem sehr unangenehmen Juckreiz sowie zu Schwellungen führt. Bei mehreren gleichzeitigen Stichen an derselben Körperstelle können solche Schwellungen extreme Auswirkungen haben. Immer wieder kommt es zu gefährlichen allergischen Reaktionen – dem sogenannten anaphylaktischen Schock. Dabei reagiert der menschliche Organismus auf das injizierte Gift mit einer körpereigenen Substanz – dem Histamin. Dieses wird in einer Art »Notfallplan« aus den Blutzellen freigesetzt, wodurch die Blutgefäße durchlässiger werden. Es kommt zu Hautröteln und sogenannten Quaddeln. Gleichzeitig juckt es an den betroffenen Stellen fürchterlich, was gerade für einen Radfahrer mehr als unangenehm ist. In manchen Fällen sind die körperlichen Abwehrreaktionen stärker, dann folgen Schwindel, Übelkeit, und in extremen Fällen kann der Kreislauf vollständig zusammenbrechen. In einem solchen Fall hilft nur mehr eine notärztliche Versorgung. Dann sind Medikamente notwendig, um den Kreislauf wieder zu stabilisieren. Niemand kann im Voraus sagen, ob er auf Insektenstiche allergisch reagiert oder dagegen resistent ist.

Meine zweite USA-Radreise führte von New York zunächst nach San Francisco und von dort weiter nach Vancouver in Kanada. Als ich auf dem Weg nach Westen Kansas durchquerte, erwischte ich gerade eine Hitzeperiode. Ich befand mich auf dem Highway 50, der einzigen noch durchgehenden Verbindung von der Ost- zur Westküste der USA. Die vergangenen 1000 Kilometer waren mehr als hart gewesen. Zwar nicht körperlich, aber psychisch gelangte ich in Kansas an meine Grenzen. Dieses Land hat unendliche Weiten. So weit das Auge reicht, reiht sich ein Weizenfeld an das andere, hin und wieder unterbrochen von großen Rinderfarmen. Zur Weite und Einsamkeit kommt in Kansas meist noch der starke Wind. Natürlich hauptsächlich von vorn! Und in der Hitze gesellte sich zu den bekannten Problemen wie Wasserversorgung und -transport noch ein weiteres: Je wärmer es wurde, desto mehr Moskitos kamen hervor.

Der Highway 50 verläuft in Kansas meist im Hinterland. Je weiter ich von besiedeltem Gebiet entfernt war, desto größer wurde das Aufkommen dieser lästigen Mückenart. Als ich von Missouri nach Kansas wechselte, spürte ich erstmals vereinzelt ihre Stiche. Die waren zwar lästig, aber vorerst noch halbwegs erträglich. An den ersten beiden Tagen in Kansas war mir der Wind noch gnädig. Er blies ausnahmsweise einmal nicht von vorn, sondern schob mich zeitweise sogar von hinten an. So konnte ich richtig »Gas« geben. Streckenweise zeigte mein Geschwindigkeitsmesser auf dem ausnahmslos flach verlaufenden Highway um die 40 Kilometer pro Stunde an. Und das mit einem voll bepackten Reiserad. Eine solch hohe Geschwindigkeit bedeutete, dass die Moskitos gegen mich keine Chance hatten. Sie konnten mir nur hinterherblicken. Die maximale

»Moskitofluggeschwindigkeit« beträgt knapp 20 Stundenkilometer. Bis zu diesem Tempo bleiben sie auf dem Körper sitzen. Und solange sie dort sitzen, stechen sie auch. Für mich war es daher naheliegend, meine Fahrgeschwindigkeit möglichst oberhalb der ominösen Grenze zu halten. Immer dann, wenn der Wind wieder von hinten nach vorn wechselte, fiel auch meine Geschwindigkeit ab. Währenddessen blickte ich ständig auf meinen Radcomputer, um das Tempo abzulesen. Sobald ich ein wenig zu langsam wurde, spürte ich den ersten Stich. Nach jedem Stich trat ich wieder stärker in die Pedale.

Bereits am zweiten Tag in Kansas brannte die Sonne von Stunde zu Stunde heißer vom Himmel. Die Kombination von Hinterland, Hitze und Gegenwind führte nun zu vermehrten Mückenangriffen. Es begann nicht nur, lästig zu werden, sondern tat zeitweise wirklich weh. Jeden einzelnen Stich nahm ich bewusst wahr. Vorerst begnügten sich diese Plagegeister noch mit meinen unbedeckten Körperstellen. Ich trug kurze Radshorts und ein kurzärmeliges Radoberteil. Ständig musste ich mich an den Beinen unterhalb der Knie und an den Unterarmen kratzen. Natürlich wusste ich, dass Kratzen nur das Gegenteil bewirken würde. Trotzdem tat ich es. Es brachte zumindest eine kurzfristige Linderung. Das Radfahren wurde aber dadurch unsicher. Bei jedem Stich ließ ich zumindest mit einer Hand das Lenkrad los, immer wieder fuhr ich sogar kurzfristig freihändig. Mein Blick wechselte unablässig von der Straße zu meinen Beinen oder zu den Unterarmen. Am Ende des zweiten Tages übernachtete ich schließlich in einem Motel. Meine Beine und Arme waren über und über mit kleinen roten Pusteln bedeckt. Ein wenig Linderung fand ich nur unter einer kühlen Dusche.

In den darauffolgenden drei Tagen verschärfte sich die Situation weiter. Ich schwitzte in der sengenden Sonne und kämpfte mit dem Gegenwind. Mit diesen beiden »Gegnern« konnte ich noch halbwegs leben. Mit den Moskitos jedoch nicht. Sie wurden derart lästig, dass ich nahe daran war, meine Reise zu unterbrechen und in einen Bus zu steigen. Mittlerweile schützte mich auch meine Radbekleidung nicht mehr. Die Stiche gingen einfach hindurch. Mein ganzer Körper juckte. In meiner Notausrüstung führte ich auch ein spezielles Gel mit, das bei Juckreiz Linderung versprach. Schon seit zwei Tagen rieb ich mich damit an den betreffenden Stellen ein. Das Jucken wurde tatsächlich etwas weniger, aber neue Stiche bedeuteten neue Qualen, und bald nützte mir auch mein Gel nichts mehr. An jeder Tankstelle, die in dieser Gegend allerdings spärlich vorhanden waren, legte ich einen Zwangsstopp ein. Ich suchte die dortige Dusche auf und stellte mich unter den kalten Wasserstrahl. Nur eine solche Dusche verschaffte mir ein wenig Linderung. Sobald ich aber trocken war, begann das Jucken wieder von vorn. Ein Moskitostich kann bis zu drei Tage lang jucken. Das Radfahren machte mir in Kansas zeitweise keinen Spaß mehr.

Natürlich habe ich auch Mückenspray verwendet. Davon gibt es unzählige Sorten. Einige bestehen aus rein pflanzlichen Substanzen, andere wiederum enthalten viele chemische Zusätze. Einer dieser chemischen Wirkstoffe ist das Diethyltoluamid, besser bekannt als »Deet«. Der Wirkstoff hat einen sehr breiten Anwendungsbereich und kann bei den verschiedensten Arten von Stechmücken eingesetzt werden. Je mehr »Deet« ein Mückenspray enthält, desto wirkungsvoller ist es. Aber leider birgt es auch Gefahren. Bei Kindern oder Schwangeren dürfen solche chemischen Mittel nicht angewendet werden. Außerdem ist dieser Stoff ab einer gewissen Intensität derart aggressiv, dass er sogar die Bekleidung angreift. Ich verwendete in Kansas ein in Österreich erworbenes Mückenspray, das als »äußerst wirkungsvoll gegen Moskitos« beschrieben wurde. Es kann ja sein, dass die vereinzelt bei uns zu Hause auftretenden Stechmücken Respekt vor diesem Spray haben, aber die Moskitos in Kansas ließen sich nicht abschrecken. Ich konnte so viel sprühen wie ich wollte, es nützte einfach nichts. Ich stank fürchterlich, das Mittel klebte auf meiner Haut und mein teurer Raddress wurde schwer in Mitleidenschaft gezogen. Aber ansonsten zeigte es keine Wirkung. Ich hätte es ja wissen müssen: »Kaufe ein Mückenschutzmittel immer nur in dem Land, in dem du dich gerade aufhältst!«

Ich kann mich noch ganz genau an jenen Tag erinnern, an dem mir die Moskitos endgültig den Rest gaben und ich absteigen musste. Ich hatte Kansas fast durchquert und befand mich bereits ganz im Westen dieses riesigen Bundesstaates. Bis nach Syracuse waren es noch etwa 50 Kilometer. Dort wollte ich einige Tage Pause in einem Motel machen, um meinem Körper ein wenig Ruhe zu gönnen und die ärgste Hitze- und Moskitoperiode abzuwarten. Auf meinen Reisen hatte ich immer einige Tage Spielraum eingeplant, um im Notfall auch einmal länger Pause machen zu können.

Noch 50 Kilometer bis zum rettenden Hotel. Das schaffe ich. Dann können die Moskitos einen anderen Radfahrer quälen. Mittlerweile gibt es an meinem Körper fast keine Stelle mehr, die nicht fürchterlich juckt. Sogar mein Gesicht ist lädiert. Durch den Schweiß ist mir Gel in die Augen gelangt. Sie brennen und tränen. Meine Oberlippe ist nach einem gezielten Mückenstich stark angeschwollen. Jeder Kilometer ist nun eine Qual. Aber jede Pedalumdrehung bringt mich näher zum Hotel. Noch nie habe ich mich so auf eine kalte Dusche gefreut. Ich mag normalerweise überhaupt kein kaltes Wasser beim Duschen. Aber in diesem Fall ist es eine Erlösung. Ich habe das Gefühl, dass sich alle Moskitos von Kansas gegen mich verschworen haben. Die Gegend um mich herum nehme ich nicht mehr wahr. Nur mehr diese besonders angriffslustigen Stechmücken. Als ich den nächsten Wegweiser nach Syracuse passiere, kann ich nicht mehr. Es sind immer noch 30 Kilometer. Ich muss absteigen und so schnell wie möglich mein Zelt aufbauen, das einen Moskitoschutz hat. Noch weitere dieser nun äußerst schmerzhaften Stiche halte ich nicht mehr aus.

Ich springe vom Rad und lasse es einfach auf den Seitenstreifen des Highways fallen. Wie von Sinnen reiße ich die wasserdichte Tasche vom hinteren Gepäckträger herunter. Dort drinnen befindet sich mein Zelt mit Unterlegmatte und Schlafsack. Ohne genau zu schauen, ob der Boden halbwegs eben ist, breite ich das Innenzelt aus. Es steht nach nur einer Minute. Das Überzelt brauche ich hier nicht. Ich möchte nur noch eines: Hinein in das Zelt und weg von den Moskitos. Als ich den Reißverschluss des Eingangs öffne und mich hineinstürze, sehe ich über mir eine dunkle Wolke. Hunderte Blutsauger kreisen etwa einen Meter über dem Zeltdach. »Ihr werdet mich nicht mehr quälen«, denke ich mir mit viel Schadenfreude. Durch die Hast, mit der ich ins Zelt stürze, bleibe ich jedoch mit meinen Radschuhen an einer der Alustangen hängen und mein rettendes Dach bricht wieder über mir zusammen. Es liegt nun halb zusammengefaltet direkt auf meinen Körper. Noch bin ich im Inneren des Zelts vor den Moskitos geschützt, aber ich muss noch einmal ins Freie, um meine Behausung neu aufzustellen. Außerdem brauche ich noch einige Dinge aus meinen Gepäcktaschen, die sich immer noch auf dem Fahrrad befinden.

Die Moskitos warten nur darauf, dass ich mich wieder als Nahrungsquelle zur Verfügung stelle. Dieses Mal werden sie aber nicht allzu viel von mir haben. Ich überlege mir kurz, wie ich die Zeit im Freien so kurz wie möglich halten kann. Meine Entscheidung ist bald gefallen: Ich werde nur eine Tasche vom Fahrrad holen, alles andere lasse ich dort, wo es ist. Dann nur schnell das Zeltgestänge wieder aufstellen und zurück in die rettende Unterkunft. Genau so mache ich es dann auch. Alles in allem benötige ich vom Hinauskriechen bis zum Wiederverschließen des Reißverschlusses nicht länger als zwei Minuten. Aber ich bekomme in diesen zwei Minuten wieder einige Stiche ab. Die letzten für diesen Tag.

In der darauffolgenden Nacht war an Schlaf nicht zu denken. Je ruhiger ich dalag, desto mehr tat mir mein Körper weh. Mittlerweile juckte es nicht nur, sondern ich hatte richtige Schmerzen. Wahrscheinlich war die Summe der vielen Stiche dafür verantwortlich. In dieser Nacht vergoss ich einige Tränen.

Da ich es nicht mehr aushielt, musste ich zum letzten Mittel greifen: zu einer Salbe mit Kortison und einem speziellen Medikament gegen starken Juckreiz. Beides führte ich in meiner wasserdichten Notfallbox mit. Die Mittel in Kombination brachten die so sehr erhoffte Linderung.

Am nächsten Tag erreichte ich endlich die kleine Stadt Syracuse. Die Blutsauger haben mich zwar weiterhin begleitet, aber die letzten Kilometer bis zum Hotel hielt sich die Anzahl neuer Stiche in Grenzen. Tags darauf ging die Hitzeperiode zu Ende. Und mit dem Ende der Hitze verschwand auch der Großteil der Moskitos. Mit vereinzelten Angriffen konnte ich gut leben ...

Rettungsaktion
in den Rocky Mountains

Über mir kreist der Rettungshelikopter. Der Pilot sucht sich einen Landeplatz. Ich deute den hektisch umherlaufenden Touristen, endlich den Parkplatz frei zu machen. Die einzige Landemöglichkeit für den Hubschrauber. Dann stelle ich mich in die Mitte des Platzes und zeige dem Piloten mit einem deutlichen »Yes-Zeichen«, dass er hier aufsetzen kann. Augenblicke später setzt die Maschine zum Landeanflug an ...

Das Radfahren in den Rocky Mountains machte richtig Spaß. Obwohl es ständig bergauf und bergab ging, musste ich mich nur ganz selten richtig quälen. In den österreichischen Alpen hatte ich bei meinen Trainingsfahrten viele Bergstrecken befahren und die Rockys waren daher für mich nichts Besonderes. Eigentlich nur ein wenig größere und höhere Alpen.

Im Bundesstaat Colorado, durch den ein Teil dieser gigantischen Bergkette verläuft, fiel mir auf, dass es auch in kleineren Ortschaften Rescue Teams gibt. Ich sah gekennzeichnete Hubschrauberlandeplätze, und vor Feuerwachen standen oft geländegängige Einsatzfahrzeuge, die ähnlich ausgebaut waren, wie jene der Bergrettungen in Österreich. Es war offensichtlich, dass auch in den Rocky Mountains aufgrund des Tourismus immer wieder Rettungseinsätze erforderlich sind. Und schon am zweiten Tag in Colorado konnte ich eine dieser Rettungsaktionen nicht nur hautnah miterleben, sondern ich hatte auch Anteil an der aufwendigen Bergung.

Der Highway 50 verläuft im Bundesstaat Colorado auch über den etwa 3400 Meter hohen Monarch Pass. Unmittelbar hinter dem kleinen, urigen Ort Poncha Springs beginnt der Anstieg zum Berg. Es war ein herrliches Radfahren: nicht zu steil, eine traumhafte Umgebung und zudem mit ungefähr 20 °C eine optimale Temperatur für eine Bergfahrt. Nach etwa fünf Kilometern Anstieg gelangte ich zu einem Parkplatz, an den sich ein etwas höher gelegener eingezäunter Hügel anschloss. Es handelte sich um einen jener Aussichtspunkte, an denen ich in den letzten Wochen immer wieder vorbeigekommen war. Mehrere Tafeln wiesen auf die Besonderheit dieses »Point of Interest« hin. Ich legte eine Pause ein, stellte mein Fahrrad ab und spazierte entlang eines etwa 200 Meter langen, nur wenig steilen Steiges auf den Hügel hinauf. Oben angelangt, hatte man tatsächlich einen besonders schönen Ausblick in eine tiefe Schlucht mit mehreren Wasserfällen, Tümpeln, verschiedenen Felsformationen und angrenzenden Wäldern.

Gerade als ich wieder zu meinem Fahrrad gehen wollte, erreichte ein riesiger Doppeldeckerbus den Parkplatz. Noch bevor der Bus richtig zum Stillstand kam, öffneten sich vorn und hinten die Flügeltüren, und Sekunden später stürmte eine Gruppe hektisch wirkender Japaner in Richtung Aussichtspunkt. Dieses Schauspiel wollte ich mir nicht entgehen lassen und blieb auf dem Absperrgeländer sitzen, um das Treiben zu beobachten. Um die Hälse einiger Touristen baumelten Digitalkameras, andere hatten Sonnenschirme in den Händen, ältere Leute wurden von Jüngeren gestützt, und ganze Familien mit kleinen Kindern bewegten sich den Hügel hinauf. Was mir als Mitglied der Österreichischen Alpinpolizei natürlich besonders auffiel, war das Schuhwerk einiger Japaner. Von Slippers über mittelhohe Stöckelschuhe bis gar keine Schuhe war alles vorhanden.

Nun begann das große Fotografieren. Jeder wollte ein noch besseres Motiv ergattern. Einige Kinder erklommen unter Mithilfe der Erwachsenen das Absperrgeländer oder setzten sich auf deren Schultern. Als nun eine kleine Gruppe von etwa fünf jüngeren Männern begann, über die Absperrung zu klettern, schrillten bei mir die Alarmglocken. Mangelnde Ausrüstung, schlechtes Schuhwerk und Nichtbeachten der Absperrungen – das ist genau jene gefährliche Mischung, die bei uns in den Alpen zu Einsätzen der Bergrettungen und der Rettungshubschrauber führt.

Von den fünf japanischen Möchtegernbergsteigern hatten zwei offensichtlich nun doch Bedenken, weiter über die Absperrung zu klettern. Sie stiegen wieder zurück und redeten wild gestikulierend auf ihre Freunde ein. Diese ließen sich jedoch nicht davon abbringen, weiter zum Rand des Abhangs zu gelangen. Ohne Probleme überwanden sie das Geländer und standen nun auf einem kleinen Vorsprung. Hinter ihnen die Absperrung, vor ihnen der Abgrund. In den Händen hielten sie ihre Fotokameras. Keiner der drei trug halbwegs geländetaugliche Schuhe. Bei einem konnte ich zumindest Turnschuhe sehen, die anderen beiden hatten tatsächlich nur Slippers an. Immer näher gelangten die Leichtsinnigen an den Rand des Abgrundes. Sie wollten offensichtlich unbedingt in die Tiefe fotografieren.

Die beiden waghalsigen Japaner, die nur die Slippers tragen, rutschen auf dem Plateau gefährlich hin und her. Als sich einer von ihnen zu weit über dessen Rand hinausbeugt, kommt er ins Schwanken. Er rudert wie wild mit den Armen und droht nach vorn zu kippen. Kurz vor dem Absturz wollen ihm seine beiden Freunde zu Hilfe kommen und greifen nach seiner im Wind flatternden Jacke. Einer greift daneben, der zweite kann nur mehr die Kapuze der Jacke fassen. Dies hat jedoch zur Folge, dass er nun mitgerissen wird. Beide fallen mit einem lauten Aufschrei nach vorn und stürzen ab.

Alle auf dem Rastplatz befindlichen Touristen springen zur Absperrung, einige schreien wild durcheinander, andere sind sprachlos vor Schreck. Der dritte Japaner hält sich verzweifelt an der Absperrung fest. Es ist ihm nicht möglich, über den Zaun zurück auf den Parkplatz zu gelangen.

Ich klettere über die Absperrung, helfe dem erschrockenen Touristen auf den rettenden Parkplatz zurück. Dann will ich nachsehen, wohin die beiden anderen abgestürzt sind. Ich rechne mit dem Schlimmsten, lege mich auf den Bauch und krieche ganz vor zum Rand des Plateaus. Etwa drei bis vier Meter tiefer befindet sich ein weiterer kleiner Absatz. Er hat den weiteren Sturz in die Tiefe verhindert. Mit weit aufgerissenen Augen und am ganzen Körper zitternd, sitzen die beiden Männer auf dem Vorsprung. Einer der beiden dürfte sich schwerer verletzt haben. Sein rechtes Bein ist unnatürlich nach außen verdreht und die Hose ist blutverschmiert. Der zweite presst sich ganz nahe an die Felswand, um nicht weiter abzustürzen. Keiner der beiden ist in der Lage, mir auf meine Fragen zu antworten. Ich deute ihnen, ruhig zu bleiben und sich nicht zu bewegen.

Da niemand der Zuschauer einen Notruf abgesetzt hat, frage ich nach einem Handy. Ich selbst habe keines dabei. Dann wähle ich »911« und gerate an die Feuerwache des nahen Ortes Poncha Springs. Der den Notruf entgegennehmende Feuerwehrmann verhält sich professionell ruhig und stellt mir die üblichen Fragen. Ich erkläre ihm alles Notwendige und gebe noch an, dass ich selbst ein Bergrettungsmann und Flugretter aus den Tiroler Alpen bin. Er verspricht, rasch für Hilfe zu sorgen.

Einige der Touristen hatten sich mittlerweile beruhigt und begannen zu fotografieren. Ich blieb auf dem Plateau liegen und beobachtete die beiden Abgestürzten.

Nach weniger als einer halben Stunde hörte ich ein mir vertrautes Geräusch: den pfeifenden Ton eines schnell herannahenden Rettungshubschraubers. Unmittelbar darauf sah ich den Helikopter. Es handelte sich um eines jener Modelle, mit dem auch ich Rettungseinsätze in den Alpen fliege. Der Pilot drehte mit dem »Eurocopter 135« eine Runde über den Rastplatz, dann schwebte er langsam über dem Abgrund, um sich ein Bild von der Situation zu machen. Da der Rastplatz die einzige Landemöglichkeit in der Nähe war, versuchte ich, diesen von den Touristen frei zu machen. Der Platz war nach kurzer Zeit geräumt. Der Helikopter setzte unmittelbar neben dem Bus auf. Auf beiden Seiten der knallroten Maschine stand in riesigen Buchstaben »Poncha Springs Mountain Rescue«.

Während der Pilot sitzen blieb und die Turbinen weiter laufen ließ, stiegen zwei mit orangefarbenen Overalls bekleidete Rettungssanitäter, die Paramedics, aus. Beide trugen Klettergurte, an deren Seitenschlaufen diverse Karabiner und Reepschnüre hingen. Auf dem Rücken der Retter war derselbe Schriftzug wie am Helikopter zu lesen. Einer der beiden Paramedics kam zu mir herüber. Er erklärte mir den weiteren Ablauf der Bergung. Von meinen eigenen Rettungsflügen her wusste ich bereits, was nun folgen würde: Die Bergung der beiden Abgestürzten mittels einer Seilwinde, die sich außen am Helikopter befindet. Während der Pilot über der Unfallstelle schwebt, kann ein Retter am Seil der Winde zum Unfallopfer herabgelassen werden. Diesem wird dann ein Rettungsdreieck, eine Art Hose, angelegt, und Retter und Geborgener werden wieder hinauf in den Helikopter gezogen. Diese Bergemethode kommt immer dann zur Anwendung, wenn eine Landung direkt am Unfallort nicht möglich ist.

Meine Aufgabe war es nun, den beiden Japanern irgendwie zu erklären, was nun folgen würde. Gefährlich wird es bei solchen Einsätzen, wenn die zu bergenden Personen nicht wissen, was auf sie zukommt. Dann haben sie Angst, klammern sich an den Retter, greifen nach Flughelmen, Rettungs- oder Funkgeräten oder rutschen aus den Rettungsdreiecken.

Meine Erklärungsversuche scheitern. Keiner der beiden Japaner hört mir zu. Sie wirken völlig apathisch und abwesend. Mit großen Augen blicken sie in Richtung Abgrund.

Sämtliche Touristen haben sich mittlerweile rund um den Hubschrauber aufgestellt. Alle fotografieren und laufen hektisch durcheinander. Einige kommen der Maschine dabei gefährlich nahe. Die Situation ist beängstigend. Der Pilot schaut besorgt nach allen Seiten. Viele der Umstehenden sehen vermutlich zum ersten Mal einen Helikopter aus der Nähe. Das muss natürlich mit der Kamera festgehalten werden. Nun begann die Rettungsaktion. Einer der beiden Retter hängte das Seil der Winde in seinen Klettergurt ein. Seitlich am Gurt hatte er das Rettungsdreieck befestigt. Der zweite Retter stieg in den Hubschrauber, um die Winde zu bedienen.

Der Pilot zog die Maschine hoch, seitlich unter der Winde hing der Flugretter. Über dem Abgrund herrschten wechselnde Windverhältnisse. Trotzdem gelang es dem Piloten bereits nach kurzer Zeit, ruhig über der Absturzstelle zu schweben. Nachdem der Hubschrauber die passende Position eingenommen hatte, wurde der Retter Meter für Meter abgelassen. Er wurde wegen des Windes in Schwingungen versetzt. Als er in die Nähe des verletzten Japaners kam, musste er sich mehrmals von der Felswand abstoßen. Schließlich gelang es ihm, auf dem Absatz direkt neben dem Verletzten Stand zu bekommen. Das Seil der Winde wurde locker gelassen. Nun kam die gefährlichste Tätigkeit: das Anlegen des Rettungsdreieckes. Der Japaner drückte sich immer weiter in Richtung Felswand und hatte beide Arme über dem Kopf zusammengeschlagen. Man sah ihm an, dass er höllische Angst hatte. Nur wenn der in Not Geratene mithilft, kann ein solches Dreieck halbwegs problemlos angezogen werden. Eine unkooperative oder ängstliche Person stellt ein fast unüberwindbares Hindernis dar. Der Japaner machte keinerlei Anstalten, auch nur im Geringsten mitzuhelfen. Als der Retter direkt vor dem Verletzten kniete, griff dieser in seiner Panik plötzlich nach dessen Klettergurt. Dort hielt er sich nun mit weit aufgerissenen Augen fest. Der Flugretter erschrak und ließ das Rettungsdreieck fallen. Es wurde vom Rotorwind aufgewirbelt und verschwand in der Tiefe.

Die Situation könnte nicht gefährlicher sein. Am Gurt des Flugretters hält sich verzweifelt der Japaner fest. Der Retter hat das Dreieck verloren. Nun kann der Abgestürzte nicht mehr am

Seil der Winde fixiert werden. Mit beiden Beinen umklammert der Paramedic den Japaner und umfasst zusätzlich mit beiden Armen dessen Oberkörper. Da der Retter nun keine Hand mehr frei hat, kann er auch sein Funkgerät nicht mehr bedienen. Funkkommandos sind bei solchen Rettungsaktionen jedoch besonders wichtig. Nur so ist es möglich, mit dem Windenführer und dem Piloten Kontakt zu halten.

Der Pilot hält die Maschine weiterhin ruhig in der Luft. Der zweite Paramedic, der im Hubschrauber die Winde bedient, dürfte die Situation richtig erfasst haben. Er hat sich weit aus dem Helikopter gebeugt und schaut zu seinem Kollegen hinunter. Der Pilot, der durch einen unter der Maschine angebrachten Spiegel ebenfalls alles beobachten kann, macht nun das einzig Richtige in dieser Situation: Er hält seine Position. Nach schier endlos scheinenden Minuten gelingt es dem Flugretter, den Japaner zurück zur Felswand zu drücken. Dann greift der Retter zum Funkgerät, spricht einige Funkkommandos nach oben, und die Rettungsaktion wird abgebrochen.

Der Pilot machte abermals eine Zwischenlandung auf dem Parkplatz, stellte jedoch dieses Mal die Turbinen ab. Beide Retter kamen nun zu mir her. In ihren Gesichtern konnte ich Ratlosigkeit erkennen. Sie stiegen über den Zaun und legten sich beide zu mir auf den Felsvorsprung. Der verletzte Japaner kauerte nun noch näher an der Felswand, der andere schaute fragend zu uns herauf. Er hatte die gefährliche Situation beobachtet. Einer der Flugretter schrie den unverletzten Japaner lautstark an, er solle ihm nun genau zuhören. Der nickte und war offensichtlich plötzlich hellwach. Der Paramedic zeigte dem Japaner ein neues Rettungsdreieck und erklärte ihm, wie es angelegt wird. Der Japaner nickte mit dem Kopf, wobei es für mich nicht so aussah, als ob er die Erklärung genau verstanden hatte.

Da sich die Abgestürzten ja nur einige wenige Meter unter uns auf einem Plateau befanden, machte ich den Flugrettern den Vorschlag, ihnen die Rettungsdreiecke schon vor der Bergung anzulegen. Man könnte die Dreiecke mit einem Seil zu den Japanern hinunterlassen. Mit entsprechenden Anweisungen wäre ein selbstständiges Anziehen sicher möglich. Damit wären beide Abgestürzten für die anschließende Bergung fertig vorbereitet.

Ich kannte die Bergemethoden der amerikanischen Kollegen nicht und wusste daher auch nicht, ob sich das Rettungsteam auf meinen Vorschlag einlassen würde. Einer der Retter ging zurück zum Piloten. Er unterhielt sich kurz mit ihm und ich sah, wie der Pilot mit dem Kopf nickte. Dann holte der Flugretter zwei neue Rettungsdreiecke und ein Kletterseil aus dem Helikopter.

Nun muss zwei auf ein Plateau abgestürzten Touristen, die Todesangst haben und nur gebrochen englisch sprechen, gezeigt werden, wie ein Rettungsdreieck verwendet wird. Der unverletzte Japaner scheint mir vernünftiger und wird daher unser erster Versuchskandidat. Ich darf nun mithelfen. Meine Aufgabe ist es, mit dem Kletterseil das Rettungsdreieck hinunterzulassen. Dann beginnen beide Flugretter mit ihren Erklärungsversuchen. Sie reden gleichzeitig eindringlich auf den Japaner ein, der mit immer größer werdenden Augen fragend zu ihnen hinaufblickt. Nicht einmal ich, der eigentlich gut Englisch spricht, habe die Anweisungen verstanden. Wie sollte dies dann ein ängstlicher, abgestürzter Tourist verstanden haben? So kann es nicht funktionieren. Während der Erklärungsversuche baumelt das Rettungsdreieck ständig vor der Nase des Japaners herum, ohne dass dieser auch nur einmal dorthin blickt.

Als auch nach mehreren Minuten kein Ende der Erklärungen in Sicht ist, ziehe ich das Dreieck wieder herauf. Ich stehe auf, gehe zurück zum Zaun und fixiere dort das Kletterseil. Dann lege ich es mir als provisorische Sicherung um den Bauch. Ich setze mich an den Rand des Plateaus und gebe dem Japaner die Anweisung, mich nun genau zu beobachten. Ich schiebe das Rettungsdreieck unter mein Gesäß, setze mich darauf und nehme die drei Schlaufen des Dreieckes in die Hand. Dann mache ich vor, wie man diese Schlaufen mit einem Karabiner verbindet. Ich muss kein einziges Wort reden, trotzdem nickt der Japaner plötzlich zustimmend, und sein Gesichtsausdruck wird entspannter. Anschließend binde ich mich los und lasse ihm beide Dreiecke hinunter. Er legt sich in kürzester Zeit das Dreieck genau so an, wie ich es ihm gezeigt habe. Von oben kann ich genau beobachten, ob alles passt. Ganz stolz schaut er zu mir herauf, und ich gebe ihm ein Zeichen, dass alles in Ordnung ist. Nun ruft er seinem immer noch vor Angst an der Wand kauernden Kollegen etwas auf Japanisch zu. Er schiebt ihm das zweite Dreieck hinüber und redet energisch auf ihn ein.

Das Anlegen des zweiten Rettungsdreieckes dauert viel länger, da der verletzte Japaner offensichtlich große Schmerzen hat und ein Bein nicht mehr bewegen kann. Trotzdem schafft er es, sich vollständig für die Bergung vorzubereiten. Beide Japaner haben nun ihre Rettungsdreiecke angelegt, sitzen auf dem Plateau und nicken sich zu.

Der zweite Rettungsversuch begann.

Mittlerweile waren sämtliche Touristen nach vorn zum Zaun gekommen, um die Bergung zu verfolgen. Fast alle fotografierten pausenlos. Wieder wurde einer der beiden Flugretter mittels der Seilwinde außen am Helikopter abgelassen. Der Retter entschloss sich, zuerst den unverletzten Japaner zu holen. Als er auf dem Plateau aufsetzte, blieb der Japaner weiter ruhig sitzen. So konnte der Flugretter nun das Seil der Winde problemlos in den Karabiner des Rettungsdreiecks einklinken. Nach einigen Funkkommandos bewegte der Pilot den Helikopter von der Felswand weg. Außen an der Seilwinde hingen der Retter und sein Geretteter. Der zweite, verletzte Tourist hielt während der Bergung seines Freundes seine Augen geschlossen. Er zitterte noch immer am ganzen Körper, ließ aber das Rettungsdreieck nicht los. Als der erste Gerettete am Parkplatz abgesetzt wurde, kamen gleich einige Touristen angelaufen, und um ihn herum bildete sich ein Menschentraube.

Der Pilot flog seine Maschine sofort wieder zum Abgrund. Nun war der zweite Abgestürzte an der Reihe. Als der Retter das Plateau erreichte, bekam es der Japaner abermals mit der Angst zu tun. Er ließ das Rettungsdreieck los und versuchte, den Flugretter zu greifen. Dieser war nun jedoch darauf vorbereitet. Er schob die Arme sofort wieder von sich weg, nahm die drei Enden des Rettungsdreiecks und klinkte dort den Karabiner des Windenseils ein. Als der Pilot die Maschine anhob, schrie der Verletzte lautstark auf. Sein verletztes Bein hing schlaff herunter. Er hielt sich verzweifelt am Seil fest, seine Augen waren weiterhin geschlossen. Der Retter umarmte den Japaner während des kurzen Fluges bis zum Parkplatz. Als der Verletzte am Boden aufsetzte, schrie er noch immer. Da auf dem Parkplatz nach wie vor viele Touristen herumliefen und nun auch zum zweiten Geretteten strömten, konnte der Hubschrauber nicht landen. Gemeinsam mit dem Flugretter zogen und schoben wir die wild herumlaufenden Touristen auf die Seite, bis der Platz wieder frei war. Die Bergung war abgeschlossen.

Die Geretteten wurden nun von sämtlichen anderen Businsassen umringt. Man klopfte ihnen auf die Schulter, nickte wohlwollend und fotografierte. Langsam löste sich die Anspannung bei den beiden. Derjenige, der am Fuß verletzt war, begann nun zu weinen. Der andere versuchte ihn zu trösten. Die Paramedics holten eine Trage aus dem Hubschrauber und versorgten die Verletzung. Dann erklärten sie dem Busfahrer, dass der Verletzte in das nächste Krankenhaus geflogen werde.

Nachdem der Helikopter mit dem Verletzten in Richtung Hospital abgehoben hatte, kam sein unversehrter Begleiter zu mir herüber. Er bedankte sich bei mir, nickte mit dem Kopf und gab mir seine Hand. Er hatte ein Lächeln im Gesicht und fragte mich nach meiner Mailadresse. Ich notierte sie ihm auf einem Zettel, und er versprach mir, einige der Fotos zu schicken, die während der Bergung so zahlreich gemacht worden waren.

Als ich wieder zu Hause war, befanden sich tatsächlich mehrere Aufnahmen von der Rettungsaktion in meinem Postfach. Das Erste, was mir auf den Fotos wieder auffiel, war das unzureichende Schuhwerk der meisten Japaner. Ein internationales Problem: Bereits der erste Flugrettereinsatz nach dieser Radreise führte uns in die Tiroler Berge. Dort hatten wir einen Touristen zu bergen, der in Halbschuhen auf einem Schneefeld ausgerutscht und über 50 Meter abgestürzt war ...

Eine Kühlbox in der Wüste

Die etwa 680 Kilometer des Highway 50 zwischen Delta in Utah und dem US Airforce Luftwaffenstützpunkt Fallon in Nevada werden auch als »Loneliest Road in America« bezeichnet. Auf dieser Strecke liegen mit Baker, Ely, Eureka und Austin nur vier Orte mit Versorgungsmöglichkeiten. Dazwischen findet man vor allem eines: Sand, Steine, Sträucher und den einen oder anderen Rastplatz mit den obligatorischen Picknicktischen und Grillplätzen. Für die »Loneliest Road« gibt es sogar eine eigene kleine Überlebensfibel, die in den spärlich vorhandenen Restaurants entlang der Strecke ausliegt. In diesem »HWY 50 Survival Guide« gibt es verschiedene Tipps für Autofahrer und vor allem für Biker. Mit Biker sind aber nicht die Radfahrer gemeint, sondern die Motorradfahrer. Radfahrer werden darin gar nicht erwähnt, denn wer quält sich schon mit einem Fahrrad durch diese einsame Wüstenregion?

Ich mochte die Strecke. Für mich, als Bewohner eines Ortes, in dem an sieben Monaten im Jahr Schnee liegt und fast immer ein raues Klima herrscht, übte dieser Wüstenabschnitt eine eigene Faszination aus. Auf den ersten Kilometern am Morgen war es noch bitterkalt. Vor Sonnenaufgang musste ich eine lange Radhose und einen Anorak anziehen, unter dem Helm trug ich sogar eine warme Mütze, und ich benötigte Handschuhe. Sobald jedoch die ersten Sonnenstrahlen hinter den Bergen hervorschauten, stieg die Temperatur in kürzester Zeit an. Zur Mittagszeit zeigte das Thermometer dann meist um die 45 °C. Ich hätte nie geglaubt, dass es solche Temperaturunterschiede in der Wüste wirklich gibt. Ich war fasziniert. Auch die Landschaft war beeindruckend. Der Highway zieht sich in vielen langen, kerzengeraden Abschnitten ohne jegliche Abwechslung durch das karge Gelände, aber immer wieder schlängelt sich das Asphaltband auch über Pässe hinüber, insgesamt neun waren zwischen Delta und Fallon zu überwinden. Diese Pässe waren nicht nur für mich als Radfahrer eine Herausforderung, die überlangen Trucks quälten sich meist auch nicht viel schneller aufwärts als ich. Oben angekommen, hatte man einen grandiosen Blick auf die vielen kleinen Canyons, riesige Vertiefungen und Einschnitte in die Gebirge, die bei tiefem Sonnenstand in schönstem Dunkelrot leuchten. Zwar gibt es in meiner Heimat auch gewaltige Berge, aber nicht annähernd solche Canyons. Die »Loneliest Road« war für mich etwas Besonderes.

Radfahrer haben auf den knapp 700 Kilometern zwischen Delta und Fallon jedoch wie gesagt ein großes Problem: die fehlenden Versorgungsmöglichkeiten mit Wasser und Nahrung. Für jemanden, der in einem klimatisierten Auto sitzt, sind 150 Kilometer bis zum nächsten Ort nicht einmal erwähnenswert. Aber ein Radfahrer kann auf derselben Strecke verdursten. Und so drehen sich Radfahrergedanken hier nur um den Wassertransport. Mir erging es nicht anders.

Normalerweise führe ich auf meinem Rad nur die beiden fix befestigten Wasserflaschen mit, jetzt hatte ich zusätzlich eine Reserveflasche am Lenker angebracht. Da zuckerhaltige Getränke auch bei sorgfältigster Reinigung bereits nach wenigen Tagen zu Schimmel am Flaschenhals führen, verwendete ich ausschließlich stilles Wasser. In den österreichischen Alpen kann Wasser überall aus den Bächen getrunken werden, in den USA ist dies aufgrund des Giardia-Erregers nicht anzuraten. Eine Magenverstimmung mit Durchfall hätte in der Wüste das Aus für meine Radreise bedeutet. Also war der nächste Ort mit einer Tankstelle oder einem Supermarkt für mich besonders wichtig. Denn nur dort konnte ich meine Wasserflaschen wieder auffüllen.

Die Nacht vor meinem Trip auf der »Loneliest Road« verbrachte ich in Delta. Delta ist ein typisch amerikanischer

Ort in der Provinz. Neben einigen kleinen Holzhäusern gab es dort zwei Tankstellen, eine an jeder Ortseinfahrt, ein Motel, eine Polizeistation, eine Schule, einen Supermarkt und einen Campingplatz. Das Besondere an Delta aber ist, dass es sich um den letzten Ort auf dem Weg nach Westen handelt, dahinter beginnt die reine Ödnis. Auf einem Schild am Ortsende war zu lesen: »No service next 100 miles«. Also keinerlei Versorgungsmöglichkeit auf den nächsten 100 Meilen. 160 Kilometer waren bis zum nächsten Ort zu bewältigen.

Der Campingplatz von Delta war wieder einmal nur für Wohnmobile angelegt. Fast alle Reisenden in den USA sind in solchen Motorhomes unterwegs. Sie sind vor allem bei Rentnern beliebt, die damit – ihre gesamte Habe mit sich führend – von einem Campingplatz zum anderen ziehen. Diese überlangen Ungetüme brachten mich während meiner Reise oftmals in eine gefährliche Situation, wenn sie mich in Richtung Straßengraben drängten.

Schließlich konnte ich doch noch ein kleines Stück Rasen für mein Zelt finden. Rechts und links von mir waren bereits Wohnmobile geparkt, vor denen die Griller rauchten. Noch bevor ich mein Zelt aufgebaut hatte, kam ein echter Cowboy auf mich zu. Ein kleiner untersetzter Rentner mit braun gebrannter Haut, einem riesigen Hut, Lederstiefeln und einer Grillzange in der Hand. Ohne mich überhaupt nach meinem Namen zu fragen, lud er mich mit einer freundlichen Handbewegung zum Grillen ein. Bei uns zu Hause werden wildfremde Leute sicher nicht so einfach zum Abendessen eingeladen. Diese Freundlichkeit ist mir aber bei fast allen Amerikanern aufgefallen, die ich auf meiner Reise kennengelernt habe.

Während wir die saftigen Steaks verzehrten, erzählten Ellen und Dirk von ihren Reisen. Sie waren beide über 70 Jahre alt und bereits seit über zehn Jahren mit ihrem Wohnmobil unterwegs. Sie erzählten mir von Erlebnissen auf ihren Reisen und davon, dass sie schon öfter Radfahrern geholfen hatten. Sie kannten den Highway 50 sehr gut, da sie ihn schon mehrfach in beiden Richtungen befahren hatten, und konnten mir wertvolle Tipps für meine nächste Etappe geben. Dirk, der braun gebrannte Cowboy, bestätigte mir, dass es von Delta bis Baker in Nevada mindestens 160 Kilometer ohne Nachschubmöglichkeit seien. Er und Ellen hatten vor, am nächsten Tag in meine Richtung zu fahren, und sie konnten nicht glauben, dass ich diesen Streckenabschnitt mit dem Fahrrad bewältigen wollte. Sie boten mir im Laufe des Abends mehrfach an, mich bis nach Baker mitzunehmen. Ich lehnte dankend ab. Ein wenig beneidete ich Ellen und Dirk aber doch, als sie ihre beiden Kühlboxen mit Coke und Budweiser befüllten, um für den nächsten Tag gerüstet zu sein.

Obwohl ich normalerweise bereits bei Sonnenuntergang in meinem Zelt lag, blieb ich an diesem Abend bis Mitternacht bei dem rüstigen Rentnerehepaar sitzen.

Am nächsten Morgen wachte ich bereits um vier Uhr auf, verteilte mein Gepäck wie immer sauber auf die vier Satteltaschen und war um fünf Uhr abfahrbereit. Das Wohnmobil von Ellen und Dirk sah ich nicht mehr, sie waren noch früher als ich aufgebrochen. Am westlichen Ortsende von Delta hatte ich noch eine wichtige Sache zu erledigen: Ich musste an der Tankstelle meine Wasservorräte auffüllen. Ich hatte mir ausgerechnet, dass ich für die kommende Tagesetappe fünf Liter Flüssigkeit mitnehmen müsse. Drei Liter Wasser passten in meine Radflaschen. Die restlichen zwei Liter bestanden aus Gatorade, die überall auf dem Kontinent an jeder Tankstelle zu bekommen ist. »No service next 100 miles«, mahnte mich am Ortsende noch einmal das große Schild. Ich wusste, dass dieser Hinweis eigentlich für Autofahrer gedacht war, und fuhr mit einem unguten Gefühl in die Wüste hinein. Mir stand kein Auto zur Verfügung, ich musste jeden kommenden Meter abkurbeln.

Als ich in Delta starte, ist es noch bitterkalt. Wie immer frühmorgens in der Wüste. Noch mehr als eine Stunde muss ich mit Licht und Warnweste fahren, da die Sonne erst gegen sechs Uhr morgens erwacht. Kurz hinter Delta erlebe ich einen der schönsten Sonnenaufgänge, die ich je gesehen habe. Sonnenaufgänge in den Bergen sind etwas Wunderbares, aber das Glitzern der Sandkristalle in der Wüste überwältigt mich geradezu. Bereits nach 25 Kilometern wechsle ich meine warme Morgenbekleidung gegen ein wüstentaugliches Outfit. Weißer Kopfschutz unter dem Radhelm, den ich auch in der Wüste immer trage, und Sonnencreme mit Schutzfaktor 50 sind obligatorisch. Der Kopfschutz hat noch eine weitere Funktion: Er verhindert, dass der Schweiß ständig von der Stirn in die Augen tropft. Schweiß, vermischt mit Sonnencreme, führt in kürzester Zeit zu schmerzhaft entzündeten Augen.

An diesem Tag habe ich leider wieder Pech. Der Wind kommt von vorn und bläst mir voll ins Gesicht. Es wird immer wärmer. Bereits ab dem frühen Vormittag zeigt der Temperaturmesser an meinem Fahrradcomputer 35 °C. Der Highway 50 verläuft meist geradeaus, führt aber immer wieder in lang gezogenen Steigungen auf einzelne Plateaus hinauf. Wind, Hitze und das lange Bergauffahren zwingen mich, ständig zu trinken. Gegen Mittag muss ich einsehen, dass ich mich hinsichtlich des Wasservorrates deutlich verschätzt habe. Etwas mehr als drei Liter sind bereits verbraucht, und noch habe ich mehr als die Hälfte der geplanten Tagesetappe zu fahren. Ich denke zurück an das Schild am Ortsende von Delta und an mein ungutes Gefühl, das ich beim Vorbeifahren hatte.

Als die Sonne am höchsten steht, muss ich eine längere Pause einlegen. Nach zwei Stunden Rast am Seitenstreifen des Highways bleibt mir nichts anderes übrig, als weiterzufahren. Nun erst erreicht die Hitze mit 48 °C ihren Höhepunkt und damit auch den bisherigen Höchstwert auf meiner Radreise. Es bleiben mir weniger als zwei Liter Flüssigkeit. Ich fahre fünf Minuten, trinke zwei bis drei Schluck und fahre wieder fünf Minuten. Länger halte ich es nicht aus, ohne zu trinken. Der heiße Gegenwind trocknet meinen Mund und Hals komplett aus. Ich binde mir mein weißes Tuch als Schutz vor das Gesicht. Noch etwas beunruhigt mich: Auf der heutigen Etappe habe ich noch kein anderes Fahrzeug gesehen. Ein Auto oder einen Truck aufzuhalten, um nach Wasser zu fragen, ist für mich immer eine Art Notlösung gewesen. Aber heute würde vermutlich nicht einmal diese Notlösung funktionieren. Als ich den ersten Schluck aus meiner letzten Wasserflasche nehme, komme ich an einem Wegweiser vorbei. Darauf kann ich lesen, dass es noch 38 Meilen bis zum nächsten Ort Baker sind. 38 Meilen oder umgerechnet etwas mehr als 60 Kilometer bedeuten mindestens drei Stunden Fahrt. Und das bei Gegenwind und Hitze. Zu allem Überfluss sehe ich auf meiner Straßenkarte noch ein weiteres Plateau eingezeichnet. In diesem Augenblick weiß ich, dass ich die restliche Strecke ohne neuen Wasservorrat nicht schaffen werde. Zum ersten Mal seit meinem Start in New York habe ich Bedenken, mein Abenteuer nicht ohne gesundheitliche Schäden zu überstehen.

Ich steige abermals vom Fahrrad, setze mich noch einmal auf den Seitenstreifen und denke nach. Als ich dem Straßenverlauf folgend Richtung Horizont blicke, entdecke ich plötzlich in einiger Entfernung rechts neben dem Highway einen weißen Punkt. Er hebt sich deutlich von den übrigen Farben und Formen in dieser Wüstengegend ab. Neugierig geworden, steige wieder auf mein Rad und will mir den Gegenstand aus der Nähe anschauen. Noch eine ganze Zeit lang bleibt der weiße Punkt für mich ein Rätsel. Während ich langsam näher komme, erkenne ich erstaunt, dass dieser Punkt eine weiße Box ist. »Eine weiße Box in der Wüste?«, frage ich mich erstaunt. Als ich noch etwa 50 Meter entfernt bin, traue ich meinen Augen nicht. Das weiße Ding entpuppt sich als eine Styroporbox. Solche Boxen verwendeten am Vorabend Ellen und Dirk auf dem Campingplatz zum Kühlen ihrer Getränke. Ich lege mein Fahrrad auf den Seitenstreifen des Highways und gehe etwa 20 Meter in die Wüste hinein. Etwas, was ich sonst wegen der Klapperschlangen-

21

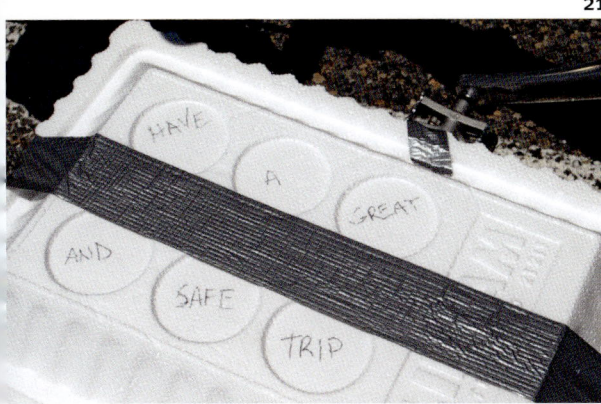

21 »Have a great and safe trip«: eine Kühlbox in der Wüste von Nevada!

22 Eisgekühlte Verpflegung bei 45 °C Hitze ...

22

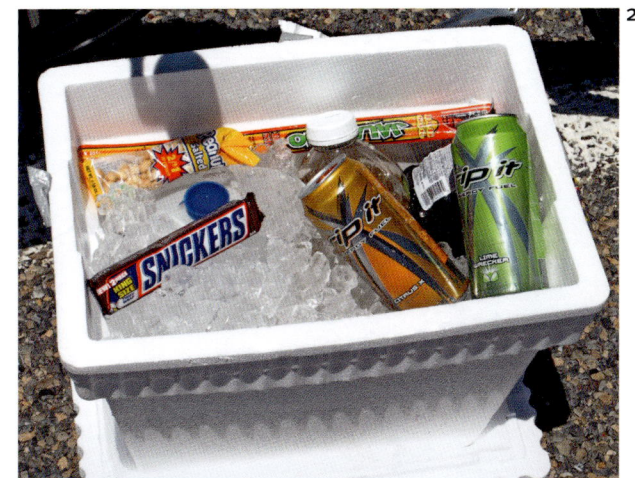

23 Einsamkeit pur: Highwayverlauf im Grenzgebiet von Utah und Nevada.

23

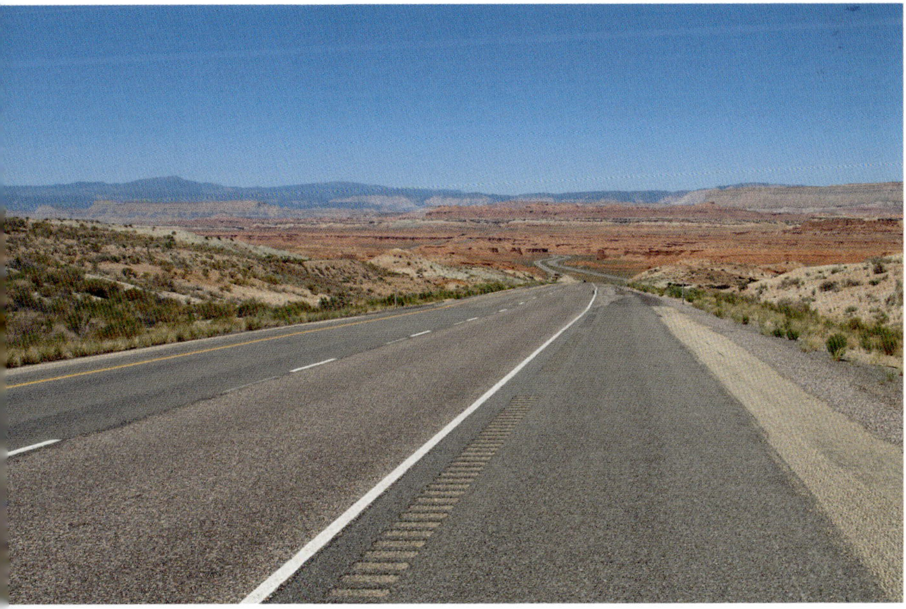

25

24

26

24 Sogar im Hinterland Alaskas gibt es eine Beschilderung für Biker.

25 Radfahrers Horror: Der Permafrost-Boden am Dalton Highway, Alaska, ist ein denkbar schwieriger Untergrund für bepackte Reiseradler.

26 Keine Kilometer, sondern Meilen. Nächstes Ziel: Dawson City.

27 Noch guter Dinge beim Start an der Prudhoe Bay im nördlichen Alaska.

28 Und wieder nur Regen westlich von Whithorse, Yukon.

29 Fast wie in den österreichischen Alpen:
Mount Assiniboine Nationalpark, British
Columbia, Kanada.

30 Reis oder Nudeln aus der Tüte liefern
viele Kalorien und schmecken gar nicht
so schlecht.

31 Das Matterhorn der Rocky Mountains ist
der Mount Assiniboine; im Vordergrund
der Lake Sunburst.

32 Zelten im tiefsten Kanada – mitten im
Land der Grizzlys.

33 Blumenpracht soweit das Auge reicht:
Grenzgebiet British Columbia–Alberta.

31

32

33

34

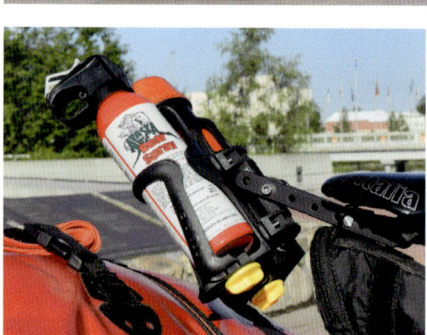

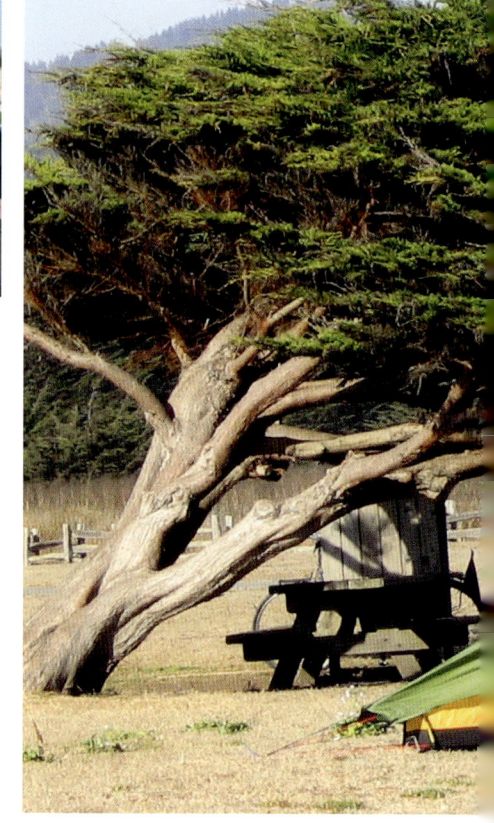

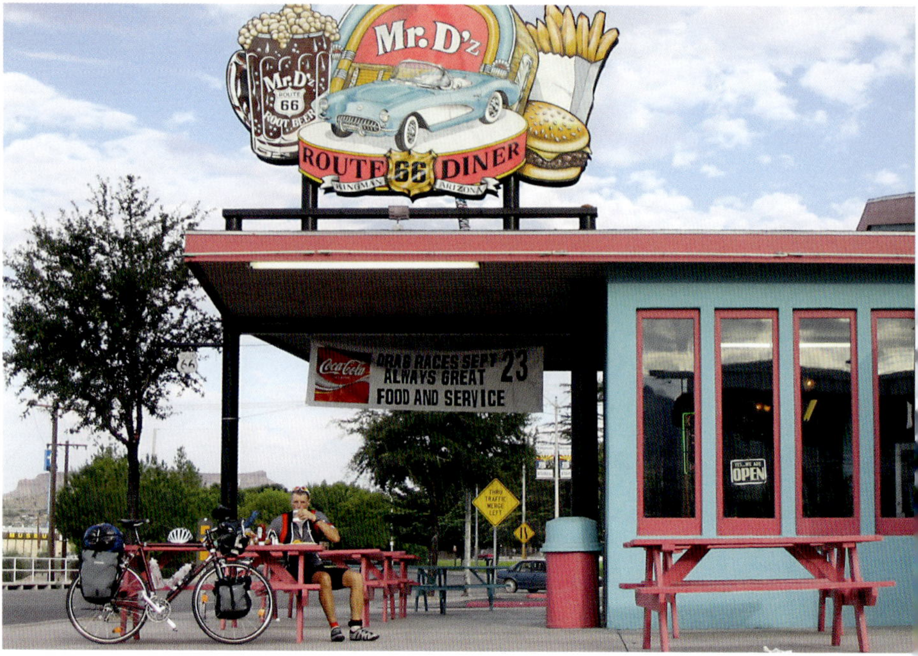

35

34 Eine dringend notwendige Stärkung vor der Auffahrt zum nächsten Pass: Diner an der Route 66 in Flagstaff, Arizona.

35 Nur für den Notfall: superstarkes Bärenspray.

36 Das abendliche Lagerfeuer war an vielen Regentagen in Alaska die einzige Wärmequelle.

37 Auf in den neuen Tag: Zeltplatz im Bundesstaat Oregon.

36

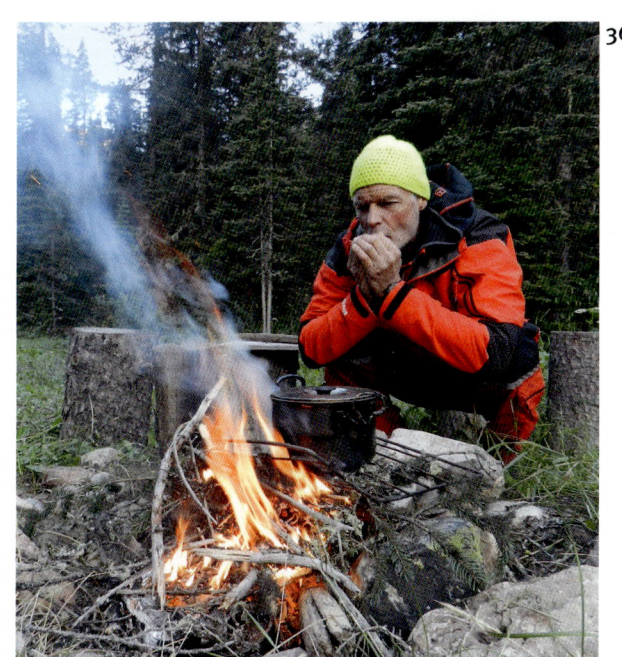

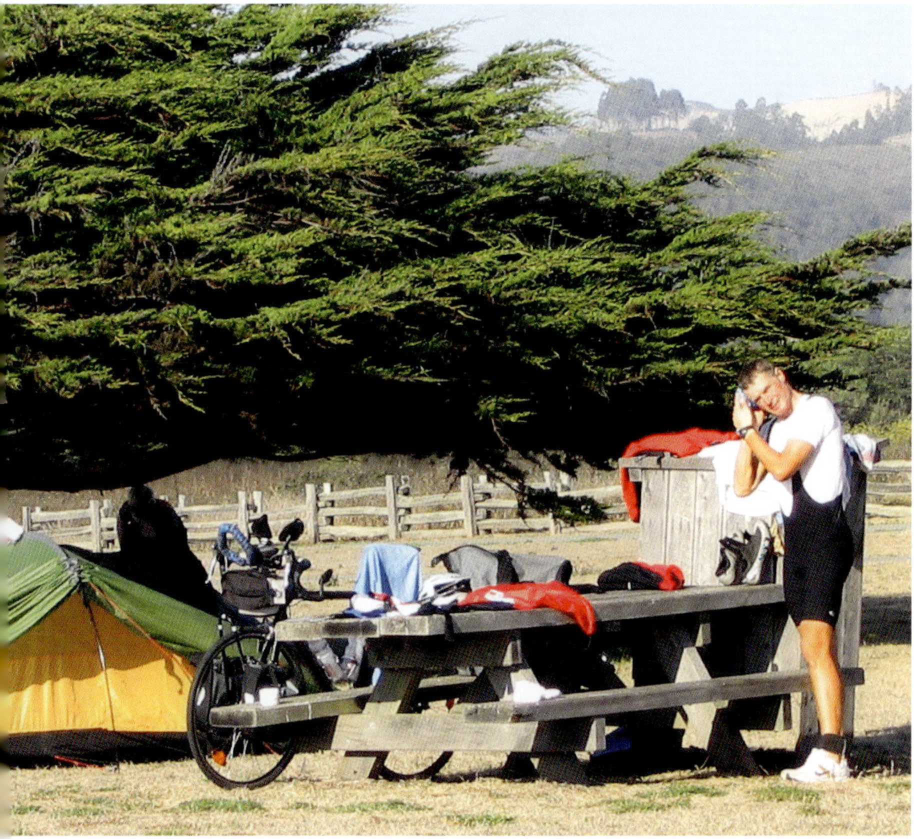

37

38

39

38 Kräftezehrendes Bergauf und Bergab entlang der kalifornischen Westküste.

39 »Hier bin ich zu Hause, und du bist nur Gast!« – Wolf in Alaska.

40 Härtetest für Fahrer, Fahrrad und Gepäck: tagelanger Regen am Alaska Highway.

40

und Skorpiongefahr nie mache. Und tatsächlich: Mitten in der Wüste steht einsam und verlassen eine Kühlbox. Ganz so, als ob jemand sie dort als lästigen Müll entsorgt hätte. Die Box ist mit einem Klebeband umwickelt. Und auf dem weißen Deckel steht in großen dicken Buchstaben geschrieben:»Have a great and save trip.« Und dann noch:»From Ellen und Dirk – for the Austrian Boy!« Diese Box steht also nicht einsam und verlassen da, sondern ist vom Rentnerehepaar für mich dort deponiert worden. Die beiden ahnten wohl, dass ein Radfahrer in der Wüste niemals an einer solchen Box vorbeifahren würde, ohne nachzusehen. Und genau so war es dann natürlich auch. Als ich den Deckel öffne, fühle ich mich wie im Schlaraffenland. Ich finde Coke, Gatorade, ein Sandwich und zwei Snickers, mein Lieblingsschokoriegel seit Beginn der Radreise. Mir läuft das Wasser im Mund zusammen. Ich bekomme richtig Heißhunger und nehme den Inhalt in Augenschein. Ich kann kaum glauben, was mir hier mitten in der Wüste widerfährt. Verwundert frage ich mich auch, wann die Kühlbox dort hingestellt worden sein mag, denn es sind sogar noch einige Eiswürfel vorhanden.

Kurze Zeit später sitze ich auf dem Seitenstreifen des Highway 50, der einsamsten Straße in Amerika. Ich greife in die Kühlbox, die neben meinem voll bepackten Fahrrad auf dem heißen Asphalt steht, und trinke mitten in der Wüste von Utah, bei 48 °C Außentemperatur, eisgekühlte Coke ...

Snake Range

Mir sind Schlangen unheimlich. Ich mag sie einfach nicht. Dieses Umherschlängeln, dieses unheimliche Zischen und diese glatte Haut wecken in mir Unbehagen. Woher meine Abneigung gegenüber diesen sicher auch sehr wertvollen Tieren kommt, kann ich nicht sagen. Ich hatte kein negatives Erlebnis mit einer Schlange gehabt – bis zu jenem Tag, an dem mir ein solches Exemplar auf einer meiner Radreisen fast einen Herzinfarkt bescherte.

In Delta, dem kleinen beschaulichen Örtchen zu Beginn der »Loneliest Road« hatte ich mich in der dortigen Polizeistation über den genauen Streckenverlauf des Highways erkundigt. Auf der Karte waren mehrere Bereiche mit dem Wort »Desert« gekennzeichnet – dem Hinweis auf eine Wüstengegend. Ich hatte umfangreiche Informationen über die Distanzen zwischen den einzelnen Orten, über Versorgungsmöglichkeiten und als Draufgabe noch die aktuelle Wettervorhersage für die nächsten Tage erhalten.

Einer der freundlichen Officers in Delta hatte mich auf ein weiteres Problem aufmerksam gemacht: nämlich auf die Tatsache, dass der Highway besonders im Grenzgebiet von Utah und Nevada durch Klapperschlangengebiet verlaufe. Die Region um den Great Basin National Park wird sogar als »Snake Range« bezeichnet, als Gegend mit besonders starkem Schlangenaufkommen. Ich rechnete in Wüstengebieten natürlich immer mit Schlangen, Skorpionen und anderem unfreundlichen Getier. Aber dass ich durch die Polizei extra auf dieses Problem aufmerksam gemacht wurde, ließ mich doch ein wenig stutzig werden. Daher hatte ich mir geduldig eine Predigt über alle möglichen Vorsichtsmaßnahmen angehört.

Der Officer kannte sich offensichtlich ausgezeichnet aus. In der nächsten halben Stunde wurde ich in »Schlangenkunde« unterrichtet. Unter normalen Verhältnissen geht von Schlangen keine Gefahr aus. Tagsüber dösen sie in der Sonne, ziehen sich aber meist sofort zurück, wenn ihnen Menschen zu nahe kommen. Ihre feinen Sinne signalisieren das Herannahen eines Menschen oder eines großen Tieres. Gefährlich wird es, wenn man Schlangen übersieht oder sie überrascht. Meist liegen sie versteckt in Büschen, unter Felsvorsprüngen oder in Höhlen. Im freien Gelände ist es daher besonders wichtig, aufmerksam zu sein und genau zu schauen, wohin die nächsten Schritte gesetzt werden. Unbeabsichtigt auf eine Schlange zu treten, kann in entlegenen Gebieten tödlich enden. Vor allem dann, wenn es sich um den Biss einer Klapperschlange handelt.

Der gesamte Abschnitt des Highway 50 zwischen Delta in Utah und dem westlichen Nevada ist Klapperschlangengebiet. Die Straße verläuft einerseits durch eine wüstenähnliche, sandige Landschaft, andererseits aber auch immer wieder über felsige kleinere Gebirgszüge mit nur sehr kargem Pflanzenbewuchs. Rechts und links des Highways sind Schlangen die Herrscherinnen dieser Gegend. Solange man mit seinem Fahrrad auf dem Highway bleibt, ist die Gefahr einer Schlangenbegegnung jedoch sehr gering. Immer wieder habe ich aber beim Vorbeifahren aus den Augenwinkeln heraus auch Schlangen bemerkt, die am Fahrbahnrand lagen. Oft waren sie bereits verendet und ausgetrocknet.

Nach dem Gratisunterricht auf der Polizeistation in Delta und meiner Übernachtung auf dem örtlichen Campingplatz brach ich am nächsten Morgen bereits gegen fünf Uhr mit meinem Fahrrad auf, um wenigstens in den ersten drei bis vier Stunden nicht in der brütenden Hitze fahren zu müssen. Mein Ziel war es an diesem Tag, Utah zu verlassen und noch möglichst viele Kilometer in Nevada abzustrampeln. Von Delta bis nach Baker, gleich hinter der Grenze zu Nevada, waren es etwa 150 Kilometer. Ich hatte das gleich hinter der Grenze von Nevada gelegene

Städtchen Baker verlassen, um noch etwa 50 weitere Kilometer bis zum Connors Pass zu radeln und dort die Nacht in meinem Zelt zu verbringen.

Der Connors Pass, etwas nordwestlich des Great Basin National Park, befindet sich im Bereich der Snake Range. Am Pass angekommen, überlegte ich mir daher genau, wo ich nun mein Zelt aufstellen sollte. Der freundliche Officer in Delta hatte mir ja geraten, den Highway nie zu verlassen und auf keinen Fall einen Zeltplatz im Gelände zu wählen. In einsamen Gegenden hatte ich schon mehrfach direkt am Asphalt des Highways die Nacht verbracht. Im Schlafsack und auf der Unterlegmatte. Bei einem Verkehrsaufkommen von ein bis zwei Fahrzeugen pro Nacht bestand wenig Gefahr, überfahren zu werden. Die Seitenstreifen der Highways in Nordamerika sind zudem besonders breit.

Bisher hatte ich also alle Vorsichtsmaßnahmen eingehalten und mein Nachtlager in Schlangengebieten nie außerhalb des Highways aufgeschlagen. Das Gefährliche daran ist nämlich, dass Schlangen in der Nacht immer wieder unter aufgeschlagene Zelte kriechen, oder sogar in sie hinein, weil es dort auch nachts warm ist. Dieses Mal wurde ich aber zum ersten Mal nachlässig. Etwa 50 Meter von meinem Standort entfernt entdeckte ich nämlich eine wenige Quadratmeter große Stelle, die dicht mit Moos bedeckt war. Eine bessere Unterlage zum Schlafen gibt es nicht. Nur Hotelbetten sind noch feiner.

Ich lehnte mein Fahrrad direkt neben dem Highway an einen großen Felsen, nahm die Satteltaschen ab und trug diese zum vorgesehenen Zeltplatz. Aber ich hatte auch ein wenig Bauchweh dabei. »Snake Range«, dachte ich immer wieder – Schlangengebiet. Und als ich ein weiteres Mal zu meinem Fahrrad ging, um mein Zelt zu holen, erhielt ich noch einmal eine versteckte Warnung. Einige Schritte vor mir sah ich gerade noch, wie eine Schlange unter einem großen Stein verschwand. Ich weiß nicht, wieso ich nicht spätestens jetzt wieder an die

Gratisschulung des Officers dachte. Ich tat es einfach nicht. Ganz im Gegenteil – kurze Zeit später lag ich in meinem Zelt und schlief, wie fast immer auf meinen Radreisen, bereits nach wenigen Minuten ein.

Irgendwann überfielen mich wüste Träume. Vor mir sah ich alle Arten von Schlangen mit besonders großen Köpfen. Sie schauten mich mit wilden roten Augen an, zischten und bauten sich vor mir auf. Eine dieser Schlangen kam mir ganz nahe. Dann flüsterte sie mir zu:»Das ist unser Land.«

Plötzlich wache ich auf.»Alles nur ein Traum«, denke ich. Trotzdem fühle ich mich unwohl. Ich richte mich auf und schaue mich im Zelt um. Erleichtert will ich mich wieder zurücklegen. Doch dann sehe ich es: den Kopf einer Schlange und etwa 20 Zentimeter ihres Körpers. Das Tier liegt in der Nähe des Fußendes meiner Isomatte. Und jetzt sehe ich auch, warum die Schlange in das Zeltinnere gelangen konnte. Ich war nachlässig und habe den Reißverschluss des Zelteinganges nicht vollständig zugezogen. Etwa eine Handbreit fehlte. Für einen Augenblick denke ich, dass es sich noch immer um einen Traum handelt. Doch die Schlange ist echt. Und ich träume nicht. Ich starre das Tier an. Die Schlange liegt ganz ruhig da. Irgendwie sieht sie nicht gefährlich aus. Aber ich bin kein Schlangenkenner. Und mit großer Wahrscheinlichkeit sind die meisten Exemplare in dieser Gegend sehr giftig. Die Minuten vergehen. Unendlich langsam. Und ständig fixiere ich das Tier am Zelteingang.

Plötzlich kommt Bewegung in die Schlange. Mein sowieso schon schneller Herzschlag wird noch schneller. Die Schlange befindet sich nun vollständig im Zelt. Ihre Länge schätze ich auf etwa einen halben Meter. Der Kopf des Tieres liegt nun genau am Fußende meines Schlafsacks.»Nur nicht in den Schlafsack kriechen«, denke ich. Ich traue mich nicht, mich zu bewegen. Gern hätte ich meine Beine ein wenig angezogen. Aber alles in mir weigert sich, eine Bewegung zu machen. Ich denke an die

mahnenden Worte in der Polizeistation. Alle Vorsichtsmaßnahmen habe ich missachtet, nun bekomme ich die Rechnung
präsentiert.

Ich habe in der Nacht mein Pfefferspray immer griffbereit am
Kopfende. Nun überlege ich, danach zu greifen. Aber ich weiß
nicht, ob ein Pfefferspray bei einer Schlange etwas ausrichten
kann. Und wie wird die Schlange reagieren, wenn ich mich
bewege? Ich entscheide mich, ruhig sitzen zu bleiben und das
Tier weiter zu beobachten. Ich bin in einer echt ausweglosen
Situation. Es besteht keine Möglichkeit für mich, zu entkommen. Niemals könnte ich gefahrlos an der Schlange vorbei
ins Freie gelangen. Mit großer Wahrscheinlichkeit würde sie
zubeißen. Ich denke an meine medizinische Notfallausrüs-
tung, die ich eigens für diese Reise zusammengestellt habe. Sie
liegt ebenfalls am Kopfende. Dort enthalten ist neben mehreren
Medikamenten auch ein sogenannter »Epi-Pen«. Dabei handelt
es sich um eine Art Einmalspritze mit dem Wirkstoff Adrenalin.
Der »Epi-Pen« ist für den absoluten Notfall gedacht. Etwa einen
Schlangenbiss. Adrenalin wird bei Kreislaufversagen benötigt.
Es kann helfen, zumindest noch eine gewisse Zeit zu überleben,
um beispielsweise Hilfe holen zu können.

Mein Blick wechselt zwischen Pfefferspray, Notfallmedika-
ment und Schlange hin und her. So sehr ich auch nachdenke,
ich finde einfach keine Lösung. Die Schlange liegt weiterhin
regungslos da. Die Situation ist irgendwie unwirklich. Aber
leider handelt es sich hier um die schonungslose Realität. Nun
muss ich aber endlich zu einer Lösung kommen. Auf keinen
Fall möchte ich die restliche Nacht mit der Schlange in meinem
Zelt verbringen. Ich entscheide mich nun doch für den Einsatz
des Pfeffersprays. Mit einem Auge fixiere ich das Reptil, mit
dem anderen die kleine Dose, in der sich das Pfefferspray befindet. Um zum Spray zu gelangen, muss ich meinen Oberkörper
ein wenig zur Seite drehen. Ganz langsam beginne ich, mich
ein Stück weiter aufzurichten. Doch diese kleine Bewegung

reicht offensichtlich aus, um die Schlange zu erschrecken. Mit einem unheimlichen Zischen richtet auch sie sich nun auf. Ihr Kopf ist jetzt deutlich vom Boden abgehoben und mir zugewandt. Jetzt geht alles schnell. Wie von Sinnen ziehe ich meine Beine an, hechte in Richtung Pfefferspray und reiße es an mich. Dann ziele ich in Richtung Schlangenknopf und drücke auf den Knopf. Ich bin selbst überrascht davon, wie stark der Strahl ist, der aus der Dose zischt und das Reptil genau am Kopf trifft. Blitzschnell reißt es ihn herum, und im Bruchteil einer Sekunde ist es durch den Spalt im Zelteingang verschwunden. Trotzdem bleibt mein Finger am Abzug, und ich sprühe vor lauter Aufregung die gesamte Flasche leer.

Pfefferspray habe ich während meines langjährigen Polizeidienstes schon oft eingesetzt. Gegen tobende Menschen, gegen Hunde und sogar einmal gegen einen Stier. Und nun kam noch eine Schlange dazu. Dass ich den gesamten Inhalt leer gesprüht hatte, büßte ich jedoch in den darauffolgenden Nächten. Es dauerte über eine Woche, bis der beißende Geruch des Pfeffers aus dem Zelt verschwunden war. In der »Schlangennacht« musste ich anschließend sogar ganz im Freien übernachten. Um aber nicht noch einmal eine solche tierische Überraschung zu erleben, legte ich mich auf den Seitenstreifen des Highway 50. So, wie mir der Officer es auch dringend geraten hatte ...

»Der Mann mit dem Hammer«

Egal, ob Leistungs- oder Hobbysportler, jeder Radfahrer fürchtet eines wie der Teufel das Weihwasser: den berühmt-berüchtigten »Hungerast«. Oder, wie er in Insiderkreisen genannt wird, den »Mann mit dem Hammer«. Der Hungerast ist ein Phänomen, das bei jeglicher Art von Ausdauersport auftreten kann. Insbesondere beim Radfahren oder auch beim Skilanglauf. Dabei handelt es sich um einen massiven Leistungseinbruch, der oft sehr plötzlich kommt und auf ein Kohlenhydratdefizit zurückzuführen ist. Der Blutzuckerspiegel fällt ab und führt zu Glukosemangel. Ein Manko, das sich insbesondere im zentralen Nervensystem bemerkbar macht. Ohne ständige Zufuhr von Nahrungsmitteln kann die Leber den Blutzuckerspiegel nur eine bestimmte Zeit lang konstant halten. Ist dies nicht mehr der Fall, muss der Ausdauersportler auf »Notenergie« zurückgreifen. Und zwar durch das Verbrennen von Fett, das in den Fettzellen gespeichert ist. Aber dies bedeutet einen deutlich höheren Arbeitsaufwand. Die stärkere Belastung zur Energiegewinnung hat meist fatale Auswirkungen. Es kommt zu gesteigertem Sauerstoffbedarf. Sauerstoff, den der Sportler aber wiederum dringend benötigt, um die Leistung aufrechtzuerhalten. Es folgen Schwindelgefühle, Müdigkeit oder im Extremfall sogar der Verlust des Bewusstseins. Dem Läufer bleibt dann nichts anderes übrig, als stehen zu bleiben oder langsam weiterzugehen, der Radfahrer muss meist absteigen. Sogar die wenigen fehlenden letzten Kilometer bis ins Ziel oder nach Hause werden zu einem schier unüberwindbaren Hindernis. Dann gibt es eine einzige Rettung: die sofortige Zufuhr von Kohlenhydraten. Am besten in hochkonzentrierter Form, etwa durch Energy-Gels oder spezielle Kohlenhydratmischungen in flüssiger Form. Oft hilft aber auch eine einzelne trockene Semmel oder eine halbe Tafel Schokolade, um wenigstens noch die restlichen Kilometer durchzuhalten.

Einen solchen Hungerast habe ich einmal im »Silver State«, dem Wüstenstaat Nevada, am eigenen Leibe erlebt. Und zwar derart unvorbereitet und heftig, dass ich tatsächlich Angst um mein Leben hatte. Mitten im Niemandsland, zwischen den beiden abgelegenen Kleinstädten Ely und dem etwa 120 Kilometer westlich davon liegenden Eureka. Die Entfernung ist zwar nicht besonders groß, aber der Streckenabschnitt ist trocken, einsam und eine psychische Herausforderung. Zudem müssen auf dieser Strecke mit dem Robinson Summit, dem Little Antelope Summit und dem Pancake Summit gleich drei Pässe abgestrampelt werden. 120 Kilometer und drei mehr oder weniger hohe Übergänge sind an sich kein großes Problem. Ein schier unüberwindbares Problem werden sie aber, wenn man so leichtsinnig ist, wie ich es damals gewesen bin. Im Motel in Ely hatte ich verschlafen. Ich wurde nervös, weil ich nicht zur geplanten Zeit starten konnte. Und so machte ich einen fatalen Fehler: Um Zeit aufzuholen, verzichtete ich auf das Frühstück. Und Verzicht auf das Frühstück bedeutet auch Verzicht auf Kohlenhydrate. Und keine Kohlenhydrate bedeutet wiederum fehlendes Benzin für die Radlerbeine.

Ich ließ Ely hinter mir. Mein Körpergefühl war gut. Mit Körpergefühl meine ich insbesondere den Zustand meiner Beine. Es gibt Tage, da passt das Gefühl in meinen Beinen überhaupt nicht. Sie sind bleischwer, und jeder Pedaltritt ist mühsam und unrund. Dann folgen wieder Tage, an denen mir das Treten sehr leichtfällt. Ich habe dann oft das Gefühl, es geht alles von selbst. In solchen Situationen macht mir das Radfahren besonders viel Spaß. Aber bereits 20 Kilometer westlich von Ely, am Beginn des Anstieges zum Robinson Summit Pass, tauchten die ersten negativen Gedanken auf. Und mit solchem negativem Denken beginnt bei mir oft eine Abwärtsspirale, aus der ich nur schwer herauskomme. Zuerst dachte ich an das fehlende Frühstück. Sofort bekam ich ein flaues Gefühl im Magen. Das schlechte Gewissen meldete sich: »Wie lange kann man eigentlich ohne Frühstück Rad fahren?« Diese Frage war der Beginn der zermürbenden Gedankenspirale. Auf der gesamten Auffahrt zum ersten Pass versuchte ich mir auszumalen, ab wann meine Beine schlapp machen würden. Noch spürte ich nichts. Oder wollte ich nur noch nichts spüren? Einerseits lenkte ich mich ab. Andererseits richtete ich meine Aufmerksamkeit immer wieder ganz bewusst auf meine Beine. »Trete ich noch rund? Kommt schon Müdigkeit auf?« Aber ich schaffte den Robinson Summit eigentlich recht gut. Mir fiel ein Stein vom Herzen. Nach einer kurzen ebenen Strecke ging es wieder bergab. Ich lehnte mich erleichtert über meinen Lenker und ließ es laufen ...

Immer wenn ich auf der Abfahrt von einem Pass bin, pflege ich das gleiche Ritual: Beim Hinabrollen schaue ich weit nach vorn und versuche mir auszumachen, ab wann ich wieder mit dem Treten beginnen muss. Dann suche ich mir einen Punkt und versuche, mindestens bis dorthin zu rollen. Auch jetzt genoss ich die Abfahrt. Es war mittlerweile sehr warm geworden. Der Fahrtwind tat gut. Ich beugte mich weit über den Lenker und nahm eine »Triathlonposition« ein. Dabei legt man seine Unterarme auf eine spezielle Ablage am Lenkeroberteil und kann sie somit völlig entlasten. Die Position tat gut. Für kurze Zeit vergingen sogar meine negativen Gedanken. Die Straße verlief leicht abfallend und kerzengerade. So weit das Auge reichte, war keine Kurve zu sehen. Rechts und links der Straße nur karge Wüstenlandschaft. Steine, Felsbrocken und hin und wieder verdorrte kleine Sträucher. Der Himmel hatte eine strahlend blaue Farbe. So wie in den letzten Tagen. Seit mehr als zwei Wochen hatte ich Glück mit dem Wetter. Langsam wurde es wieder etwas flacher und meine Geschwindigkeit ein wenig langsamer. Ich versuchte abzuschätzen, wie weit ich noch rollen könnte. In Gegenden mit lang gezogenen, geradeaus verlaufenden Straßen ist das Schätzen von Entfernungen besonders schwierig. Hier kann man sich leicht täuschen. Daher stellte ich mich darauf ein, meine Beine wieder in Betrieb zu nehmen.

Mein nächstes Etappenziel war die Anhöhe des Little Antelope Summit. Ich ließ mein Fahrrad noch bis zum allerletzten Augenblick rollen. Kurz bevor ich ganz zum Stillstand kam, trat ich wieder in die Pedale. Die ersten Umdrehungen nach einer Abfahrt sind immer am schlimmsten. Es ist ein ganz ungutes Gefühl in den Oberschenkeln. Diese müssen sich nach der Ruhephase erst wieder richtig mit Blut füllen. So lange nicht genug Blut in den Muskeln ist, fehlt auch der notwendige Sauerstoff. Meist geht dies aber sehr rasch, und nach einigen Pedalumdrehungen passt das Verhältnis wieder. Ich kurbelte und wartete auf das Eintreten eines »normalen« Radfahrgefühls. Doch das kam nicht. Mittlerweile verlief die Straße wieder eben. Trotzdem fiel es mir schwer, eine halbwegs passable Geschwindigkeit aufzubauen. Meine Oberschenkel verweigerten ihren notwendigen Beitrag. Sie fühlten sich nicht gut an. Die negativen Gedanken meldeten sich wieder. Krampfhaft versuchte ich sie zu ignorieren. Aber sie ließen nicht locker. Hartnäckig wiesen sie mich auf die noch ausstehenden zwei Pässe hin. Und auf das fehlende Frühstück ...

Etwa 20 Minuten fuhr ich so dahin. Wenig Geschwindigkeit, dafür viele negative Gedanken. Ich blickte mehrmals zurück, um nachzuschauen, wie weit ich bereits gekommen war. Dann schaute ich wieder nach vorn und hoffte, dass die nächste Steigung noch weit entfernt sein würde. Nun stieg ich vom Rad. Ich brauchte eine kurze Pause. Erst ein lächerlicher Streckenabschnitt lag hinter mir und ich musste bereits anhalten. Eigentlich hatte ich diese Pause gar nicht nötig. Ich benötigte sie mehr für meine Psyche. Schon das Absteigen tat gut. Ich ließ mein Fahrrad direkt auf der Straße stehen und machte ein paar Schritte.

Meine Oberschenkel fühlten sich auch beim Gehen gar nicht gut an. Sie waren kraftlos, und ich hatte das Gefühl, sie sprächen zu mir. »Wir möchten heute nicht Rad fahren«, gaben sie mir zu verstehen. Ratlos stand ich im Niemandsland und suchte nach einer Lösung. Es lagen noch etwa 80 Kilometer vor mir. Außerdem zwei Pässe. Mein Magen beschwerte sich. Und ich konnte ihm nicht einmal widersprechen. Das fehlende Frühstück machte sich deutlich bemerkbar. Für kurze Zeit überlegte ich, das nächste Auto anzuhalten und um eine Mitfahrgelegenheit zu bitten. Aber diese Gedanken verwarf ich trotz meines unguten Gefühls schnell wieder. Es war mir wichtig, die gesamte Durchquerung der USA wie geplant aus eigener Kraft zu schaffen.

Fast eine Stunde lang grüble ich hin und her. Immer wieder setze ich mich dabei auch kurz auf den heißen Asphalt. Aber dann entscheide ich mich dafür, weiterzufahren. Bevor ich auf mein Fahrrad steige, überprüfe ich noch einmal ganz genau meinen Wasservorrat. Zum Glück gibt es in dieser Hinsicht keinen Engpass. Dafür verläuft die Überprüfung der festen Nahrungsmittel sehr frustrierend. Zwei Müsliriegel befinden sich in der Lenkertasche. Sie sind meine absolute Notration. Ansonsten herrscht gähnende Leere in allen Satteltaschen. Jedem anderen Radfahrer hätte ich grobe Fahrlässigkeit vorgeworfen. Fehlendes Frühstück und fehlende Nahrungsmittel – schlimmer geht es gar nicht. Irgendwie muss ich es schaffen. Die ersten Meter sind wieder doppelt schwer. »Nicht weitertreten«, melden sich abermals meine Beine. Aber mit dem Mut der Verzweiflung nehme ich die restlichen 80 Kilometer in Angriff. Besser als gedacht komme ich ins Rollen. Sofort keimt ein wenig neue Hoffnung in mir auf. Fast eine Stunde lang läuft es gar nicht so übel. Ich habe zwar nach wie vor »schwere Beine«, wie es unter Radfahrern heißt, und mein Magen fühlt sich sehr leer an, aber ich komme gar nicht so schlecht voran.

Nun beginnt der Anstieg zum Little Antelope Summit. Wieder handelt es sich nicht um einen steilen Abschnitt. Aber unmittelbar nach dem Übergang vom Flachen zum Anstieg spüre ich schon wieder die Anstrengung. Gleichzeitig meldet sich auch mein innerer Schweinehund. Es sind jene Situationen, in denen ich mich frage, warum ich das eigentlich alles mache. Ich versuche, ganz konzentriert zu treten. Abwechselnd fahre ich einige Hundert Meter im Sitzen und stehe anschließend wieder auf. Mein Tempo wird erneut deutlich langsamer. So sehr ich mich auch auf möglichst »rundes« Treten konzentriere, meine Kräfte in den Beinen schwinden immer mehr. Plötzlich höre ich hinter mir ein Brummen. Ich drehe mich um und sehe aus der Ferne die Umrisse eines mächtigen Trucks. Mit großer Geschwindigkeit schließt er zu mir auf. Noch einmal fasse ich kurz die Möglichkeit ins Auge, das Fahrzeug anzuhalten. Aber sofort ist mein schlechtes Gewissen da. Ich schaue wieder nach vorn, stehe auf und erhöhe meine Geschwindigkeit, so gut es geht. Nur keine Schwäche zeigen. Der Truckfahrer soll nicht sehen, wie sehr ich mich »auf dem Zahnfleisch« bewege. Augenblicke später braust das Ungetüm auch schon an mir vorbei. Der Fahrer grüßt mich noch mit einem lauten Hupkonzert. Für einige Sekunden kann ich den Sog des überholenden Trucks ausnutzen. Er zieht mich ein wenig mit. Dann sehe ich nur noch die Rückseite, die immer kleiner wird. Mehrere Minuten lang ist das Fahrzeug am Anstieg zum Pass noch zu sehen. Kurze Zeit später befinde ich mich wieder allein auf der Straße.

Im selben Augenblick, als der Truck am Horizont verschwindet, kommt »der Mann mit dem Hammer« ...

Das Schlimmste, was ein Radfahrer im Hinblick auf einen Leistungseinbruch erleben kann, tritt in diesem Moment bei mir ein: der berüchtigte Hungerast. Augenblicklich spüre ich, wie meine bereits vorhandene Schwäche ganz tief in alle Winkel meines Körpers kriecht. Nun beginnen auch meine Arme, mein Rücken und mein Nacken richtig zu schmerzen. Ich habe das Gefühl, als ob irgendeine Macht sämtliche Energie aus meinem Körper saugt. Ganz langsam quäle ich mich die letzten zwei

Kilometer bis zur Passhöhe hinauf. In meinem Mund sammelt sich Speichel. Ich denke an Schokolade und Donuts. Ein typisches Zeichen dafür, dass die Kohlenhydratspeicher endgültig zu Ende gehen. Jetzt sehnt sich der Körper automatisch genau nach solchen Energiebomben. Je mehr ich ans Essen denke, desto mehr Wasser sammelt sich in meinem Mund. Ich brauche meine Müsliriegel. Es ist an der Zeit, die Notration aus der Lenkertasche zu holen. Ich beschließe, mich noch bis zum Passende zu schleppen und dann die nächste längere Pause einzulegen. Mein Tempo wird derart langsam, dass ich fast seitlich vom Fahrrad kippe. Unter einer bestimmten Fahrgeschwindigkeit kann man nicht mehr richtig geradeaus fahren. So komme auch ich ins Schlingern. Ich benötige die gesamte Fahrspur. Dann bin ich endlich oben.

Als ich dieses Mal vom Rad steige, habe ich das Gefühl, heute nicht mehr in den Sattel zu kommen. Frustriert und völlig ausgelaugt setze ich mich auf einen großen Stein direkt neben dem Highway. Dabei übersehe ich fast eine kleine Schlange. Ich habe Glück. Gerade bevor ich auf sie trete, verschwindet sie mit einem Zischen unter einem Stein. Das hätte mir noch gefehlt: ein Hungerast und ein Schlangenbiss. Ungeduldig nehme ich die beiden Müsliriegel aus der Lenkertasche. Bei deren Anblick läuft mir neuerlich das Wasser im Mund zusammen. Den ersten Riegel schlinge ich fast ohne zu kauen hinunter. Vor dem zweiten Stück fasse ich mich ein wenig. »Langsam kauen«, sage ich mir. Der Schokoladenüberzug schmeckt köstlich. Diese Notration hilft mir nun ein wenig weiter. Die hochkonzentrierten Kohlenhydrate führen zu einem schnellen Anstieg des Glukosespiegels. Man hat sofort ein deutlich besseres Gefühl. Auch ich bekomme den notwendigen positiven Schub. Körperlich und psychisch. Der Nachteil der schnellen Kohlenhydratzufuhr ist jedoch, dass die wiedergewonnene Leistungsfähigkeit nur kurz anhält. Der Blutzuckerspiegel steigt zwar rasch steil an, bleibt aber nur eine bestimmte Zeit konstant, um dann wieder stark abzufallen. Mir genügt dieser kurze Anstieg, um wieder Hoffnung zu schöpfen. In Gedanken gehe ich den Rest der Strecke durch. Zwei Pässe habe ich bereits hinter mir. Der dritte und letzte Pass ist der niedrigste und hat den kürzesten Anstieg. Diesen müsste ich mit meiner wiedergewonnenen Energie noch schaffen. Dann geht es wieder bergab, und die letzten Meilen bis nach Eureka werde ich auch irgendwie durchstehen.

Bis zum Pancake Summit schaffe ich es tatsächlich relativ gut. Ich nutze die wiedergewonnene Energie und bleibe so lange wie möglich im Sattel sitzen. Auch während der Abfahrt und der nächsten Meilen trete ich noch leicht positiv gestimmt in die Pedale. Ich denke an etwas Gutes. Vor allem an das heutige Abendessen in einem Motel. Aber wie erwartet, sind irgendwann die beiden Müsliriegel vollständig verbrannt. Das mir bekannte und so verhasste Gefühl kehrt schlagartig zurück. Und zwar exakt auf Höhe einer Hinweistafel, worauf zu lesen ist: »Eureka 20 Miles«. Ganz egal, was kommt, diese Strecke werde ich noch abstrampeln. Ich schalte auf komplettes Notprogramm. Das lautet: volle Konzentration auf das Treten und auf das Geradeausfahren. Denn ein weiterer negativer Effekt des Hungerasts ist, dass die Konzentrationsfähigkeit stark beeinflusst wird. Da auch die Koordination schwer nachlässt, läuft man ständig Gefahr, von der Straße abzukommen.

Meine Koordination ist nun am Nullpunkt angelangt. Mehrfach gerate ich gefährlich nahe an den Straßenrand. Ich bekomme einen Tunnelblick. Ein neues Gefahrenmoment. Ich blicke nur noch geradeaus, habe ein stark eingeschränktes Blickfeld. Mein Glück ist der nicht vorhandene Verkehr. Aber auch so bin ich absolut grenzwertig unterwegs. Ich klicke meine Radschuhe aus den Pedalen. Meine Angst ist zu groß, aufgrund der langsamen Geschwindigkeit vom Rad zu fallen und mich dabei nicht von den Pedalen lösen zu können. Schweißperlen rinnen mir von der Stirn. Mein Herz schlägt wie wild. Trotz des niedrigen Tempos. Es leistet Höchstarbeit, um meinen Körper irgendwie voranzutreiben. Kilometer um Kilometer quäle ich mich vorwärts. Rechts und links gleitet die Landschaft an mir vorbei, ohne dass ich sie bewusst wahrnehme. Ich kann mich nur noch mühsam auf dem Fahrrad halten. Plötzlich wird mir schwarz vor Augen. Das Atmen fällt mir schwer, und ein erdrückendes Engegefühl schnürt mir die Brust ab. Untrügliche Zeichen dafür, dass die Grenze nun erreicht ist. Dies zu ignorieren, wäre lebensgefährlich. Es bleibt mir nichts anderes übrig: Mit dem Radfahren ist es für heute zu Ende. Nun heißt es absteigen und schieben.

Die letzten fünf Kilometer bis nach Eureka waren der reine Horror. Ich benötigte dafür satte zwei Stunden. Um mich abzulenken, zählte ich sogar meine Schritte. Oder die Anzahl der Striche entlang der Mittellinie. Als ich die Umrisse der Häuser von Eureka bemerkte, begann ich zu weinen. Das Ende meiner Qualen war in Sicht. Die Ortstafel von Eureka bildete für mich den Schlussstrich eines Wahnsinnstages.

Obwohl ich die darauffolgende Nacht in einem sehr feinen Motel verbrachte, zuvor ein wirklich gutes Abendessen genießen konnte und mir eine Massage gönnte, erholte ich mich mehrere Tage lang nicht mehr richtig. Ich hatte meinen Körper in eine gefährliche Ausnahmesituation gebracht. Gerade ich, der immer alles möglichst genau vorausplant und jede Eventualität ins Auge fasst. Hier aber hatte ich sträflich versagt ...

Unheimliche Begegnung auf dem Friedhof

Die Situation ist unheimlich: Die »schwarzen Männer« bilden einen Kreis und reichen sich die Hände. Einen mitgebrachten Gegenstand haben sie zuvor auf den Boden gelegt. Es handelt sich um einen kleinen Holzkäfig. Darin befindet sich irgendeine Art Vogel, ähnlich einem Huhn. Das Tier lebt noch. Aufgeregt hüpft es im Käfig hin und her und flattert hektisch mit seinen verkümmerten Flügeln. Ich kann nicht glauben, was ich da sehe. »Satansanbeter«, denke ich und beobachte das Schauspiel weiter aus meinem Versteck heraus ...

Das Nächtigen im Zelt gehört auf meinen Radreisen dazu. Das Radfahren allein ist schon eine Möglichkeit, dem Alltag zu entfliehen und ein wenig abzuschalten. Aber ein besonderes Gefühl der Ruhe überkommt mich jedes Mal, wenn ich nach einem langen Tag und vielen abgestrampelten Kilometern mein Zelt aufstelle, statt ein Motel aufzusuchen. Dieses Gefühl beginnt schon mit der spätnachmittäglichen Suche nach einem geeigneten Platz. Wenn ich dann müde im Schlafsack liege, bin ich zufrieden mit mir und der Welt.

Bei Schönwetter lasse ich aber auch immer wieder mein Zelt ganz weg. Dann verwende ich für das Nachtlager nur die Unterlegmatte und den Schlafsack. Eine Übernachtung im Freien ohne jeglichen Schutz ist natürlich nur dann möglich, wenn man sich nicht gerade in einem Gebiet mit Moskitos oder sonstigen angriffslustigen Insekten befindet. Und noch eines ist ganz besonders wichtig: Der Platz für die Nachtruhe muss so gewählt sein, dass er für andere nicht leicht einsehbar ist. Amerika ist ein großes Land, aber der Großteil dieses Landes ist Privatbesitz. Die vielen Abzäunungen mit den entsprechenden

Hinweisschildern lassen einem Radfahrer nicht viel Spielraum. Generell ist der Aufenthalt auf einem Privatgrund ohne Genehmigung strikt verboten und meist wegen der durchgehenden Zäune auch gar nicht möglich. Die sonst so offenen Amerikaner sind hier sehr sensibel. Ohne offizielle Erlaubnis des Grundbesitzers und ohne zusätzliche Zustimmung der meist vorhandenen beißwütigen Wachhunde ist man gut beraten, Privatbesitz nicht zu betreten.

Bevor ich also mein Zelt aufstellte oder meinen Schlafplatz unter freiem Himmel einrichtete, gab es für mich immer nur zwei Möglichkeiten: Entweder ich holte mir die Erlaubnis oder ich suchte mir einen abgelegenen, nicht einsehbaren Platz. In diesem Fall richtete ich mich erst bei Dunkelheit möglichst unauffällig ein. Vor allem aber packte ich noch vor Sonnenaufgang wieder alles sauber zusammen. Mit der jeweiligen Erlaubnis war es möglich, etwa auf Wiesen vor einer Kirche oder auf einem Spielplatz in einem Park zu übernachten. Immer wieder schlug ich mein Nachtlager auch im Vorgarten freundlicher Rentner auf und natürlich gegen Bezahlung in einem der vielen State Parks. Oft nächtigte ich aber völlig illegal an den ungewöhnlichsten Orten.

Zu solchen Orten gehörten zum Beispiel Golfplätze, die sich aufgrund gepflegter und kurz gemähter Wiesen besonders gut eigneten, oder Baseballfelder, an deren Rand sich meist kleine überdachte Mannschaftshütten befanden. Um dorthin zu gelangen, musste ich allerdings immer mannshohe Zäune überklettern und auch mein Fahrrad mit Gepäck irgendwie darüber bringen. Da in den USA die Fahrer der riesigen Trucks als besonders freundlich und ehrlich gelten, legte ich mich auch immer wieder an den Truckstopps zwischen die riesigen Fahrzeuge. Dort hatte ich ein Gefühl der Sicherheit, und kein einziges Mal kam ich hier in eine ungute Situation. Zudem konnte ich an den Truckstopps auch die Duschen, Toiletten und alle anderen Annehmlichkeiten mitbenutzen.

Mein absoluter Liebling für illegales Übernachten war aber ein ganz besonderer, zugegebenermaßen gewöhnungsbedürftiger Ort: der Friedhof. Alle noch so kleinen Orte in den USA haben in ihrer Nähe irgendwo eine »letzte Ruhestätte«. Meist lagen diese Plätze etwas außerhalb der bewohnten Gebiete. Zwar ebenfalls abgezäunt oder mit Mauern umgeben, jedoch rund um die Uhr für die Angehörigen zugänglich. Am Tag oft mehr oder weniger stark frequentiert, herrscht in der Nacht an solchen Orten buchstäblich Totenstille.

Etwa 80 Kilometer nördlich von San Francisco, direkt am berühmten Highway 1, befindet sich der Ort Anchor Bay. Ein kleiner beschaulicher Ort, der im Nordwesten an den Schooner Gulch State Beach am Pazifik grenzt und etwa 40 Kilometer westlich des Mailliard Redwoods State Park gelegen ist. Der Ort Anchor Bay und die Nacht, die ich dort verbrachte, sind mir noch in ganz besonderer Erinnerung. Immer wieder denke ich mit Schaudern daran, wie die Nachtstunden verlaufen sind.

Während meines Aufenthaltes in der Nähe der Golden Gate Bridge war ich nachlässig gewesen. Ohne mein verschwitztes Radoberteil zu wechseln, hatte ich mich für eine Rast in die Wiese unter der riesigen roten Brücke gelegt, wo ständig ein kühler Wind blies. Ich beobachtete eine Weile den Schiffsverkehr und schlief nach kurzer Zeit ein. Diese Nachlässigkeit büßte ich mit einer schweren Verkühlung im Bereich der gesamten unteren Rückenmuskulatur.

Nach einer unruhigen Nacht in einem Studentenheim erwachte ich mit starken Rückenschmerzen. Mir war sofort klar, woher diese Schmerzen kamen. Nur mit Mühe konnte ich auf mein Fahrrad steigen, und nur wenn ich den Oberkörper am Triathlonlenker entlastete, waren die Schmerzen halbwegs erträglich. Ab San Francisco verläuft der Highway 1 meist parallel zum Pazifik. Aufgrund der zerklüfteten Küstenformationen gibt es aber nur wenige flache Abschnitte, meist geht es bergauf und bergab. Dieser Streckenabschnitt ist an sich schon hart genug für einen Radfahrer, aber mit verkrampfter und schmerzender Rückenmuskulatur wird das Fahren zur Qual. Bereits nach wenigen Kilometern wusste ich, dass ich an diesem Tag nicht weit kommen würde. In jedem Ort nahm ich mir vor, nur noch bis zum nächsten zu fahren und dann ein Nachtlager zu suchen. Nach etwa 80 Kilometern war endgültig Schluss. Es ging einfach nicht mehr. Am Ortsschild von Anchor Bay war die Entscheidung gefallen: absteigen und ausruhen.

Ich war zu müde, um lange nach einem Motel zu suchen. Sorgfältig nach einem geeigneten Platz für mein Zelt Ausschau zu halten, fiel ebenfalls weg. Es musste nur schnell gehen, und die erste Gelegenheit wollte ich wahrnehmen. Diese Gelegenheit bot sich auf dem örtlichen Friedhof. Ein etwas abseits der Durchgangsstraße gelegener schattiger Platz, gut zugänglich und doch nicht leicht einsehbar. Also optimal für ein illegales Nachtlager. Vor dem Betreten der »letzten Ruhestätte« sah ich mich nach eventuellen Beobachtern um. Niemand war in der Nähe. Ohne schlechtes Gewissen fuhr ich mit meinem Fahrrad durch ein kleines Eisentor. Im hintersten Bereich des Friedhofes fand ich eine passende Stelle. In der Ecke einer Steinmauer, direkt hinter einigen Grabsteinen, wollte ich mein Zelt aufbauen. Als ich versuchte, vom Fahrrad abzusteigen, hatte ich derartige Rückenschmerzen, dass ich meinen Fuß nicht über den Rahmen hinüberbekam. Ich ließ das Rad einfach seitlich umfallen und musste mich vorerst auf die Steinmauer setzen. Das Zelt aufzustellen war schlichtweg nicht möglich.

Einpersonenzelte sind niedrig. Das heißt, das Aufstellen erfolgt in ständig gebückter Haltung. Und gerade diese Stellung konnte ich nicht halten. Nach langem Hin und Her und einigen erfolglosen Versuchen entschied ich mich für eine Nacht unter freiem Himmel. Das Fahrrad ließ ich einfach neben mir am Boden liegen, meine Radbekleidung vom Tag blieb angezogen. Ich wollte nur noch ruhig auf meiner Isomatte liegen, denn in Seitenlage tat mein Rücken nicht weh. Mit offenen Augen lag ich unter dem Sternenzelt und dachte darüber nach, wie ich in den nächsten Tagen weitermachen sollte. Mein Körper sagte mir, dass er unbedingt Ruhe brauchte. Zwei oder drei Regenerationstage in einem Hotelzimmer würden sicher reichen. Ohne einen solche Pause sah ich wenig Hoffnung, den Rest der geplanten Strecke bis nach Kanada zu schaffen.

Als ich so vor mich hin träume, höre ich plötzlich Stimmen. Ganz leise und weit weg, aber deutlich wahrnehmbar. Es sind Stimmen von mehreren Personen, die mich aber nicht sonderlich beunruhigen. Direkt am Friedhof führt ja die Straße vorbei. Ich bleibe liegen und lausche in die Ferne. Nach kurzer Zeit höre ich, wie ein Auto stehen bleibt, Türen aufgehen und offensichtlich irgendetwas ausgeladen wird. Nun werde ich doch neugierig und krieche unter starken Rückenschmerzen tief geduckt zur Steinmauer hin. Ich hebe meinen Kopf und spähe in Richtung Straße. Dort steht tatsächlich ein Fahrzeug und mehrere Personen laden etwas Undefinierbares aus dem Kofferraum aus. Wegen der Dunkelheit und einer Entfernung von etwa 100 Metern kann ich jedoch nichts Genaues erkennen.

Plötzlich macht sich die unheimliche Gruppe in Richtung des hinteren Friedhofsbereichs auf den Weg. Sie bewegt sich direkt auf mich zu. Als sich die Personen nähern, fällt mir mit Schaudern auf, dass alle einen dunklen Umhang tragen und auch sonst völlig in Schwarz gekleidet sind. Nur etwa zehn Meter von meiner schützenden Mauer entfernt halten die komischen Gestalten an. Nun kann ich erkennen, dass die Gruppe aus insgesamt acht Personen besteht. Deren Gesichter sind dunkel geschminkt. Ich kann mir nicht erklären, um welches Schauspiel es sich hier handelt. Gespannt warte ich.

Die »schwarzen Männer« bilden einen Kreis und reichen sich die Hände. Den mitgebrachten Gegenstand haben sie zuvor auf den Boden gelegt. Es handelt sich um einen kleinen Holzkäfig. Darin befindet sich ein Vogel, der wie ein Huhn aussieht. Das Tier lebt noch. Aufgeregt hüpft es im Käfig hin und her und flattert hektisch mit seinen verkümmerten Flügeln. Ich kann echt nicht glauben, was ich da sehe. Schon oft habe ich von schwarzen Messen gehört oder von Satansanbetern. Vermutlich spielt sich so etwas Ähnliches gerade vor meinen Augen ab. Da ich schon einmal eine Dokumentation zu diesem Thema im Fernsehen gesehen habe, kann ich mir denken, was nun als Nächstes kommen wird: Dem Satan wird ein symbolisches Opfer gebracht, nämlich das mitgebrachte Tier. Zusätzlich müssen alle Anwesenden das Blut des toten Tieres trinken.

Die Gruppe verfällt in einen unverständlichen, wilden Gesang. Dabei schauen alle in Richtung des sternenklaren Himmels. Gleichzeitig drehen sie sich im Kreis. Plötzlich wird es still. Alle verneigen sich, und der Größte der Gruppe tritt in die Mitte des Kreises. Sein Gesicht ist durch eine Art Schirmmütze komplett verdeckt. Im Kreis steht der Käfig, wo immer noch das Huhn verrücktspielt. Der Vermummte hält ein kleines Messer in der Hand. Nun habe ich genug gesehen.

Ich bin eigentlich sehr bodenständig. Von Zaubereien, Wahrsagern oder Horoskopen halte ich nichts. Und schon gar nichts von schwarzen Messen. Zudem mag ich Tiere (ausgenommen Hunde, die hinter meinem Fahrrad herhetzen) und will daher den Vogel vor der Schlachtung bewahren. Es muss ja nicht unbedingt sein, dass ein wehrloses Tier einem sinnlosen Satanskult zum Opfer fällt.

Ich kann mich aber nicht schnell aufrichten. Mein Rücken tut mir fürchterlich weh. Daher greife ich in Richtung Steinmauer, um mich langsam daran hochzuziehen. Beim ersten Griff lockert sich ein großer Stein und rollt in Richtung »Satanskreis«. Die gesamte Gruppe erschrickt, und alle schauen in meine Richtung. Doch in der Dunkelheit können sie mich noch nicht gesehen haben. Einige beginnen, leise miteinander zu flüstern und lassen die Hände los. Nur der Vermummte mit dem Messer zeigt keine Reaktion. Er befindet sich wohl in einer Art Trance. Nun gelingt es mir endlich, mich ganz, ganz vorsichtig vollständig aufzurichten. Für die »Satansanbeter« muss das gespenstisch ausgesehen haben. Eine Gestalt erhebt sich im Zeitlupentempo hinter der Friedhofsmauer. Jetzt reagiert auch die Person in der Mitte des Kreises. Sie lässt das Messer fallen und blickt in meine Richtung. Alle sind still.

Ich steige über die Mauer und gehe auf die Gruppe zu. Als ich sie erreiche, stehen alle immer noch wie versteinert da. Jetzt sehe ich, dass die Gestalten eher von kleiner Größe sind. Hinter den geschminkten Gesichtern verbergen sich jugendliche Züge. Einigen sieht man an, dass sie gehörig erschrocken sind. Mit geweiteten Augen schauen sie mich fragend an.

Bereits nach kurzer Zeit lockert sich die angespannte Situation, und wir kommen sogar ins Gespräch. Es handelt sich um eine Gruppe einheimischer Jugendlicher. Keiner ist älter als 16 Jahre. Vermutlich sind die Jugendlichen in den USA auch nicht anders als bei mir zu Hause. Das Verbotene zieht einfach an, und aus Langeweile macht man die unsinnigsten Sachen. Ich setze mich zur Gruppe, und meine Nacht auf dem Friedhof endet erst, als es bereits dämmert.

Der Vogel wurde übrigens nicht geopfert ...

Gefährliche »Tandem«-Fahrt

Wohnmobile, die sogenannten Motorhomes, haben zwei große Nachteile: Zum einen werden sie meist von Rentnern gelenkt, die altersmäßig zwischen Pensionsbeginn und Ableben einzustufen sind, zum anderen haben diese Vehikel oft das Ausmaß eines mittelgroßen Trucks. Immerhin reisen viele Rentner, nachdem sie ihr Haus verkauft haben, in ihrem Wohnmobil für den Rest ihres Lebens mit ihrem gesamten Hab und Gut – einschließlich Hund und Katze – quer durch den Kontinent. Diese Spezies von Mensch hat Zeit in Hülle und Fülle, ihre Fahrweise ist entsprechend: Die Kombination von Wohnmobil und Rentnerehepaar ergibt ein gemütliches Dahinzockeln.

Eine besondere Häufung von Motorhomes kann man entlang der gesamten Westküste des Kontinents auf den berühmten Highways 1 und 101 feststellen. Neben den Rentnern trifft man hier aber noch einen ganz besonderen Menschenschlag: die Touristen. Ein richtiger USA-Urlaub ist nur dann ein richtiger Urlaub, wenn man auch in ein Wohnmobil umgestiegen ist. Mietautos sind langweilig, denn die Natur ruft, und diese kann nur mit einem voll ausgestatteten, allradbetriebenen und seitlich bunt beschrifteten Motorhome genossen werden. Rentner fahren langsam. Touristen aber fahren unsicher. Die Gründe dafür liegen auf der Hand: Oft wird das Fahrzeug bereits am Anreisetag abgeholt. Dann erfolgt eine mehr oder weniger genaue Schnellschulung, vom Bettenmachen bis zum Ölwechsel. Wenn man Glück hat, durch einen deutschen Studenten, wenn man Pech hat, durch einen Mexikaner, der nur gebrochen Englisch spricht. Nach dem obligatorischen Abschluss einer Zusatzversicherung springt die gesamte Familie freudig ins Fahrzeug und steuert den nächsten Supermarkt an. Dort werden die Lebensmittelregale geplündert, und dann kann es losgehen. Leider haben Vater und Mutter meist keinerlei Fahrpraxis mit solchen Ungetümen, und oft rasseln bereits in der ersten Kurve Geschirr und Lebensmittel aus den unverschlossenen Kästen. Fehlende Praxis und der nicht ungefährliche hügelige Straßenverlauf der verkehrsreichen Highways 1 und 101 lassen solche Familienausflüge zu Lotteriefahrten werden. Beide Gruppen, sowohl die Rentner als auch die Touristen, sind jedem Radreisenden ein Dorn im Auge. Die einen, weil sie dahintrödeln, die anderen wegen ihrer unberechenbaren, manchmal gefährlichen Fahrweise. Wohnmobile und Radfahrer vertragen sich einfach nicht.

In Nordkalifornien ist der etwa 350 Kilometer lange Abschnitt des Highway 1 zwischen San Francisco und Eureka ein wirkliches Erlebnis. Bis nördlich von Fort Bragg verläuft diese nicht zu Unrecht sogenannte »Traumstraße« meist entlang des Pazifik. Leider nicht immer auf Meereshöhe, sondern es geht ständig bergauf und bergab, zudem gibt es unzählige Kurven und besonders in den klassischen Urlaubsmonaten enormen Verkehr. Nördlich von Fort Bragg zweigt der Highway ein wenig ins Landesinnere ab. Und dann kommt eine Strecke, die in allen USA-Radreisebüchern als »berühmt-berüchtigt« beschrieben ist. Die Auffahrt entlang des Leggett Mountain zur kleinen Ortschaft Leggett.

Diesen Abschnitt musste ich auf dem Weg von San Francisco nach Vancouver ebenfalls bewältigen. Als alpentrainierter Radfahrer hatte ich vor dieser Strecke nur wenig Respekt. Ich lebe schließlich mitten in den Tiroler Bergen, und meine Trainingsfahrten finden nur selten auf ebenen Straßen statt. Ich war bergerfahren und hatte vor dieser Radreise viele Zehntausend Höhenmeter mit meinem Fahrrad abgestrampelt.

An diesem Tag war ich jedoch körperlich nicht besonders auf der Höhe, da ich mir einige Tage zuvor im Nieselregen eine Erkältung eingefangen hatte. Zudem standen auf meinem

Tachometer als Tagespensum bereits mehr als 120 hügelige Kilometer. Als ich das Hinweisschild passierte, auf dem die nächsten 17 Kilometer bis Leggett mit zwölf Prozent Steigung angegeben wurden, hatte ich aufgrund meiner schon schweren Beine kein so gutes Gefühl. Ich fuhr auf einen Parkplatz, um ein wenig Pause zu machen und mich noch einmal zu stärken. Nachdem ich meine Jause ausgepackt hatte, bog ein riesiges Ungetüm von Wohnmobil in den Rastplatz ein. Es reichte vom Beginn des Platzes bis zum Ende, und kein weiteres noch so kleines Fahrzeug hätte jetzt hier parken können. Auf Fahrer- und Beifahrerseite fuhren automatisch kleine Stiegen heraus, und aus dem Wohnmobil entstieg das typische amerikanische Rentnerehepaar. Er etwa 70 Jahre alt, klein und hager, mit Lederhandschuhen an den Fingern. Vermutlich, um das Ungetüm besser im Griff zu haben. Sie einige Jahre jünger, dafür kugelrund. In einer Hand hielt sie eine Straßenkarte, in der anderen ihre Lesebrille. Die Frau schwitzte enorm, entweder aufgrund der kurvenreichen und gefährlichen Strecke oder wegen des Fahrstils ihres Ehemannes.

Die beiden Rentner entpuppen sich als witzige, weltoffene und freundliche Südkalifornier und stellen sich mir als Mr. und Mrs. Plummer vor. Sie setzen sich zu mir und beginnen gleich zu erzählen. Sie haben bereits vor mehreren Jahren ihr Haus in San Diego gegen ein riesiges Motorhome eingetauscht. Das gesamte restliche Hab und Gut befindet sich nun in ihrem fahrenden Wohnzimmer. Und mit diesem touren sie ununterbrochen durch die USA und Kanada. Immer wenn es ihnen irgendwo gefällt, bleiben sie einige Tage oder sogar Wochen. Dann geht es wieder weiter.

Beide sind fasziniert von meiner Radreise. Sie können es kaum glauben, dass ich vor wenigen Wochen in New York gestartet bin und nun noch nach Vancouver will. Natürlich kommen wir auch auf die Probleme zu sprechen, die es immer wieder zwischen Wohnmobilfahrern und Radreisenden gibt.

Das quirlige Ehepaar Plummer erklärt mir jedoch, dass es noch nie einen Konflikt mit einem Radfahrer hatte. Außerdem würden sie nicht zu den dahinschleichenden alten Aussteigern gehören, die ihr Fahrzeug nicht im Griff haben.

Als ich mich von den beiden Rentnern verabschiede, fragen sie mich noch, ob ich ebenfalls hinauf nach Leggett wolle. Sie geben mir noch schnell ein paar Tipps, wie ich diesen Berg am besten bewältigen kann, denn schon mit einem Motorhome sei die steile Straße schwer zu schaffen. Aber mit einem Fahrrad ...

Gestärkt und mit guten Ratschlägen ausgestattet, begann ich mit meiner Auffahrt nach Leggett. Die Straße entpuppte sich dann doch nicht als steile Horrorstrecke. Meine Ausfahrten in den Tiroler Alpen führten über steilere Pässe. Der vorerst relativ breite Highway wurde jedoch immer schmaler, und bereits nach drei Kilometern war neben den beiden Fahrstreifen keinerlei Ausweichmöglichkeit mehr vorhanden. Zusätzlich führte die Straße durch dichtes Waldgebiet, und immer wieder ragten Äste bedenklich weit in die Fahrbahn hinein. Jetzt machte mir etwas anderes viel mehr Sorgen als ein steiler Anstieg: der enorme Verkehr. Ich konnte zwar keine Trucks entdecken, aber etwa jedes dritte Fahrzeug war ein Wohnmobil. Unmittelbar nachdem sich die Straße verengt hatte, begannen meine Probleme. Der gesamte Verkehr verlief derart dicht neben mir, dass ich den Luftzug der mich überholenden Fahrzeuge spürte. Ich konnte kaum einen Zentimeter ausweichen, da der Seitenstreifen fehlte. Mein Radcomputer zeigte eine Geschwindigkeit zwischen acht und neun Stundenkilometern an. Bergauf mit dem gesamten Gepäck auf dem Fahrrad ist man oft nicht schneller. Ich durfte jedoch auch nicht langsamer werden, denn unter dem Grenzwert von acht Stundenkilometern kann man sein Rad nicht mehr exakt in der Spur halten. Man fängt mehr oder weniger stark an zu schlingern, dies aber wäre aufgrund des Platzmangels einfach nicht möglich gewesen. Immer wieder streiften mich Wohnmobile, wenn sie an mir vorbeifuhren – manchmal sogar am linken Arm. Beim ersten Mal erschrak ich fürchterlich und kam gefährlich ins Wanken. Einen Sturz konnte ich jedoch gerade noch verhindern. Ich verfluchte diese Fahrzeuge samt ihren unsicheren Fahrern. Zum Lärm des starken Verkehrs kam nun noch das ständige Hupen. Jedes größere Motorhome, das zu mir aufschloss, gab als vorbeugende Warnung gleich mehrere Hupsalven ab. Für mich keine zusätzliche Sicherheit, sondern nur nervig. Ich achtete sowieso ständig auf den Verkehr und fuhr unter höchster Anspannung.

Die Auffahrt nach Leggett gestaltete sich körperlich als nur mittelschwer. Psychisch geriet ich jedoch an meine Grenzen, denn der Verkehr machte mich fertig. Die ersten Kilometer meiner Radreise hatten durch die Millionenstadt New York geführt. Doch dort war der Verkehr nicht halb so gefährlich gewesen. Nun hatte ich noch etwa drei Kilometer bis zu meinem Etappenziel und hoffte inständig, dort ohne Verletzungen anzukommen. Als dann wieder ein Wohnmobil hinter mir herfuhr und besonders lang eine nervige Hupe betätigte, reichte es mir. Ich schüttelte nur heftig den Kopf und tippte mir zusätzlich an die Stirn. Als sich das Gefährt dann auf meiner Höhe befand, wurde es langsamer. Die Seitenscheibe der Beifahrertür ging herunter. Erst jetzt sah ich, dass es sich um das riesige Gefährt des Rentnerehepaars Plummer handelte. Beide riefen mir gleichzeitig etwas zu, was ich jedoch aufgrund des Lärms nicht verstand. Der Überholvorgang gestaltete sich langsam, einen großen Geschwindigkeitsunterschied zwischen uns konnte ich nicht feststellen.

Das Ungetüm von Fahrzeug schleicht an mir vorbei. Ein Nebeneinander von Rentner mit Wohnmobil und mir, dem Radfahrer, ist auf dieser engen und kurvenreichen Strecke nur schwer möglich. Ich muss mich voll darauf konzentrieren, nicht seitlich von der Fahrbahn abzukommen. Beidseitig ist nur eine Handbreit Spielraum vorhanden. Endlich sehe ich neben mir das hintere Seitenfenster des Fahrzeugs. Nur noch einige

Augenblicke, dann habe ich wieder Zeit zum Verschnaufen. Bis zum nächsten Überholvorgang.

Plötzlich bekomme ich einen Stoß von hinten. Es gibt einen Ruck nach vorn, und ich habe alle Mühe, mit meinem Fahrrad nicht umzufallen. Da ich nur darauf fokussiert bin, irgendwie geradeaus zu fahren, ist es mir vorerst nicht möglich, die Ursache des Stoßes einzuordnen. Erst als ich mich wieder halbwegs gefangen habe, schaue ich nach hinten. Ich traue meinen Augen kaum. An der rechten Heckseite des Ungetüms, das mich gerade überholt, befindet sich ein zusätzlicher Rückstrahler. Dessen Metallfassung hat sich in meiner hinteren linken Radtasche verhakt. Nun habe ich ein echtes Problem.

Mein Fahrrad und ich sind ab jetzt fest mit dem Wohnmobil verbunden. Ich werde einfach bergauf geschoben und habe keine Chance, die Verbindung zu lösen. Ich kann mich auf dem Fahrrad sitzend ja nicht einfach umdrehen und hinten an der Satteltasche herumwerkeln. Meine einzige Möglichkeit ist, mich voll auf das Geradeauslenken zu konzentrieren. Ohne eine Umdrehung zu treten, bewege ich mich vorwärts, mein Begleiter stets auf selber Höhe neben mir. Als Jugendlicher habe ich mich einmal beim Bergauffahren an einem Traktor festgehalten. Damals war es zunächst eine Riesengaudi, die aber am Ende mit einem fürchterlich schmerzhaften Sturz endete. Das Bild dieses Sturzes habe ich nun wieder vor Augen.

Hoffnung keimte auf, als ich vor mir den Seitenspiegel des Motorhome sah. Normalerweise schauen verantwortungsvolle Fahrzeuglenker ja immer mal wieder in den Seitenspiegel. Damit würde sich mein Problem wohl erledigen. Auch noch so zerstreute Rentner halten an, wenn sie einen Radfahrer unbeabsichtigt an ihrem Wohnmobil kleben haben. Leider hatte ich heute Pech. Beim genaueren Hinschauen wusste ich, dass mich der Fahrer gar nicht sehen konnte. Das Glas des Seitenspiegels fehlte. Der hinter mir befindliche Verkehr konnte mir ebenfalls nicht helfen. Es gab nämlich keinen. Hinter dem Rentnerwohnmobil fuhr zwar ein weiteres ähnliches Monstrum, dieses hielt jedoch einen derart großen Sicherheitsabstand ein, dass es auf der kurvenreichen Strecke meist außer Sichtweite war.

Ein Hinweisschild, das wir gerade passieren, zeigt mir die letzten zwei Kilometer bis zur Bergankunft in Leggett an. Das bedeutet, dass ich bereits knapp einen Kilometer neben dem Wohnmobil hergeschoben worden bin. Ich hechele vor mich hin. Nicht vor Anstrengung, sondern vor Aufregung. Meine Oberschenkel sind nicht im Einsatz, aber mein Gehirn arbeitet auf Hochtouren. In allen Linkskurven werde ich in Richtung Fahrzeugwand gezogen, in den Rechtskurven gerate ich gefährlich nah an den Straßenrand. Immer dann, wenn Gegenverkehr herrscht, wird alles noch ein wenig enger. Etwa alle 200 bis 250 Meter befinden sich zudem kleine Ausbuchtungen am äußersten Fahrbahnrand, eine Art Wasserabfluss. Diese sind etwas nach außen geneigt und meist ein wenig mit Moos bedeckt, sodass ich jedes Mal mit dem Vorderrad leicht wegrutsche.

Noch einen Kilometer bis zum Etappenziel. Wir passieren einen kleinen Rastplatz, auf dem gerade ein Bus mit Touristen steht. Als diese mich sehen, klatschen einige von ihnen in die Hände, andere rufen mir hinterher. Für sie sieht es vermutlich so aus, als ob ich beim Bergauffahren unbedingt das Tempo des Wohnmobils halten will. Dass ich keinerlei Tretbewegungen mache, bemerken die Zuschauer offensichtlich nicht. Nun hat auch das eben noch in größerem Abstand hinter mir fahrende andere Wohnmobil zu uns aufgeschlossen. Dessen Fahrer dürfte die brenzlige Situation richtig gedeutet haben, denn er beginnt sofort ausdauernd zu hupen. Da ein Hupkonzert auf dieser Strecke aber nichts Besonderes ist, ignoriert mein Rentnerehepaar sämtliche Warnversuche. Und weiter geht es nach oben. Nun erinnere ich mich plötzlich noch einmal an jene Situation, in der ich mich als Jugendlicher beim Radfahren am Traktor festgehalten habe. Damals hatte ich ja auch nur eine Hand am Lenker. Nun stütze ich mich mit meiner linken Hand an der Seitenwand des Wohnmobils ab, um besser ausbalancieren zu können. Von da an geht es viel besser. Zumindest habe ich nun etwa immer denselben Sicherheitsabstand. Leider wird zwischenzeitlich die Satteltasche locker. Durch das ständige Schieben und Hin- und Herreißen lösen sich die Halterungen zwischen Tasche und Gepäckträger. Ich habe das Gefühl, dass ich nun jederzeit die Satteltasche verlieren kann.

Kurze Zeit später sehe ich vor mir das Ende der Auffahrt. Wir gelangen zu einer Kreuzung, auf deren rechter Seite eine kleine Tankstelle mit einem Café steht. Als am Wohnmobil die rechten Blinker leuchten, weiß ich, dass ich es geschafft habe. Beim Einbiegen zur Tankstelle macht es noch einmal einen Ruck, und meine linke hintere Satteltasche fällt zu Boden. Gleichzeitig bin ich nicht mehr mit dem Fahrzeug verbunden.

Das Wohnmobil bleibt stehen, und auf der Beifahrerseite steigt die Rentnerin aus. Als sie mich erblickt, macht sie große Augen. Ich stehe mit knallrotem Kopf da, schnaufe und schwitze. Knappe drei Kilometer habe ich gemeinsam mit dem Wohnmobil zurückgelegt, ohne auch nur eine Tretbewegung gemacht zu haben. Das Rentnerehepaar glaubt jedoch tatsächlich, dass ich mit meinem voll bepacktem Drahtesel ebenso schnell nach Leggett gelangt bin wie sie mit ihrem Ungetüm. Sie strecken beide ihren rechten Daumen nach oben und nicken anerkennend. »Good job«, loben sie mich.

Außer einer leicht beschädigten Satteltasche und einem etwas verbogenen Gepäckträger hatte ich das Abenteuer heil überstanden. Mein schon bisher leicht gestörtes Verhältnis zu den amerikanischen Motorhomes verschärfte sich jedoch noch ein wenig.

Eines ärgerte mich aber sehr: Es war mein Ziel, die gesamten ca. 12 000 Kilometer meiner zweiten Radreise in den USA und Kanada selbst und ohne jegliche Hilfe abzustrampeln. Dieses Ziel konnte ich nun nicht mehr erreichen. Von der Gesamtstrecke musste ich leider noch einmal drei Kilometer abziehen ...

Max

Max verschwindet im dichten Gebüsch. Ich stehe ungläubig und mit nacktem Oberkörper mitten im Wald. Meine Radschuhe sind voll mit einem übel riechenden braunen Etwas. Max ist ein Elch. Und dieser hat gerade sein letztes Mittagessen in meinen Schuhen abgelegt ...

Bisher kam ich gut voran. Mittlerweile fuhr ich von Montag bis Freitag immer fünf volle Tage, etwa 230 Kilometer pro Tag. Am Samstag versuchte ich, mittags bereits gute 100 Kilometer auf dem Tacho zu haben, um dann nach einem schönen Campingplatz oder einem günstigen Motel Ausschau zu halten. Den »Tag des Herrn« plante ich nach Möglichkeit als Pausentag ein. Somit hatte ich von Samstagmittag bis zum Sonnenaufgang am Montag frei. Während dieser Zeit gab es für mich nur: schlafen, essen, erholen und auf meinen Karten die nächste Etappe studieren.

Nach einer weiteren anstrengenden Woche mit über 1100 abgestrampelten Kilometern in fünfeinhalb Tagen hatte ich meinen nächsten Pausentag dringend nötig. Ich befand mich gerade nördlich der Pazifikstadt Eureka im »Golden State California«, am Eingang zum weltberühmten Redwood National Park. In diesem Park stehen die altehrwürdigen, bis zu 100 Meter hohen Redwood-Bäume. Diese Mammutbäume bestehen aus rötlichem, schädlingsresistentem und schwer entflammbarem Holz. Die Straße schlängelt sich hier durch einen derart dichten Wald, dass die Sonnenstrahlen nur an wenigen Stellen bis auf den Boden gelangen. Als kleiner Radfahrer kann man den Himmel durch die Baumwipfel hindurch oft gar nicht erblicken. Manche Stämme haben auch einen derartigen Umfang, dass sie von den ausgebreiteten Armen fünf erwachsener Personen nicht umschlungen werden können.

Über 100 000 Dollar kann der wirtschaftliche Wert eines einzigen großen Redwood-Baumes betragen.

Bereits am Beginn des Parks erblickte ich mehrere Hinweistafeln mit der Aufschrift »Danger – Wild Elk« und darunter stand »Do not approach on foot«.

Da die Campingplätze in diesem Park übermäßig teuer und zudem ständig ausgebucht sind, machte ich etwas, was hier normalerweise streng verboten ist: Ich stellte mein Zelt in freier Natur auf. Bis es jedoch stand, hatte ich schwer zu kämpfen. Ich musste abseits der viel befahrenen Touristenstrecke ein verstecktes Plätzchen finden. Nicht einsehbar für die vielen Parkbesucher und die hier besonders wachsamen Parkranger. Dies stellte sich jedoch als äußerst schwierig heraus. Man konnte nicht einfach die Straße verlassen und mit einem voll beladenen Fahrrad ins Unterholz marschieren. Redwoods sind keine Tiroler Tannenbäume, sondern ein wenig größer und vor allem dicht von Farnen, Moos und Gräsern umwachsen.

Ich musste mein Fahrrad vorübergehend an einem kleinen Rastplatz neben der Straße stehen lassen. Ich vertraute darauf, dass die anderen Parkbesucher Mitleid mit einem verrückten Radfahrer hatten und den fahrbaren Untersatz nicht als herrenlose Sache für sich in Anspruch nehmen würden.

Von diesem Rastplatz aus führte ein kleiner Steig zu einem etwa fünf Minuten entfernten Aussichtspunkt mit Blick auf ein besonders großes und altes Exemplar eines Redwood-Baums. Dessen Stamm war teilweise versteinert. Die Größe des Stammes reichte zudem aus, um dahinter ein kleineres Häuschen zu verstecken. Hinter dem Baum entdeckte ich eine freie Fläche, die mir zum Aufstellen eines Zeltes wie geschaffen schien. Ich hatte meinen Rastplatz für die nächsten zwei Nächte gefunden. Zwar verbotenerweise, aber ein schlechtes Gewissen kam in mir dann doch nicht auf.

Das Schwierigste an der Sache war, mich mit meinem gesamten Gepäck ins Unterholz zu schlagen, ohne dabei von jemandem beobachtet zu werden. Zudem endete der Steig etwa 50 Meter vor dem Baumriesen, und dazwischen lag wieder dichtestes Gebüsch. Amerikaner mögen schräge Vögel, und daher dachte sich eine einheimische Familie sicher nichts dabei, als ich das Fahrrad mit voller Beladung zum Aussichtspunkt schob, um es dort vorerst auf den Boden zu legen. Übertreiben wollte ich es nun aber doch nicht, und so wartete ich, bis sich Vater, Mutter, die zwei etwas korpulenten Kinder und ihr ebenso dicker Hund wieder in Richtung Familienfahrzeug kämpften. Als die Luft rein war, nahm ich mein Fahrrad auf den Rücken und stieg vom Steg des Aussichtspunktes hinunter in die Wildnis. Dann musste ich mich durch das Dickicht hindurchkämpfen. Mit einer Hand fixierte ich das Rad am Rücken, mit der anderen Hand zog ich mich an verschiedenen Gewächsen vorwärts, während ich mit den Radschuhen auf dem feuchten Boden hin und her rutschte.

Kurz bevor ich den Mammutriesen erreiche, sehe ich aus den Augenwinkeln heraus einen mächtigen schwarzen Schatten. Als ich mich umblicke, steht ein Elch von kapitaler Größe vor mir. Eines jener Exemplare, vor denen auf den Schildern am Parkeingang gewarnt wurde. Dies ist mein erstes Zusammentreffen mit Max. Denn so nannte ich einige Stunden später den Elch, der meinen Aufenthalt im Nationalpark zu einem besonderen Abenteuer machte.

Das Tier schaut recht verdutzt drein. Ich bin mir sicher, es ist das erste Mal, dass es einen bunt bekleideten Radfahrer mit einem noch bunteren Fahrrad auf dem Rücken durch das Dickicht stapfen sieht. Es dauert eine kleine Ewigkeit, bis ich mich zum Redwood-Baum durchgekämpft habe und mich, versteckt hinter seinem Stamm, auf einen Stein setzen kann.

Auf den Zeltplätzen habe ich es mir angewöhnt, zuallererst das Fahrrad so in Sichtweite aufzustellen, als ob es ebenfalls Rast machen würde. Ganz so wie ein müdes Pferd, das vom Reiter abgesattelt wird, um sich für den nächsten Tag zu erholen. Dabei nahm ich immer alle Satteltaschen ab, um sie im Zelt zu verstauen. Die Lenkertasche ließ ich jedoch stets angebracht. Als ich meinen fahrbaren Untersatz gerade an den Mammutbaum lehne, raschelt es neben mir. Wieder steht der Elch da. Offensichtlich ist er mutig und auch neugierig, was sich hier in seinem Reich abspielt. Ich verhalte mich ruhig, um das Tier zu beobachten, das nur etwa zehn Meter von mir entfernt im Gebüsch steht. Der Elch ist groß und hat ein kurzes bräunliches Fell, auf dem unzählige Tautropfen glänzen. Auf dem riesigen Schädel sitzt ein besonders schönes Geweih. Was mir aber von Anfang an auffällt, sind die freundlichen Augen, die zu mir herüberblicken. Auf den Schildern wurde zwar vor Elchen gewarnt, dieses Exemplar macht auf mich aber keinen gefährlichen Eindruck. Ich nenne den Elch Max. Warum ich gerade auf diesen Namen gekommen bin, weiß ich nicht. Aber das Tier sah eben aus wie ein »Max«.

Es war bereits später Nachmittag und das Zelt, ein expeditionstaugliches, besonders leichtes und schnell zu errichtendes Einpersonenkuppelzelt, musste aufgebaut werden. Normalerweise benötigte ich für diese Arbeit nie länger als fünf Minuten, dieses Mal stellte ich mich aber offensichtlich besonders umständlich an. Mehrfach klappten die Teleskopstangen zusammen, während ich im Zeltinneren herumwerkelte. Für Max musste dies ein komischer Anblick sein, ich sah ihn schon aus dem Dickicht heraus förmlich grinsen. Als das Zelt nach mehreren Versuchen endlich stand, kroch ich heraus. Und tatsächlich, der Elch stand immer noch da, und es sah so aus, als ob er sich wirklich amüsieren würde.

Ein weiteres »No go« beim Zelten in der Wildnis ist es, im oder direkt vor dem Zelt zu kochen oder Essbares auszupacken. Schon allein wegen der verlockenden Gerüche, die wilde und weniger wilde Tiere in ihrem Reich normalerweise nicht kennen. Es blieb mir aber leider nichts anderes übrig, als auch diese Regel zu missachten. Mein Rastplatz lag ja hinter dem mächtigen Stamm des Redwood-Baumes, für die wachsamen

Augen der Ranger nicht einsehbar. Und so gab es für die dringend benötigte Mahlzeit keine andere Möglichkeit.

Mein Abendessen besteht dieses Mal aus vier Donuts und einer Packung Milch. Die Donuts sind nicht nur »extra large«, sondern auch »extra sweet«. Auf jedem der Exemplare befinden sich Zuckerguss, Schokolade und viele bunte Smarties. Ich bin mir sicher, dass sämtliche Tiere im Umkreis von 20 Kilometern anfangen zu schnuppern, um der Ursache des ungewohnten Duftes auf den Grund zu gehen, als ich zwei dieser süßen Kalorienbomben aus der Lenkertasche nehme. Auch mein Freund Max bekommt große Augen, während ihm gleichzeitig der Speichel vom Maul heruntertropft. Ich habe jedoch keineswegs vor, mein Abendessen mit einem Elch zu teilen.

Bevor ich vor dem Zelt sitzend mit Heißhunger in den ersten Donut beiße, drehe ich mich noch um. Ich will Max nicht zusätzlich anlocken. Irgendwie fühle ich mich aber trotzdem beim Essen beobachtet. Vor dem letzten Bissen schaue ich in Richtung Gebüsch. Max hat in der Zwischenzeit seinen Beobachtungsposten verlegt. Er taucht nun auf der anderen Seite des Zeltes auf, offensichtlich um mich noch besser beobachten zu können. Als Max an der neuen Stelle aus dem Dickicht tritt, erschrecke ich. Dabei lasse ich die Packung Milch fallen, sie zerplatzt und der Inhalt spritzt in Richtung Elch. Beleidigt dreht sich das Tier um, zeigt mir die kalte Schulter und verschwindet im Gebüsch.

Nun war ich wieder allein. Ich zog meine Radkleidung aus, hängte sie zum Trocknen auf mein Fahrrad und kroch, nur mit einer kurzen Hose bekleidet, ins Zelt. Jeden Abend war ich vom vielen Radfahren müde und konnte daher überall gut schlafen. Wie immer, dauerte es auch hier nur wenige Minuten, bis ich in einen tiefen Schlaf fiel. Ich benötigte auch nie einen Wecker. Spätestens bei Sonnenaufgang wachte ich von selbst auf.

Nach einer ruhigen Nacht, in der ich von Max geträumt habe, weckt mich ein Geräusch. Ich mache die Augen auf, und mir stockt der Atem. Etwas streift an der Zeltwand hin und her, deutlich ist ein dunkler Schatten zu sehen. Mit einem Kloß im Hals bleibe ich ruhig liegen und wage kaum zu atmen. Das Etwas befindet sich genau zwischen dem Zelt und meinem Fahrrad. Durch die Zeltwand hindurch kann ich feststellen, dass sich das Fahrrad bewegt. Ein gestohlenes Fahrrad ist für jeden Radreisenden das Ende seiner Reise. Ich richte mich möglichst lautlos auf, öffne den Reißverschluss des Zelteingangs und schaue vorsichtig hinaus. Ich kann nicht glauben, was ich da sehe: Vor dem Zelt steht Max. Er macht sich an der Lenkertasche meines Fahrrades zu schaffen, und sein Hinterteil wedelt in Zeltnähe hin und her. Die Tasche ist bereits offen und der Elch hat jenen Donut im Maul, den ich gestern nicht gegessen habe. Am Boden verstreut liegen Zuckerguss und Smarties. Ich klatsche in die Hände, um das Tier zu verscheuchen. Tatsächlich erschrickt Max fürchterlich. Den Donut will er aber offensichtlich keinesfalls aufgeben, dafür entledigt er sich aber seines Darminhaltes. Vor dem Zelteingang stehen meine Radschuhe, in die sich nun dieser Inhalt ergießt. Max trifft genau hinein und bleibt sogar noch einen Augenblick stehen, um meine Schuhe besonders anzufüllen. Erst als ich aus dem Zelt springe, wirbelt er herum. Dabei streift er mit seinem Geweih den Fahrradlenker, an dem ich am Vortag einen Teil meiner Radbekleidung aufgehängt habe.

Nun bleibt im Geweih eine Radhose hängen. Als Max Reißaus nimmt, sehe ich mit ihm auch meine Radhose im Gebüsch verschwinden. Radfahrer brauchen Radlerhosen. Ohne diese Spezialbekleidung gibt es keine mehrstündigen Etappen. Da ich meine Radhose dringend brauche, jage ich hinter Max her, oder besser gesagt, ich versuche es. Ich befinde mich im dichtesten Redwood-Gelände, und einige Meter hinter dem Baumstamm ist dann auch tatsächlich Schluss. Ich komme im Dickicht nicht mehr weiter und muss stehen bleiben.

Der Elch verschwand im Gebüsch, und ich stand mit nacktem Oberkörper mitten im Wald. Meine Radhose war fort, in meinen Schuhen befand sich der Fladen eines Elchs, und von der Aussichtsplattform schaute ein Ranger zu mir herunter. Er deutete mir energisch, sofort zu ihm zu kommen, und es folgte ein wahres Donnerwetter. Ich musste mir eine sehr lange Belehrung anhören und dabei einen möglichst einsichtigen Gesichtsausdruck machen. Meine ernste Miene war nicht gespielt. Aber nicht aufgrund der Belehrung, sondern wegen meiner Radhose und meiner Radschuhe.

Nachdem ich genügend Einsicht simuliert hatte, half mir der Ranger beim Zusammenpacken. Dabei kontrollierte er auch die Umgebung, damit kein noch so kleiner Müllkrümel zurückblieb. Während wir zur Durchgangsstraße zurückgingen, murmelte der Ranger ständig vor sich hin. Für ihn war ich nur einer jener verrückten Touristen, derentwegen so viele wachsame Augen im Redwood National Park notwendig sind.

Meine Radschuhe stanken derart, dass ich sie nicht mehr verwenden konnte. Neue konnte ich mir aber erst 300 Kilometer später kaufen. Bis dahin musste ich in Turnschuhen fahren.

Max habe ich nicht mehr wiedergesehen. Meine Radhose auch nicht.

Mein erster Bär

Immer dann, wenn ich von meiner geplanten zweiten Radreise erzählte, bei der auch Kanada auf dem Programm stand, wurde mir die Frage gestellt, ob ich denn keine Angst vor Bären hätte. Ich verneinte, denn in vielen Reiseberichten hatte ich gelesen, dass Bärenbegegnungen höchst selten sind. Bei Einhaltung einiger Regeln verlaufen sie auch meist problemlos. Die wenigen beschriebenen Unfälle endeten immer wieder mit dem demselben Hinweis: Der Mensch hatte diese Regeln sträflich missachtet und wurde dafür von der Natur bestraft.

In Österreich sind keine Bären ansässig. Wenn sich doch einmal ein einzelnes Exemplar in unser Land verirrt, wird es sofort als »böser Eindringling« gejagt und meist erlegt. Ich selbst wusste von dieser Tiergattung nur, dass man sie auch als kuschelige Stoffteddybären sein Eigen nennen kann. Die Chance, dass ich in Nordamerika oder Kanada Bekanntschaft mit einem Bären machen würde, war allerdings relativ groß. Da Radfahrer im Gegensatz zu motorisierten Fahrzeugen einzig und allein durch lautes Schnaufen und Keuchen Lärm verursachen, werden Wildtiere oft erst zu spät verscheucht. Ein Zusammentreffen von Bär und Radfahrer ist daher sehr wahrscheinlich. Aus diesem Grund wollte ich mir zumindest ein wenig Basiswissen aneignen. Es gibt nicht viele gute deutschsprachige Bücher über das Verhalten von Bären. Als ideal haben sich die Filme und Bücher des deutschen Tierfilmers und Abenteurers Andreas Kieling erwiesen. Die Filme und Fotoaufnahmen sind grandios, in seinen Texten werden diese gigantischen Tiere eindrucksvoll beschrieben. Von diesem Autor konnte ich über Bären viel lernen. Zusätzlich eignete ich mir aus einigen Sachbüchern möglichst viel theoretisches Wissen an. Theorie ist natürlich nicht alles, aber zumindest vermittelte sie mir ein sichereres Gefühl.

Bei meinen Recherchen erfuhr ich zuallererst, dass Bär nicht gleich Bär ist. In Teilen Nordamerikas und in Kanada gibt es hauptsächlich zwei Arten: den Schwarzbären und den Braunbären, besser bekannt als Grizzly. Eine Unterscheidung kann unter Umständen gerade für einen Radfahrer lebensrettend sein. Beide schauen nicht nur unterschiedlich aus, sondern haben auch jeweils ganz besondere Eigenschaften. Schwarzbären sind nicht unbedingt schwarz und daher auch nicht immer an der Fellfarbe zu erkennen. Sie werden etwa bis 180 Zentimeter groß und »nur« bis zu 300 Kilogramm schwer. Am besten zu identifizieren sind sie an ihrer Schnauze, die fast in einer Linie zur Stirn verläuft, und vor allem am fehlenden Schulterhöcker. Sie leben in fast allen bewaldeten Gebieten Nordamerikas. Grizzlys hingegen sind deutlich größer. Sie werden bis zu 240 Zentimeter lang und bis zu 600 Kilogramm schwer. Das Fell hat ebenfalls eine andere Farbe. Sie haben eine deutlich von der Stirn abgesetzte Schnauze und vor allem den schon von Weitem erkennbaren Schulterhöcker. Mit ein wenig Übung kann man beide Bärenarten sogar an ihren Fußabdrücken unterscheiden. Der Grizzly lebt in den Bergregionen Kanadas, aber auch in bestimmten Gebieten von Nordamerika.

Beide Bärenarten meiden den Menschen. Sie gehen ihm normalerweise aus dem Weg. Zu Begegnungen kommt es entweder durch reinen Zufall oder durch die Sorglosigkeit des Menschen. Meist werden die Tiere aufgrund ihres Futterinstinktes angelockt. Und auch dann kommt es mit großer Wahrscheinlichkeit nicht zu einem Angriff. Trotzdem gibt es unzählige Hinweise, wie man sich bei einem solchen verhalten sollte. Diese gut gemeinten Tipps sind derart unterschiedlich, dass man als Schlussfolgerung nur eines daraus lernen kann: Begegnungen sollten möglichst vermieden werden. Wichtig für Radreisende ist aber, dass Bären ganz und gar nicht träge sind.

Beide Exemplare sprinten kurzfristig ganz sicher schneller als ein Radfahrer mit seinem schweren Gepäck. Auch die Flucht auf einen Baum ist gerade bei Schwarzbären sinnlos, denn sie sind ausgezeichnete Kletterer. Schwarzbären und Grizzlys werden immer dann besonders böse, wenn man sie bei ihrer Nahrungsaufnahme stört, sie ihren Nachwuchs als bedroht ansehen oder Touristen zum Zwecke eines Familienfotos zu nahe an sie herangehen. Radfahrer und Bären kommen eigentlich gut miteinander aus. Es sei denn, der Radfahrer besteht darauf, dem Straßenverlauf zu folgen, während eine Bärenmutter mit ihren Jungen gerade die Fahrbahn überquert. Ich nahm mir fest vor, all das angeeignete Wissen unbedingt im Kopf zu behalten und die Ratschläge zu befolgen. Ich war mir völlig im Klaren darüber, dass bei deren Missachtung ganz sicher ich der Verlierer sein würde. Und doch kam es dann ganz anders.

Nach einem Tagespensum von knapp über 200 Kilometern Küstenstraße gelangte ich am späten Nachmittag im Bundesstaat Oregon zum Cape Lookout State Park, der direkt am Pazifik, etwa auf Höhe der Stadt Portland, liegt. In diesem Park befand sich ein wunderschöner Campingplatz. Diese Plätze lagen in Oregon und Washington entweder meist in dichtem Waldgebiet oder in Strandnähe. Der Platz war vom Highway 101 aus über eine etwa drei Kilometer lange Zufahrtsstraße erreichbar. Auf den großzügig angelegten Stellplätzen waren nur vereinzelt Wohnmobile abgestellt. Von ihren Benutzern sah ich bei meiner ersten Erkundungsfahrt nicht einen einzigen. Wie fast überall im Westen der USA, hatte auch dieser Campingplatz einen eigenen »Hike & Bike«-Bereich. Dabei handelt es sich um einen mehr oder weniger großen, oft sehr versteckten Bereich, in dem Radfahrer und Wanderer kostenlos oder zumindest zu einem billigeren Tarif ihr Zelt aufstellen können. Auch auf diesem Campinglatz fand ich eine kleine Tafel mit der Aufschrift »Hike & Bike« und einen Pfeil, der offensichtlich in Richtung dieses Platzes zeigte. Ich stieg vom Rad und musste schieben, da der Weg nur ein kleiner Waldpfad war. Dieser führte immer tiefer in den Wald hinein, und erst nach einigen Minuten gelangte ich zu einer etwa 20 mal 20 Meter großen Lichtung. Rundherum stand dichtestes Gehölz, der Boden der Lichtung war teilweise mit Moos, teilweise mit Wurzeln und lose herumliegendem Geäst bedeckt. Ich war der einzige Benutzer des »Hike & Bike«-Bereiches.

Nachdem ich einige Äste weggeräumt hatte, stellte ich mein Zelt auf einem halbwegs ebenen Platz auf. Neben dem Zelt befand sich einer der typischen Holztische mit zu beiden Seiten fest angebrachten Sitzbänken. Ich lehnte mein Fahrrad an eine dieser Sitzbänke und begann, mein mitgebrachtes Abendessen auf dem Holztisch auszubreiten: Weißbrot, zwei Dosen einer nicht ganz definierbaren Streichwurst, Erdnüsse, die in einem Plastikbeutel verschweißt waren, und eine Dose Coke. Da es bereits dunkel geworden war, stellte ich meine kleine Tischlampe auf. Irgendwie hatte ich heute keinen Hunger, war müde und spürte in mir ein wenig Heimweh. Ich notierte, wie jeden Tag, die heutigen Ereignisse in mein Reisetagbuch und beschloss, ohne viel gegessen zu haben, schlafen zu gehen. Wie immer und überall auf meinen Radreisen, schlief ich nach kurzer Zeit ein.

Irgendwann in der Nacht werde ich wach. Ich schaue auf die Uhr, sehe, dass es erst kurz nach Mitternacht ist, und drehe mich wieder um. Plötzlich höre ich Äste knacken. Das beunruhigt mich nicht weiter, da ich beim Campieren in freier Wildbahn ständig die verschiedensten Geräusche höre. Anfangs war dies zwar ein wenig gewöhnungsbedürftig, aber mit der Zeit registrierte ich Vieles gar nicht mehr. Nach einigen Minuten wiederholt sich das Knacken und wird lauter. Von einem Augenblick auf den anderen bin ich hellwach. Ich konzentriere mich darauf, herauszufinden, was das für ein Geräusch ist und aus welcher Richtung es kommt. Ich liege mit offenen Augen da und spitze meine Ohren. Das Knacken kommt vom Brechen der kleinen Äste, die überall auf dem Platz herumliegen und die ich ja nur dort weggeräumt habe, wo nun mein Zelt steht. Auf einmal ist es wieder ruhig. Man hört nur ein leises Rauschen der Wellen vom nahe gelegenen Pazifik. So fühle ich mich wohler. Ich schließe wieder die Augen. Irgendwie habe ich jedoch ein ungutes Gefühl und kann nicht mehr richtig einschlafen – ich döse nur so dahin. Immer wieder lausche ich in alle Richtungen.

Plötzlich wieder dasselbe Geräusch. Aber dieses Mal höre ich nicht nur einzelne Äste brechen, sondern es hört sich eindeutig nach Schritten an. Auch die Richtung kann ich zuordnen: Die Schritte kommen auf mein Zelt zu, genauer gesagt dorthin, wo sich mein Kopfende befindet.

Nun kommt mir blitzartig der Gedanke: ein Bär! Ich bin durcheinander und kann nicht klar überlegen. In den letzten Tagen habe ich zwar immer wieder Hinweise bemerkt, die vor Bären warnten, sie jedoch nicht weiter beachtet. Was hatte ich mir zu Hause nicht alles in Bezug auf die Einhaltung der Regeln in Bärengebieten angeeignet. Nun liege ich im Zelt, und drei Meter entfernt steht noch mein gesamtes Abendessen auf dem Holztisch!

Die Schritte kommen immer näher auf mein Zelt zu. Ich traue mich nicht, auch nur meinen Kopf zu heben. Mein Herz schlägt immer schneller. Ich halte die Augen geschlossen und überprüfe, ob es sich nicht nur um einen Traum handelt. Ich träume nicht, es ist die Wirklichkeit. Alle anderen Geräusche sind in weite Ferne gerückt, all meine Sinne konzentrieren sich auf jenes Ding, das nun unmittelbar neben meinem Kopf steht. Ich höre deutlich ein tiefes Schnaufen und sehe die Zeltwand sich bewegen, als das Etwas in Richtung Tisch weitergeht und dabei das Außenzelt streift.

Auf dem Tisch steht neben meinem gesamten Abendessen noch immer die kleine Outdoorlampe mit Batteriebetrieb. Sie ist angeschaltet. Und dann sehe ich es: eindeutig die Umrisse eines Bären. Da sich das Tier nun genau zwischen der Lampe und meinem Zelt befindet, läuft vor meinen Augen ein perfektes Schattenspiel ab. Eines, auf das ich jedoch jederzeit hätte verzichten können. Gebannt starre ich zum Zeltausgang. Beim Zeltaufbau achte ich immer darauf, dass der Ausgang in die Richtung schaut, wo sich mein Fahrrad befindet. Und dieses lehnt meist an einem Picknicktisch. So auch in dieser Nacht. Die Zeltöffnung ist zwar verschlossen, aber durch die dünne Wand hindurch sieht man jede Bewegung des Bären. Ich liege auf dem Rücken, habe mich in den letzten Minuten keinen Millimeter bewegt und schaue entlang meines Körpers über die Füße hinweg dem Schattenspiel zu.

Mir kam der Bär riesig vor. Vielleicht lag dies auch nur daran, dass er stand und ich lag. Noch furchterregender wurde er für mich, als er sich mit den Vorderpfoten auf die Tischbank stellte und begann, auf dem Tisch herumzuschnüffeln. Die Situation glich exakt dem warnenden Beispiel aus dem Lehrbuch: Der Radfahrer liegt im tiefsten Bärengebiet in seinem Zelt, während sein restliches Abendessen unter freiem Himmel und für jeden zugänglich auf dem Picknicktisch steht. Während meiner Vorbereitungen hätte ich über einen solchen Leichtsinn nur den Kopf geschüttelt und geschworen, dass mir so etwas nicht passieren würde. Und nun war ich Hauptakteur dieses Leichtsinns. Als der Bär mit einer raschen Wischbewegung das Weißbrot, die Wurstdosen und die Erdnüsse vom Tisch schob, bekam ich es mit der Angst zu tun. Hatte ich bisher nur Herzklopfen und war hellwach, lief es mir nun wirklich kalt den Rücken hinunter. Gleichzeitig begann ich zu schwitzen. Mit schmatzenden Lauten fraß der Bär alles auf, was auf den Boden hinuntergefallen war. Dabei zeigte sein Hinterteil in Richtung Zelteingang, und durch das Hin- und Herbewegen streifte er ständig die Außenwand. Diese bog sich bei jeder seiner Bewegungen leicht nach innen. Mein Zelt hatte insgesamt nur eine Länge von 2,30 Meter. Somit war der Bär weniger als einen halben Meter von meinen Füßen entfernt. Als offensichtlich nichts mehr am Boden lag, stellte er sich noch einmal auf, um den Tisch zu inspizieren. Die Coladose stand noch auf dem Tisch, fiel nun aber durch die Bewegung der Bank um. Der Doseninhalt verteilte sich auf dem Holz und rann auf die Sitzbank herunter. Der Bär schleckte alles ab, nahm dann die leere Dose in sein Maul, ließ diese aber gleich wieder fallen. Jetzt war nichts Essbares mehr da. Zumindest nicht vor dem Zelt.

Bären riechen Nahrung angeblich aus mehreren Kilometern Entfernung. Radreisende, die mehrere Tage hintereinander keine Gelegenheit zum Duschen haben, riechen auch. Aber nicht nach Nahrung, sondern nach Schweiß und ungewaschener Kleidung. Nun lag ich im Zelt, hatte seit vier Tagen kein heißes Wasser mehr gesehen, schwitzte vor Angst, und ein schnüffelnder Bär stand weniger als einen halben Meter von mir entfernt vor meinem Zelt. Ich gebe zu, damals habe ich nicht mehr daran geglaubt, mein Zelt noch unversehrt verlassen zu können. Zitternd und mit weit aufgerissenem Mund wartete ich nun darauf, dass der Bär als Nächstes in mein Zelt hineinschauen würde. Dies wäre die logische Folge gewesen. Die Vorspeise war erledigt, die Hauptspeise lag im Inneren des Zeltes. Ich kam mir vor wie im Film. Immer wieder glaubte ich für einige Augenblicke, dass es sich doch um einen Traum handeln müsse. Doch ich wollte und wollte einfach nicht aufwachen.

Als der Bär im Vorbeigehen mein am Tisch lehnendes Fahrrad berührt, fällt es um. Der hintere Teil des Rades mit den Satteltaschen streift die Zeltwand, wobei zwei Heringe aus dem Boden herausgerissen werden. Obwohl nur wenig Lärm entstanden ist, erschrickt das Tier offensichtlich. Es dreht sich zur Seite, schnüffelt noch einmal kurz an den Satteltaschen herum und verliert dann plötzlich das Interesse am Zeltplatz. Langsam, wie er herangeschlichen ist, trottet der Bär aus dem Schein der Tischlampe davon in Richtung Unterholz. Es knackt noch einige Male, und dann ist es von einem Augenblick auf den anderen völlig ruhig. Ich bleibe noch mehrere Minuten lang im Zelt liegen, erst als ich mich wieder halbwegs im Griff habe, schaue ich vorsichtig nach draußen. Vor dem Zelt und am Tisch finde ich keinen einzigen Nahrungskrümel mehr.

Heute weiß ich, dass ich damals mehr als leichtsinnig gehandelt und alle Regeln gründlich missachtet habe. Dass meine erste Bärenbegegnung doch so glimpflich ausgegangen ist, war einfach nur Glück. Oder der Bär wusste, dass nach über 10 000 geradelten Kilometern an mir nicht mehr viel Fett zum Abnagen vorhanden sein würde ...

Chaos auf der Brücke

Amerikanische Autofahrer sind normalerweise alles andere als aggressiv. Zwar wird meist auch für nur wenige Meter Wegstrecke das Fahrzeug gestartet, das in unserem Land bekannte Rasen, Drängeln oder Hupen kommt jedoch selbst in amerikanischen Großstädten nur selten vor. Diese eher bedächtige Fahrweise wirkt sich besonders auf die Radreisenden positiv aus. Und auch ich kann den US-Bürgern diesbezüglich nur ein gutes Zeugnis ausstellen. Sie waren auf allen meinen Radreisen meist rücksichtsvoll zu mir.

Einmal habe ich es jedoch erlebt, dass sich sämtliche in meiner Nähe befindlichen Autofahrer gegen mich gestellt haben. Unabsichtlich hatte ich für ein komplettes Verkehrschaos und ein wütendes Hupkonzert gesorgt.

Meine erste längere Radreise war von vielen Reifenpannen geprägt gewesen. Mein Rennrad hatte ich in einem Fachgeschäft zwar für die Reise umbauen lassen, aber die schmalen Reifen hatte ich behalten, und diese sind natürlich viel pannenanfälliger. Oft hatte ich an einem Tag gleich mehrere Schlauchdefekte. Es war nervenaufreibend gewesen und hatte mich immer wieder länger aufgehalten. Aber zumindest hatte ich gelernt, Schläuche zu flicken. Mit der Zeit ging alles wie von selbst. Meistens war der Schaden bereits nach wenigen Minuten behoben. Bei meiner zweiten USA-Durchquerung verwendete ich zwar dasselbe Rad, hatte aber die schmalen Reifen gegen ein Mittelding zwischen Rennrad- und Mountainbikeausführung ausgetauscht und zudem besonders pannensichere Schläuche gewählt. Auf den ersten 5000 Kilometern meiner zweiten Reise ging dann auch kein einziger Schlauch kaputt.

Da das Flicken von Schläuchen nun nicht mehr zu meinem Tagesprogramm gehörte, kam ich ein wenig aus der Übung. Ich beschäftigte mich ganz einfach nicht mehr mit diesem Thema. Mein Flickzeug, das für mich früher immer griffbereit ganz oben in der Lenkertasche gelegen hatte, befand sich nun in der rechten vorderen Radtasche. Und zwar ganz unten.

Südlich der kanadischen Metropole Vancouver befinden sich viele größere und kleinere Gewässer. Schon die Nordhälfte des US-Staates Washington ist von Flüssen und Seen durchzogen. Die viel befahrenen Highways führen meist über schöne, breite Brücken. Wenn man jedoch als Radreisender verkehrsarme Nebenstraßen benutzt, begegnet man den außergewöhnlichsten Brückenbauten. Oft handelt es sich nur um einen provisorischen Übergang aus uralten Zeiten, mit Schlaglöchern übersät und so schmal, dass für größere Trucks ein Fahrverbot besteht.

Eines Tages stand ich in der Nähe des Ortes Oak Harbor vor einer solchen sonderbaren Konstruktion. Diese Brücke führte über eine der vielen Buchten. Sie bestand aus Holz und hatte zwei Fahrspuren, eine für jede Fahrtrichtung. In der Mitte befand sich ein Spalt von etwa einem Meter, darunter lag der Fluss. Die seitlichen Abgrenzungsmauern bestanden aus Beton, darauf war zusätzlich Stacheldraht angebracht. Vermutlich sollte auf diese Weise die Suizidgefahr verringert werden. Beide Spuren waren so schmal, dass ein größeres Fahrzeug keinerlei Spiel mehr zum Fahrbahnrand hin hatte. Seitenstreifen gab es keine. Da die Brücke sich leicht bergauf wölbte, sah man ihr anderes Ende nicht. Ich schätzte ihre Länge auf etwa einen Kilometer. Die Bundesstaaten Oregon und Washington gelten als besonders radfahrfreundlich. Am Beginn fast aller Brücken ist eine für Radfahrer besonders sinnvolle Vorrichtung angebracht, die andere Verkehrsteilnehmer darauf hinweist, dass sich ein Radfahrer auf der Brücke befindet. Dieses Warnsystem besteht jeweils aus einem großen Schild mit dem Hinweis »Be careful of a cyclist« und zusätzlich blinkenden gelben Warnlampen. Der Radfahrer muss, bevor er auf die Brücke fährt, nur auf einen roten Knopf drücken, und schon wissen alle anderen Verkehrsteilnehmer, dass sie achtzugeben haben. Auch diese Brücke hatte eine solche Einrichtung. Leider war dies aber das Einzige, was hier radfahrfreundlich war. Alles andere ließ mir die Haare zu Berge stehen.

Ab dem Zeitpunkt, wo ich mich mit meinem voll bepackten Fahrrad auf der Brücke befinden würde, wäre es für alle anderen unmöglich, mich zu überholen. Dazu war viel zu wenig Platz. Ich hatte schon ähnliche Situationen erlebt. Wenn möglich, wartete ich dann immer, bis hinter mir weit und breit kein anderes Fahrzeug zu sehen war, dann sprintete ich so schnell es ging über die Brücke. Wenn ich Glück hatte, schloss niemand hinter mir auf. Meist hatte ich jedoch kein Glück. Und ab dem Moment, wo hinter mir das erste Fahrzeug seine Geschwindigkeit drosseln musste, weil es nicht überholen konnte, kam ich mir wie ein Gejagter vor. Ähnliche Sprints musste ich sonst nur einlegen, wenn mich wieder einmal meine »Freunde«, die Hunde, fressen wollten.

Es bleibt mir also auch hier nichts anderes übrig: Augen zu und durch. Ich kontrolliere noch einmal, ob alle Satteltaschen gut befestigt sind, klicke mich in die Pedale und halte mich am unteren Bereich des Stacheldrahtzaunes fest, um nicht umzufallen. Dann muss ich noch einige Minuten warten, bis ich hinter mir kein weiteres Fahrzeug sehe. Ich bin bereit für meinen nächsten Sprint. Schnell drücke ich den roten Knopf, um die Warneinrichtung zu starten. Als das gelbe Blinksignal zu sehen ist, trete ich voll in die Pedale. Bereits nach wenigen Metern befinde ich mich auf der Brücke. Erst jetzt bemerke ich, dass auch der Boden aus dicken Holzbalken besteht und zwischen ihnen ein Spalt von jeweils zwei oder drei Zentimetern klafft, damit das Regenwasser abfließen kann. Für Autofahrer sind solche kleinen Zwischenräume kein Problem. Für Radfahrer sind sie jedoch nicht nur gefährlich, sondern auch äußerst lästig. Das Fahren gleicht eher einem Dahinhoppeln. Trotzdem bin ich wild entschlossen, die etwa einen Kilometer lange Strecke so schnell wie möglich hinter mich zu bringen. Ich schaue immer wieder zurück, um mich zu vergewissern, wie es mit dem nachfolgenden Verkehr ausschaut. Bei meinem dritten Kontrollblick sehe ich bereits das erste Fahrzeug auf die Brücke fahren. Nun gebe ich noch ein wenig mehr Gas. Ich habe bisher nicht einmal die Hälfte der Strecke zurückgelegt, und schon spüre ich nicht nur meine Oberschenkel, sondern auch ein Fahrzeug in meinem Nacken. Ein weiterer Blick zurück bestätigt mir, dass ich nun nicht mehr allein bin. Ein kleines klappriges Auto mit einer älteren Frau am Steuer fährt unmittelbar hinter mir her. Offensichtlich ist die Fahrerin auch von der radfahrfreundlichen Sorte, denn sie fährt weder dicht auf noch beginnt sie mit einem Hupkonzert. Zu überholen ist aber nicht möglich. Die Autofahrerin muss sich noch ein wenig gedulden.

Als ich das Ende der leichten Steigung sehe, fällt mir ein Stein vom Herzen. Nun wird es bald wieder bergab gehen. Nur noch etwa 50 Meter. Dann höre ich plötzlich ein leises »pfff«. Zugleich beginnt mein Hinterrad bei jedem Tritt leicht zur Seite wegzurutschen, und auch meine Geschwindigkeit wird langsamer. Fast hatte ich vergessen, um welches Geräusch es sich hier handelt: eine Reifenpanne. »Bitte nicht jetzt«, denke ich. Nach über 5000 Kilometern pannenfreier Fahrt ist es nun ausgerechnet mitten auf der Brücke wieder so weit. Zunächst trete ich weiterhin so kräftig wie möglich in die Pedale. Meine Geschwindigkeit lässt jedoch stetig nach, und ich habe alle Mühe, das Rad halbwegs in der Spur zu halten. Nach wenigen Minuten Kampf resigniere ich. Es bleibt mir nichts anderes übrig, als stehen zu bleiben. Nun habe ich ein echtes Problem. Es ist kein Platz vorhanden, um irgendwo auf der Seite zu warten. Wegen des Stacheldrahtes ist es ebenso unmöglich, mein Rad auf die Betonmauer zu heben. Es gibt also nur zwei Möglichkeiten: schieben bis zum Ende der Brücke oder ein Schlauchwechsel im Rekordtempo. Da ich an diesem Tag bereits seit dem frühen

Morgen lästige Knieschmerzen am rechten Bein verspüre, bleibt mir nur die zweite Möglichkeit.

Nun konnte ich zeigen, ob ich wirklich so schnell beim Schlauchwechseln war. Die alte Frau blieb ruhig in ihrem Auto sitzen, schaltete sogar ihren Motor aus und beobachtete mich mit mitleidiger Miene. Fast alle Reifenpannen betreffen den Hinterreifen, weil auf ihn die größte Belastung wirkt. Pannen am hinteren Reifen sind aber doppelt aufwendig. Hier müssen nämlich zuerst beide Satteltaschen samt dem auf ihnen befestigten Gepäck abmontiert werden. Also herunter mit den Taschen, dem Zelt, dem Schlafsack und dem Kochgeschirr. Ich stellte alles so dicht wie möglich an den Brückenrand. Dann eine Arbeit, die fast nie ohne ölverschmierte Hände zu verrichten ist: Der Reifen muss von der Kette und der Gangschaltung heruntergehoben werden. Leider kann das Fahrrad nach dem Abmontieren des Hinterrades nicht mehr hingestellt, sondern muss entweder irgendwo angelehnt oder auf die Straße gelegt werden. Ich legte es auf die Fahrbahn. Nun verfluchte ich mich, dass ich mein Flickzeug von der Lenkertasche in eine der Fronttaschen verbannt hatte. Das Fahrrad lag natürlich auf der Seite, auf der sich auch die Tasche mit dem Flickzeug befand. Beim Umlegen des Rades sah ich zurück zur Brückenauffahrt. Immer mehr Fahrzeuge schlossen nun auf und mussten hinter dem Auto der alten Frau stehen bleiben. Der Blick der Frau wirkte aber noch immer freundlich. Aus den Augenwinkeln heraus bemerkte ich, dass nun auch auf der Gegenfahrbahn zwei Autos angehalten hatten. Deren Insassen wollten sich offensichtlich dieses Schauspiel nicht entgehen lassen. Einer der Fahrer stieg aus und rief mir irgendetwas zu. Ich verstand natürlich nichts, da ich alle Hände voll zu tun hatte. Nachdem ich endlich meine Box mit dem Flickzeug gefunden hatte, traute ich meinen Augen nicht. Es war kein Reserveschlauch mehr in der Box, sondern nur noch Flicken und der Kleber. In meiner Situation kam jedoch nur der Austausch des Schlauches infrage, zum Flicken benötigte ich Zeit. Und diese Zeit hatte ich heute nicht.

Noch während ich ratlos in die Box schaue, beginnen die ersten Fahrer zu hupen. Vorerst versuche ich noch, das Hupen zu ignorieren. Aber als es zunimmt, werde ich nervös. Nach außen hin zeige ich keine Reaktionen, sondern tue so, als ob ich weiter meinen Hinterreifen reparieren würde. Innerlich jedoch verzweifle ich. Ich richte mich auf und mache mit meinen Händen eine fragende Geste in Richtung Himmel. So erhoffe ich mir ein wenig Verständnis von den anderen. Leider weit gefehlt. Nun gehen die ersten Fahrzeugtüren auf. Männer und Frauen steigen aus ihren Autos und schreien in meine Richtung. Einige machen eindeutige Handbewegungen, andere schütteln nur den Kopf. Es ist vorbei mit den fahrradfreundlichen Verkehrsteilnehmern. Mittlerweile ist der gesamte Verkehr in beiden Fahrtrichtungen zum Stillstand gekommen. Auf meiner Fahrbahn bin ich der Schuldige, auf der Gegenfahrbahn die Schaulustigen. Nun wird auch die bisher so freundliche Oma aktiv. Ich kann es ihr nicht verübeln, dass auch sie offenbar ungeduldig wird. Aber es kommt ganz anders. Sie kurbelt ihr Fenster herunter und fuchtelt wie wild mit einem Gehstock in Richtung der hinter ihr hupenden und schimpfenden Leute. Sie hält ganz eindeutig zu mir. Als das Hupen nicht weniger wird, öffnet sie die Fahrzeugtür und steigt aus. Erst jetzt sehe ich, dass sie vollkommen altmodische Rennradkleidung trägt. Also auch eine Radfahrerin.

Obwohl mir die Oma durch ihre Gesten zu verstehen gibt, dass ich mich beruhigen soll, koche ich innerlich. Ich habe eine riesige Wut auf mich. Normalerweise inspiziere ich vor allen meinen Tagesetappen mein Material. Die Kontrolle meines Flickzeuges habe ich jedoch vernachlässigt. Ich bin – wie selten – ratlos und verzweifelt. Hinter und neben mir dröhnen die Hupen und maulen die ungeduldigen Autofahrer.

Da ganz sicher kein Fahrradschlauch vom Himmel fallen

wird, bleibt mir nichts anderes übrig, als den restlichen Weg nun doch schiebend zurückzulegen. Mit zittrigen Händen hebe ich das Hinterrad wieder in die Kette hinein. Und natürlich stelle ich mich gerade jetzt besonders ungeschickt an. Erst nach dem vierten Versuch ist der Schnellverschluss sauber zugedreht. Die beiden Satteltaschen kann ich problemlos am Gepäckträger einklicken. Nun nur noch das restliche Campingmaterial obendrauf. Beim Aufheben der Packtasche öffne ich unabsichtlich den Taschenverschluss und das obenauf liegende Kochgeschirr fällt zu Boden. Ein Unglück kommt selten allein. Der kleine Kochtopf und zwei Gaskartuschen rollen bergab in Richtung der hinter mir stehenden Fahrzeugschlange und verschwinden unter dem ersten Auto. Hastig befestige ich die Packtasche auf den beiden Satteltaschen. Dann bin ich endlich fertig. Nun heißt es schieben.

Mit schmerzendem rechtem Knie schiebe ich mein Fahrrad Richtung Brückenmitte. Dabei rutsche ich natürlich mit meinen Radschuhen ständig auf dem Holzboden aus. Die Fahrzeugkolonne hinter mir setzt sich nun ebenfalls wieder in Bewegung. Dabei achtet die rüstige Oma mit ihrem kleinen Auto darauf, dass der Sicherheitsabstand zu mir immer aufrechterhalten bleibt. Das Hupkonzert wird jedoch nicht weniger. Mit der Geduld der anderen Verkehrsteilnehmer ist es offensichtlich schon lange vorbei. Als ich die Hälfte der Brücke geschafft habe, geht es leicht bergab, ich kann ihr Ende sehen. Ein Kleinlastwagen kommt rückwärts fahrend auf mich zu. Ein Fahrzeug des Straßendienstes, wie ich an den gelben Warnleuchten auf dem Dach erkennen kann. Auf der Gegenfahrbahn hat sich der Verkehr ebenfalls wieder langsam in Bewegung gesetzt. Trotzdem geben die Insassen der Autos beim Vorbeifahren die verschiedensten Kommentare ab, hupen oder zeigen mir »einen Vogel«.

Als mich der Kleinlastwagen erreicht, steigen hastig drei Straßenarbeiter in orangefarbener Warnbekleidung aus. Einer öffnet die Heckklappe des Fahrzeuges, die beiden anderen geben mir zu verstehen, dass ich das Fahrrad hergeben solle. Mit ernster Miene und ohne weiteren Kommentar nehmen sie mein Rad und heben es auf die Ladefläche ihres Autos. Dabei gehen sie wenig zimperlich vor. Die vorderen beiden Satteltaschen lösen sich von den Trägern und fallen wieder vom Fahrzeug herunter. Nachdem alles auf der Ladefläche verstaut ist, muss ich mich ebenfalls dort hinaufbegeben. Das ganze hat nur wenige Minuten gedauert, in dieser Zeit ist kein Wort zwischen uns gefallen.

Nun saß ich verschwitzt auf dem Straßenfahrzeug, hielt mein Fahrrad fest und war froh, dass das Spektakel ein Ende hatte. Als wir Richtung Brückenende weiterfuhren, bemerkte ich, dass mir die Kolonne nicht folgte. Das alte Auto der Radfahroma sprang nicht an. Das Hupkonzert wurde nun noch lauter. Am Ende der Brücke wurde ich mit meinem Fahrrad wortlos auf einem Parkplatz wieder abgesetzt. Ich weiß bis heute nicht, ob die drei Straßenarbeiter vielleicht tatsächlich alle stumm gewesen sind. Sie mussten nun ein weiteres Mal rückwärts auf die Brücke fahren, um den Stau aufzulösen.

Ich nutzte die Zeit und verdrückte mich kleinlaut. Schiebend bog ich an der nächsten Kreuzung in einen kleinen Ort ab. Eine Stunde später war mein Fahrrad wieder repariert und das Reparaturmaterial wieder aufgefüllt. Von da an befand es sich wieder griffbereit ganz oben in der Lenkertasche ...

Schlammschlacht auf dem Dalton Highway

I ch kann nicht mehr. Mein Fahrrad ist von unten bis oben mit Schlamm bedeckt. Auch meine Bekleidung ist völlig verschmutzt. Es findet sich keine trockene Stelle mehr daran. Das Regenwasser fließt mir oben in den Kragen hinein und rinnt mir unten aus den Schuhen wieder heraus. Und nun beginnt es auch noch leicht zu schneien. Ich bin völlig entkräftet und psychisch schwer angeschlagen. Ich setze mich einfach auf die lehmige Fahrbahn ...

Im Sommer 2012 startete ich mit meinem Fahrrad im nordwestlichsten Teil Alaskas, in dem kleinen Dorf Deadhorse an der Prudhoe Bay, um bis in das etwa 9000 Kilometer entfernte New York zu radeln. Der erste Abschnitt verläuft entlang des Dalton Highway, und 700 Kilometer weiter südlich beginnt der 2300 Kilometer lange Alaska Highway.

Über den Dalton Highway habe ich während meiner Vorbereitungen sehr vieles gelesen. Er gilt als einer der berühmtesten, aber auch einsamsten Streckenabschnitte in Alaska. Er wurde 1974 innerhalb von nur fünf Monaten von Tausenden Arbeitern in die Landschaft geschlagen. Der Highway beginnt in Fairbanks und endet 700 Kilometer weiter nordwestlich in Deadhorse, einem kleinen Containerdorf. Dort leben die Ölarbeiter, die hier das schwarze Gold aus dem größten Ölvorkommen der USA fördern. Anschließend wird es in der Trans-Alaska-Pipeline bis nach Valdez, dem wichtigsten eisfreien Hafen Alaskas, gepumpt, bevor es in alle Welt verschifft wird. Der Dalton Highway ist in eine sehr karge, aber ganz besonders faszinierende Landschaft eingebettet. Nach etwas mehr als der Hälfte der Strecke passiert man die Kontinentalwasserscheide am Atigun

Pass, und die Straße kreuzt immer wieder Flussläufe oder folgt den Uferlinien mehrerer Seen. Meist verläuft der Dalton Highway auch parallel zur Alaska Pipeline.

Das Besondere an diesem Highway ist sein Fahrbahnbelag – der sogenannte Permafrostboden ohne weitere Asphaltdecke. Ab einer gewissen Tiefe ist der Boden ganzjährig gefroren. Permafrostböden bilden sich nur dort, wo die Jahresdurchschnittstemperatur von minus ein Grad Celsius und eine bestimmte Jahresniederschlagsmenge nicht überschritten werden. Und dies trifft im nördlichen Teil von Alaska zu. Solche Permafrostböden sind normalerweise ähnlich hart wie Asphalt, können aber im Sommer auch oberflächlich auftauen. Vor allem während längerer Regenperioden tauen sie bis in 30 bis 40 Zentimeter Tiefe auf und verwandeln sich in Schlamm. Sogar die schlechtwettererprobten Truckfahrer fürchten solche Fahrbahnverhältnisse. Immer wieder kommt es zu schweren Unfällen, weil einer der riesigen Trucks von der Straße rutscht.

Während meiner Vorbereitungen hatte ich auch einige »Schauermärchen« über den Dalton Highway gelesen. So etwa von Radfahrern, die ihr Fahrrad aufgrund der schlechten Fahrbahnverhältnisse angeblich die gesamten 700 Kilometer nur schieben konnten. Andere Radfahrer berichteten davon, sich tagtäglich über mehrere Reifenpannen geärgert zu haben. Dann wurde wieder von Grizzlys erzählt, die ahnungslose Camper überfallen haben oder sogar in Wohnmobile eingedrungen sind. Ich lese zwar sehr gern die verschiedensten Erfahrungsberichte, glaube aber nicht immer alles. Ich bin eher Realist und bereite mich auf meine Radreisen möglichst gut vor.

Als ich Mitte Juni 2012 in Deadhorse startete, schien die Sonne vom Himmel, und es war warm. Einen schöneren Start hätte ich mir nicht wünschen können. Ich genoss das Radfahren wie schon lange nicht mehr. Aber ich wusste auch, dass es bis Fairbanks nur eine einzige Möglichkeit geben würde, sich mit Nahrungsmitteln zu versorgen. Für 700 Kilometer hatte ich nur vier bis maximal fünf Tage eingeplant. Ein Tagespensum von 160 bis 200 Kilometern war unter normalen Umständen kein Problem für mich. Am Mittag des ersten Tages hatte ich bereits 100 Kilometer hinter mich gebracht. Die Landschaft hatte einen ganz eigenen Reiz. Staunend fuhr ich durch eine Weite und Einsamkeit, wie ich sie bis dahin noch nie gesehen und erfahren hatte. Obwohl die Fahrbahn nicht asphaltiert war, rollte man relativ gut dahin. Abgesehen von vielen Schlaglöchern, denen man jedoch gut ausweichen konnte, gab es keinerlei Probleme.

Aber leider hatte ich mich zu früh gefreut. Während meiner Mittagspause verdunkelte sich plötzlich der Himmel. Und zwar so dramatisch, dass sogar die Sicht deutlich schlechter wurde. Die Landschaft wechselte die Farbe. Über alles, was vor Kurzem noch bunt und frisch ausgesehen hatte, legte sich ein grauer Schleier. Fassungslos blickte ich in den Himmel. Ich hatte bisher nie eine so rasche Wetterveränderung erlebt. Noch bevor ich meine Jause zusammenpacken konnte, setzte ein feiner, dichter Nieselregen ein. Gleichzeitig wurde es spürbar kälter. Wenige Minuten zuvor war ich noch in kurzem Raddress gefahren, jetzt fröstelte ich. Nun hieß es, die leichte Radbekleidung durch Regenkleidung zu ersetzen.

Die ersten Kilometer konnte ich noch halbwegs bewältigen. Doch dann wurde die Fahrbahn immer rutschiger. Der Permafrost begann an der Oberfläche langsam aufzuweichen. Mein Fahrrad rutschte ständig hin und her. Um halbwegs geradeaus zu fahren, musste ich äußerst vorsichtig in die Pedale treten. Sobald ich zu viel Kraft aufwendete, rutsche das Vorderrad seitlich weg. Ständig war ich in Sturzgefahr. Der Regen wurde nun immer stärker. Und damit verschlechterten sich die Fahrverhältnisse weiter. Der Boden wurde schlammiger. Und dieser Schlamm spritzte überall hin. Alles an meinem Fahrrad wurde von einer braunen, klebrigen Schicht überzogen. Nach einigen weiteren kräftezehrenden Kilometern war das Fahren im Sitzen nicht mehr möglich. Ich musste stehend treten, um überhaupt noch vorwärts zu kommen. Aber dadurch wurde meine Fahrweise nur noch unsicherer. Nachdem das Vorderrad ein weiteres Mal seitlich weggerutscht war, kam es zum ersten Sturz. Ich fiel auf den schlammigen Highway und konnte gerade noch verhindern, mit dem Gesicht den Boden zu berühren. Nun war ich nicht nur völlig durchnässt, sondern auch noch von oben bis unten mit Schlamm verdreckt.

Ich machte eine kurze Pause und versuchte, den gröbsten Schlamm vom Fahrrad zu entfernen. Eigentlich eine völlig sinnlose Sache. Denn wenn ich nach vorn schaute, sah ich den aufgeweichten Dalton Highway, der sich weit hinten am Horizont verlor. Und von oben herunter schüttete es weiterhin wie aus Kübeln. Nächster Versuch: auf das Rad steigen und wieder vorsichtig in die Pedale treten. Der viele Schlamm machte das Rad schwerer, damit wurde das Fahren noch anstrengender. Beim Sturz waren die Radhandschuhe ebenfalls schmutzig und nass geworden, der Lenker ließ sich deshalb nicht mehr richtig halten, und es wurde damit auch unmöglich, im Stehen zu fahren. Mir entglitt der Lenker, und ich lag ein weiteres Mal im Schmutz. Ich fluchte. So extrem hatte ich es mir nun doch nicht vorgestellt.

Gerade einmal 500 Meter lagen zwischen dem ersten und dem zweiten Sturz. Nun schob ich mein Gefährt. Bei jedem Schritt tauchte ich mit meinen Radschuhen tief in den Schlamm ein. Am äußersten Rand des Highways ging es ein wenig leichter. Dort war der Schlamm nicht ganz so tief, und immer wieder kamen auch mit grobem Schotter belegte Streckenabschnitte, die weniger schmutzig waren. Auf solchen Abschnitten versuchte ich, wieder ein Stück zu fahren. Dabei musste ich mich allerdings extrem konzentrieren, da am äußersten Rand die Gefahr bestand, seitlich den Abhang hinunterzurutschen. Ich wechselte ständig zwischen Fahren und Schieben.

Der Dalton Highway ist zwar, was die Versorgungsmöglichkeiten betrifft, sehr einsam. Das gilt jedoch nicht für das

Verkehrsaufkommen. Auf diesem Highway sind besonders viele der gigantischen Holztrucks unterwegs, vor denen ich schon bei gutem Wetter gehörigen Respekt habe. Denn Trucks bremsen nicht für Radfahrer. Im besten Fall wechseln sie früh genug die Fahrspur. Trotzdem ist der Sog, den sie hinter sich herziehen, äußerst gefährlich. Bei Schlechtwetter wird die Gefahr aber noch deutlich größer. Bei jeder Truckbegegnung blieb ich stehen und wartete am Fahrbahnrand. Trotzdem erwischte mich jedes Mal eine kalte Dusche aus Wasser und Schlamm. Obwohl ich mein Gesicht immer früh genug zur Seite drehte, sah ich aus wie ein verschmutzter Bergarbeiter. Mit Fortdauer des Tages gab es nichts mehr an mir und meinem Fahrrad, was noch sauber war.

Schlimm wurde es dann am Abend. Das Campieren war fürchterlich. Ich bemühte mich wirklich, nicht zu viel Schmutz in das Zelt mit hineinzunehmen, dennoch war es sofort überall mit Schlammspritzern übersät. Um nicht im strömenden Regen zu stehen, wollte ich mich im Zelt umziehen. Dadurch wurde aber das Zeltinnere schmutzig. Ich schlief in dieser Nacht überhaupt nicht. Ich grübelte ununterbrochen darüber nach, wie ich unter diesen Voraussetzungen überhaupt bis nach Fairbanks kommen sollte. Mein Zeitplan geriet gehörig durcheinander.

Am darauffolgenden Morgen das gleiche Spiel: starker Regen, aufgeweichter Boden, Schlamm, so weit das Auge reicht. Ich fühle mich mies. Gestern der anstrengende Tag, dann die schlaflose Nacht. Ich mag gar nicht hinein in die nasse Regenkleidung. Mir graut davor. Doch es bleibt mir nichts anderes übrig. Ich will ja irgendwann einmal in New York ankommen. Vorerst heißt mein nächstes Ziel aber Fairbanks. Dort werde ich mir ein gutes Hotel suchen, meine komplette Ausrüstung reinigen und mich vor allem einmal zwei Tage lang ausruhen. Das Gefühl, in nasse und kalte Radbekleidung schlüpfen zu müssen, ist schon grauenvoll genug, eine noch schlimmere Vorstellung ist, dass sich daran in den nächsten Tagen auch nichts ändern wird. Ich könnte zwar versuchen, einen Truck anzuhalten, um mitzufahren. Aber das möchte ich nur im allergrößten Notfall. Während ich wieder stundenlang abwechselnd ein Stück trete, dann wieder schiebe, hadere ich in Gedanken mit mir. Sollte ich nicht doch ...

In Bezug auf das Wetter und den Schmutz änderte sich auch in den nächsten Tagen nichts. Es gab keine einzige Regenpause. Und auch keinen einzigen Sonnenstrahl. Körperlich hielt ich die Tortur vorerst noch recht gut aus. Was sich aber spürbar veränderte, war mein psychischer Zustand. Es ging mir von Tag zu Tag schlechter. Da ich nur schleppend vorankam und sich aus diesem Grund auch die Landschaft über Stunden hinweg nicht änderte, erlebte ich die Einsamkeit als immens. Der graue Schleier machte alles nur noch eintöniger. Nervenaufreibend war zudem das Geräusch des ständig auf die Regenkleidung tropfenden Regens, während der Nacht war das Tropfen auf dem Zeltdach dann noch lauter. Da sich in meinem Gesicht das Regenwasser mit Schweiß vermischte, hatte ich ständig Salzgeschmack im Mund. Und dann entzündeten sich auch noch meine Augen, weil durch das fortwährende Wegwischen des Schweißes mit schmutzigen Händen Sand und Schlamm hineingerieten. Psychisch am härtesten waren jedoch die Zwangspausen, die ich wegen des verschmutzten Fahrrades einlegen musste. Ungefähr alle halbe Stunde waren vor allem die Gangschaltung, die Kette und die Bremsen so mit Schlamm verklebt, dass kein Weiterfahren mehr möglich war. Dann musste ich mit zusammengesuchten Stöcken zumindest den gröbsten Schlamm entfernen. Schlamm in Verbindung mit Kettenöl ist eine fürchterlich zähe und klebrige Angelegenheit. Die Arbeit war deprimierend. Das Ergebnis hielt nur wenige Kilometer.

Aber es wurde noch schlimmer: Der tagelange Regen wurde nun zum Schneeregen. Die Temperatur ging weiter zurück.

Jetzt war ans Fahren überhaupt nicht mehr zu denken. Als ich das einsehen musste, war ich mit meiner Psyche am Ende.

Ich kann nicht mehr. Mein Fahrrad ist von unten bis oben mit Schlamm überzogen. Auch meine Bekleidung ist total verschmutzt. Es findet sich keine trockene Stelle mehr daran. Das Regenwasser fließt mir oben in den Kragen hinein und rinnt mir unten aus den Schuhen wieder heraus. Irgendwann nützt auch die beste Regen- und Windbekleidung nur noch bedingt. Und nun beginnt es auch noch leicht zu schneien. Ich bin völlig entkräftet und psychisch schwer angeschlagen. Ich setze mich einfach auf die lehmige Fahrbahn. Wie soll ich so jemals innerhalb einer vernünftigen Zeit nach Fairbanks kommen? Und vor allem dann noch die nächsten 8000 Kilometer bis nach New York? Auf dem seit meinem Start in Deadhorse laufenden Kilometerzähler meines Fahrradcomputers steht die Zahl 320. Und das nach fünf Tagen. Ich brauche einen Notfallplan ...

Während ich über einen solchen Plan nachdachte, hörte ich ein mir bekanntes Geräusch. Es näherte sich wieder einer der riesigen Trucks. Und dieser kam auch noch aus Richtung Norden. Meine Entscheidung war gefallen. Ich stellte mich mitten auf den Highway und begann wie wild mit den Armen und mit meiner Regenjacke zu winken. Ich wollte früh genug auf mich aufmerksam machen, denn normalerweise verringern Truckfahrer die Geschwindigkeit für einen Radfahrer nicht. Aber für jemanden in einer Notsituation bleiben auch sie jederzeit stehen. Der Truck wurde tatsächlich langsamer und hielt vor mir an. Ich war gerettet. Der Fahrer wusste sofort, was mit mir los war und wohin ich wollte. Offensichtlich begegnete ihm nicht zum ersten Mal ein Radfahrer mit Panne.

Nach kurzer Zeit war mein verschmutztes Fahrrad auf dem Anhänger des Trucks versorgt, und ich fand mich in der geheizten Fahrerkabine wieder. 350 Kilometer oder fünf Stunden später stand ich in Fairbanks in einem Hotelzimmer unter der heißen Dusche ...

Ein Leben gerettet

Ich habe mittlerweile bei etwa 2000 Einsätzen als Flugretter in meinem Notarzthubschrauber gesessen. Wir fliegen unsere Einsätze zum großen Teil in den Tiroler Bergen, und ich habe dabei sehr viele Arten von Notfällen gesehen. Skitourengeher, die in Gletscherspalten gestürzt sind, eingeklemmte Personen nach schweren Verkehrsunfällen oder den Ehemann, der beim Montieren der Weihnachtsbeleuchtung vom Hausdach gefallen ist. Viele Einsätze sind Routine, aber immer wieder gehen Notfälle auch unter die Haut. Etwa wenn es sich um schwer verletzte Kinder handelt, um Bergsteiger, die über mehrere Hundert Meter abgestürzt sind, oder Reanimationen nach Kreislaufstillständen. Am Schlimmsten sind solche Wiederbelebungsversuche bei schwer verletzten Personen nach katastrophalen Verkehrsunfällen. Denn hier sind die Erfolgsaussichten nicht sonderlich gut.

Mit Stolz kann ich sagen, dass ich auf einer meiner Radreisen aufgrund meiner Erfahrung als Flugretter einmal mithelfen konnte, ein Leben zu retten.

Kootenay National Park, Highway 93, etwa 20 Meilen nördlich von Radium Hot Springs. Ich strample auf meinem Fahrrad in den kanadischen Rocky Mountains Richtung Canmore. Plötzlich höre ich das Geräusch von blockierenden Reifen und hebe meinen Kopf. Sofort erkenne ich die Gefahr. Ein aus der Gegenrichtung kommender kleiner Kastenwagen rutscht, sich um die eigene Achse drehend, auf das etwa 50 Meter vor mir fahrende Auto zu. Dessen Fahrer versucht offensichtlich noch, so weit wie möglich nach rechts auszuweichen. »Das kann nicht gut gehen«, denke ich. An beiden Seiten der Straße befinden sich kleinere Abhänge. Dann kracht es fürchterlich. Der Kastenwagen prallt, während er sich noch dreht, mit voller

Wucht seitlich gegen die Front des kleinen Autos. Glasscherben und andere Fahrzeugteile fliegen durch die Gegend. Beide Autos rutschen in meine Richtung. Unmittelbar vor mir bleiben sie schwer demoliert auf der Fahrbahn liegen. Straßenstaub und Rauch liegen in der Luft. Dann ist es plötzlich vollkommen still. Kein weiteres Fahrzeug befindet sich in der Nähe. Mitten im tiefsten Kanada stehe ich mit meinem Fahrrad auf der Straße, vor mir die Folgen eines schweren Verkehrsunfalls ...

In Deutschland und Österreich gibt es ein flächendeckendes Rettungs- und Notarztsystem. Egal, ob es sich um einen Notfall auf der Straße oder in den Bergen handelt, jeder Verletzte kann davon ausgehen, dass ihm innerhalb einer bestimmten Zeit fachlich kompetent geholfen wird. Der Ausbildungsstand der Sanitäter oder Bergretter ist qualitativ sehr gut. Die bodengebundenen Rettungsmittel sind ausgezeichnet ausgerüstet, und die Flugrettung in beiden Ländern gehört zu den anerkanntesten auf der ganzen Welt. Über den örtlichen Notruf oder die internationale Notrufnummer 112 kann rund um die Uhr ein Unfall gemeldet werden. Die Rettungsleitstellen haben bestens geschulte Mitarbeiter, die mittels eines bestimmten Abfrageschemas sofort wissen, welches Rettungsmittel alarmiert werden muss. Generell kann man davon ausgehen, dass ein Verletzter in Deutschland und in Österreich auch an abgelegenen Orten spätestens innerhalb von 15 bis 20 Minuten optimale Hilfe erhält. Dabei kommt sehr oft ein Rettungshubschrauber, der mit einem Notarzt besetzt ist, zum Einsatz. Wir haben im deutschsprachigen Raum ein sehr dichtes und gut organisiertes Netz an solchen Rettungsmitteln aus der Luft.

In den USA gibt es für alle Arten von Notfällen nur eine einzige Nummer: 911. Jedes Kind kennt diese Nummer auswendig. Man kann sie auf Hinweistafeln in Restaurants und Bahnhöfen ebenso erblicken wie auf großen, auffälligen Tafeln an der Straße beim Wechsel von einem Bundesstaat in den anderen. Egal, wo man sich befindet, diese Notrufnummer ist immer dieselbe. Während in Mitteleuropa bei Notrufen noch zwischen den einzelnen Blaulichtorganisationen unterschieden wird, gibt es dieses Problem in den USA nicht. Dafür gibt es in den USA ein anderes: Der Standort des nächsten Rettungsmittels ist oft sehr weit vom Notfallort entfernt. Weil viele Orte abgeschieden liegen, benötigt man hier eine spezielle Art der Notfallrettung. Die meisten abgelegenen Orte haben einen sogenannten »First Responder«. Dabei handelt es sich um einen besonders ausgebildeten Ersthelfer. Dieser kommt immer dann zum Einsatz, wenn es sich um einen Notfall handelt, bei dem schnelle Hilfe notwendig, das nächstgelegene Rettungsmittel aber zu weit entfernt stationiert ist. Solche First Responder entstammen den verschiedensten Berufsgruppen. Es sind engagierte Einheimische, die sich bereit erklärt haben, eine besondere Erste-Hilfe-Ausbildung zu absolvieren. Neben dem Feuerwehrmann tragen auch Tankstellenpächter, Lehrer oder sogar Geistliche mit Stolz das Abzeichen dieses speziellen Ersthelfers. Der First Responder entscheidet dann direkt vor Ort, ob und welches weitere Rettungsmittel noch benötigt wird. Ein sehr sinnvolles und oft Leben rettendes System.

Nur für einen kurzen Moment bin ich sprachlos. Aber dann fasse ich mich sofort. »911«, schießt es mir durch den Kopf. Hunderte Male war ich als Flugretter schon bei Verkehrsunfällen im Einsatz. Aber meist waren die Ersthelfer bereits vor Ort. Jetzt bin ich selbst der Ersthelfer. »Zuerst Überblick verschaffen, dann die wichtigsten lebensrettenden Erstmaßnahmen setzen und sofort den Notruf absetzen!« Wie oft habe ich diesen Satz bei diversen Schulungen gehört. Plötzlich schießt es mir durch den Kopf: »Ich habe kein Handy dabei!«

Ich bin ansonsten ein sehr vorsichtiger Mensch, aber das mit dem Handy auf meinen Radreisen ist so eine Sache. Ich nehme nämlich nie eines mit. All meine Reisen habe ich oft monatelang im Voraus bis ins kleinste Detail geplant. Nicht nur was die Route oder die für eine Strecke jeweils benötigte Zeit betraf. Mögliche Raddefekte wurden von mir ebenso einkalkuliert wie medizinische Notfälle. Ich bin Realist und habe in meinem Leben schon einiges Unvorhergesehene erlebt. Schon deshalb ist mir eine möglichst lückenlose und umfangreiche Planung einer Reise besonders wichtig. Ich fühle mich dabei einfach wohler. Auch wenn ich weiß, dass man nicht alles planen kann und es oft doch ganz anders kommt. Leichtsinnig war ich hingegen, was meine Kommunikationsmöglichkeiten auf diesen Reisen betraf. Zum Leidwesen meiner Familie war ich von Anfang an ein »Handyverweigerer«. Ganz genau kann ich es heute auch nicht mehr erklären. Irgendwie hat es sicher mit dem Gefühl von Freiheit und Unabhängigkeit zu tun. Ich wollte einfach nicht immer erreichbar sein. Ich gebe aber zu, dass ein Handy gerade auf den sehr abgelegenen Streckenabschnitten hin und wieder notwendig gewesen wäre. Ich hätte mir einiges Bauchweh ersparen können. So zum Beispiel, als ich wegen eines defekten Rades stundenlang am Straßenrand auf das nächste Auto warten musste, oder wenn ich wieder einmal zu wenig Wasser bei mir hatte. Auch gebe ich zu, dass ein wirklicher medizinischer Notfall ohne Handy wahrscheinlich schlimm für mich geendet hätte.

»Kein Handy«, denke ich noch einmal, während ich mein Fahrrad einfach umfallen lasse. Da es mir aber nicht gelingt, meine Radschuhe rechtzeitig aus den Pedalen auszuklicken, falle ich samt Fahrrad und Gepäck in den Straßengraben. Irgendwie schaffe ich es, wieder unter dem Fahrrad hervorzukriechen. Ohne weiter auf dieses zu achten, laufe ich zu den beiden Autos. Immer noch ist alles gespenstisch still. Nichts bewegt sich, nur Rauch steigt weiterhin auf. Kurz bevor ich das erste Fahrzeug erreiche, öffnet sich auf der Fahrerseite des Kastenwagens langsam die Tür. Dann erscheint eine Gestalt. Ein junger, stark untersetzter Mann versucht sich irgendwie aus der schwer demolierten Fahrzeugkabine zu zwängen. Dann sackt er direkt vor der Tür auf die Fahrbahn. Während er sich mit einer Hand an den Kopf greift, bin ich bei ihm. Zuerst schaut er fragend mich, dann seine Hand an. Sie ist voller Blut. Auf der Stirn des völlig verstört wirkenden Mannes klafft eine große Wunde. Ich sehe aber, dass es sich hier nur um eine oberflächliche Verletzung handelt. »Wieder jemand, der seinen Sicherheitsgurt nicht benützt hat«, sagt mir mein Unterbewusstsein. Völlig unpassend, aber das sind einfach »Polizeigedanken«.

Ein rascher Rundumblick zeigt mir, dass keine andere Person im Kastenwagen sitzt. Dann laufe ich zum anderen Auto. Als ich es erreiche, steigen zwei junge Frauen aus. Augenscheinlich völlig unverletzt. Ich fasse es kaum, dass aus diesem schwer demolierten Fahrzeug überhaupt noch jemand lebend aussteigt. Beide Frauen bestätigen mir, dass sie nicht verletzt sind. Ich gebe ihnen zu verstehen, dass sie sich um die Absicherung der Unfallstelle kümmern sollten. Aber offensichtlich sind sie mit der Situation doch überfordert. Sie machen ein paar Schritte in Richtung Straßengraben und setzen sich an den Rand des angrenzenden Waldes.

Als ich mich wieder umdrehe, greift der am Boden sitzende Verletzte in seine Jackentasche und holt ein Handy heraus. Ohne etwas zu sagen, nehme ich ihm dieses aus der Hand und wähle »911«. Schon nach dem zweiten Klingeln meldet sich eine Frauenstimme. »Wo genau ist der Notfallort?«, startet in Österreich jede Notrufabfrage des Mitarbeiters der Rettungsleitstelle. In den USA ist es ähnlich. Und daher erkläre ich möglichst genau, wo ich mich gerade befinde. Das gelingt mir sehr gut. Zufällig liegt die Unfallstelle auch noch direkt an einem Wegweiser mit Meilenangabe. Dann beschreibe ich so gut wie möglich die Situation vor Ort. Und dass ich ein »Paramedic« aus Austria bin. Sogleich gibt mir die Frau am anderen Leitungsende noch ein paar Anweisungen, was ich als Ersthelfer tun könne.

Noch während ich telefonierte, näherte sich aus der Gegenrichtung ein Auto und hielt in unmittelbarer Nähe an. Die Fahrertür öffnete sich und ein älterer kleiner Herr stieg langsam aus. Sein Entsetzen war ihm anzusehen. Mit großen Augen und weit geöffnetem Mund blickte er in meine Richtung. Ich winkte ihm, zu mir zu kommen und mir zu helfen. Aber der Mann blieb wie angewurzelt stehen. Ich beendete das Telefongespräch und gab dem Mann noch deutlicher zu verstehen, dass mir jemand helfen müsse. Endlich kam er auf mich zu. An seinen ersten Worten merkte ich, dass er kein Einheimischer war. Als ich ihm auf englisch zu erklären versuchte, wie er mir helfen könne, schaute er mich nur fragend an. Von nun an musste ich ihm alles vormachen, was ich von ihm wollte.

Es wurde jetzt ein wenig stressig. Ich musste mich weiter um den Verletzten kümmern. Außerdem war die Unfallstelle noch nicht abgesichert. Ein Muss bei allen Verkehrsunfällen. Man hört es immer wieder: Zuerst Unfallstelle absichern, dann erst Hilfe leisten! Ich zog meinen »Helfer« an einem Arm zum immer noch am Boden sitzenden verletzten Fahrer des Kastenwagens. Dann machte ich mir noch einmal ein schnelles Bild von den möglichen Verletzungen. Mein erster Verdacht dürfte richtig gewesen sein: nichts Lebensbedrohliches. Die Wunde auf der Stirn schaute schlimm aus und blutete sehr stark. Sie war groß-flächig, reichte aber nicht tiefer in den Schädelknochen hinein. Verletzungen am Kopf haben jedoch leider sehr oft einen weiteren, sehr negativen Nebeneffekt: Es kommt immer wieder zu Gehirnerschütterungen. Dabei werden die Gehirnfunktionen beeinträchtigt. Die Verunfallten zeigen dann deutliche Symptome. So sind sie häufig völlig desorientiert und können sich nicht mehr an den Unfallhergang erinnern. Und es kann dazu kommen, dass der Verletzte nicht mehr mit dem Helfer kooperiert. Die Situation wird von ihm nicht mehr richtig realisiert. Vor diesem Problem stand ich nun. Die Wunde am Kopf des Mannes war nicht das Problem. Aber das Verhalten des Verletzten zeigte mir, dass er ein Schädel-Hirn-Trauma erlitten hatte. Immer wieder fragte er mich dasselbe. Und dann versuchte der Mann plötzlich, aufzustehen. Ich drückte ihn nieder und erklärte ihm, dass er sitzen bleiben solle. Von meinen vielen Einsätzen her wusste ich aber, dass solche Anweisungen meist erfolglos sind. Und so war es auch hier. Wieder und wieder versuchte der Mann aufzustehen. Nun half mir auch der andere Autofahrer. Zu zweit versuchten wir, den Verletzten irgendwie zu beruhigen und dazu zu bringen, sitzen zu bleiben.

Ich musste unbedingt die Unfallstelle absichern. Daher machte ich meinem Helfer klar, dass ich kurz wegmüsse und er beim Verletzten bleiben solle. Als ich ihn ansah und mich fragte, ob er mich verstanden hatte, bemerkte ich die totale Hilflosigkeit in seinen Augen. Ich spürte förmlich, wie er mich im Stillen anflehte, ihn nicht alleine zu lassen. Die Situation war kritisch: ein Verletzter, der begann unkooperativ zu werden, ein Helfer, der selbst völlig überfordert war, und eine immer noch nicht abgesicherte Unfallstelle. Ein weiteres Mal machte ich dem Autofahrer energisch klar, dass er hier beim Verletzten bleiben müsse. Dann stand ich auf. Ich machte die ersten Schritte in Richtung Heck des Kastenwagens. Dort wollte ich mich nach einem Warndreieck umschauen. Plötzlich hörte ich einen Schrei. Als ich mich umdrehte, stand mein Helfer etwa drei Meter neben dem Verletzten und griff sich mit beiden Händen an seine Brust. Er schaute mich mit geweiteten Augen und weit aufgerissenem Mund an. Dann sackte er unmittelbar neben dem Unfallopfer zusammen ...

»Ich glaube es nicht, das kann doch nicht sein!« Ein ganz ungutes Gefühl steigt in mir auf. Sofort bin ich bei meinem Helfer, der nun selbst am Boden liegt. Bereits nach wenigen Augenblicken realisiere ich die dramatische Situation: Der Mann atmet nicht mehr. Er liegt auf dem Rücken, und sein Gesicht verfärbt sich bläulich. Wie oft habe ich das auf meinen Flugrettungseinsätzen schon gesehen. Ein »blaues« Gesicht weist unmissverständlich auf einen Sauerstoffmangel hin. Und das bedeutet akute Lebensgefahr. Der alte Mann erbricht. Es gelingt mir gerade noch, den völlig leblos wirkenden Körper auf die Seite zu drehen und den Mund zu öffnen. Dann laufen Schleim und eine weitere undefinierbare Flüssigkeit auf die Straße. Nachdem ich die Mundhöhle so gut wie möglich mit meinen Fingern gesäubert habe, kontrolliere ich noch einmal den Kreislauf. Aber der ist nicht mehr vorhanden. Keinerlei Anzeichen mehr von Atmung und Herzschlag. Die klassische Voraussetzung für eine Wiederbelebung. Ich bin mir sofort im Klaren darüber, dass ich mich jetzt in einer absoluten Ausnahmesituation befinde. Nun heißt es, sich nur noch auf die wichtigsten lebensrettenden Handgriffe zu konzentrieren. Inzwischen hat sich der verletzte Autofahrer nun doch zurück auf die Fahrbahn gesetzt und beobachtet das Schauspiel, das um ihn herum vorgeht. Ich deute ihm noch einmal, sitzen zu bleiben. Und er gehorcht mir.

Jetzt drehe ich den leblosen Körper zurück in die Rückenlage. Bei meinen bisher sicher mehr als 50 Reanimationen als Flugretter habe ich es oft genug angewandt: Herzdruckmassage und Beatmung. Ich beuge mich über den Mann, greife mit beiden Händen an dessen Brust und beginne mit gestreckten Armen zu drücken. 30-mal rasches, kräftiges Drücken, um Blut durch den Körper zu pumpen. Dann nehme ich den Kopf, überstrecke diesen leicht, halte mit einer Hand die Nase des Patienten zu und blase zweimal hintereinander Luft durch den Mund des leblosen Körpers. Anschließend geht es wieder von vorn: drücken und beatmen, drücken und beatmen ... Nebenbei wechselt mein Blick immer wieder zwischen dem am Boden sitzenden Autofahrer und dem Ende der Unfallstelle hin und her. Diese ist nach wie vor nicht abgesichert.

Ein Auto nähert sich. Gleich dahinter noch weitere. Eine ganze Kolonne von Fahrzeugen kommt auf die Unfallstelle zu. »Endlich weitere Hilfe«, denke ich mir. Auf einmal geht es sehr schnell. Das erste Auto bleibt deutlich entfernt von der Unfallstelle stehen und zwei Frauen springen heraus. Beide geben dem herannahenden Verkehr Zeichen. Nach kurzer Zeit stehen mehrere Personen auf der Fahrbahn. Plötzlich löst sich aus der Gruppe ein Mann und läuft auf mich zu. Er trägt eine Umhängetasche bei sich, und ich bemerke an ihm die rote Jacke eines Paramedics. Ich spüre eine deutliche Erleichterung. In kurzen Worten erkläre ich dem Mann die Situation. Er strahlt eine wunderbare Ruhe aus. Keine seiner Bewegungen ist auch nur annähernd hektisch. Während ich meine Herzdruckmassage und die Beatmung weiterführe, schaut der Paramedic noch einmal nach dem verletzten Autofahrer. Aber auch er lässt ihn auf der Fahrbahn sitzen und wendet sich sofort wieder mir zu. Mittlerweile hat er mir seinen Namen genannt: Jens. Und dass er nicht nur ein Paramedic, sondern auch First Responder aus Radium Hot Springs sei.

Jens öffnet seine Umhängetasche. Mit einem Griff hat er ein mir bestens bekanntes Gerät in der Hand: einen halb automatischen Defibrillator. Dabei handelt es sich um ein kleines medizinisches Hilfsmittel, das bei einer ganz bestimmten Art von Kreislaufstillstand zum Einsatz kommt. Mit ihm können über zwei an der Brust des Patienten angebrachte Elektroden gezielt Stromstöße in Richtung des Herzens abgegeben werden. Diese Stromstöße dienen dazu, ein sogenanntes Kammerflimmern zu unterbrechen. Ein halb automatischer Defibrillator kann auch von einem Laien verwendet werden. Mit ihm kann man nichts falsch machen. Das Gerät erkennt selbst, ob solche Stromstöße notwendig sind oder nicht. In Verbindung mit der Herzdruckmassage die effizienteste Form der Wiederbelebung.

Wir arbeiten ohne Worte bestens zusammen. Wir wechseln uns ab. Jens übernimmt nun die Herzdruckmassage und ich klebe dem leblosen Körper die beiden Elektroden an die vorgesehenen Stellen auf der Brust. Dann drücke ich die Starttaste. Nur wenige Augenblicke später hat das Gerät die Situation genau analysiert: Es liegt tatsächlich ein Herzkammerflimmern vor. Sofort leuchtet die rote Taste auf, die für eine Schockabgabe gedrückt werden muss. Jens erfasst die Situation und rückt ein wenig vom Körper des Mannes weg. Er hält seine Hände in die Luft. Für mich das Zeichen, dass nun eine Schockabgabe erfolgen kann, ohne die Stromstöße auch auf meinen Helfer zu übertragen. Ich drücke den Knopf. Der Defibrillator überträgt die Stromstöße zum Herzen des Leblosen. Dessen Oberkörper macht eine deutliche Ruckbewegung. Noch bevor ich erneut den Analyseknopf betätige, geschieht das Unfassbare: Der alte Mann öffnet seine Augen. Da ich nicht mit einem so schnellen Erfolg gerechnet habe, realisiere ich das Ganze auch nicht schnell genug. Aber Jens hält meine Hand fest, noch bevor ich das Gerät neuerlich in Betrieb nehmen kann. Wir wenden uns beide dem Mann zu. Und tatsächlich: Er hat die Augen geöffnet und stottert irgendetwas in einer undefinierbaren Sprache.

Vom Zeitpunkt des Unfalls bis zum Eintreffen von Jens sind nur etwa zehn Minuten vergangen. Obwohl ich mich ungefähr 100 Kilometer vom nächsten größeren Rettungsstützpunkt in Canmore entfernt befand, hatte ich in mehrfacher Hinsicht großes Glück: Der schwere Verkehrsunfall forderte nur ein nicht allzu schwer verletztes Opfer. Die fehlende Unfallstellenabsicherung endete nicht in einem weiteren Unfall. Mit Jens als First Responder befand sich zum Zeitpunkt des Unfalls gerade ein professioneller Helfer in unmittelbarer Nähe. Und Jens hatte einen Defibrillator dabei. Dieser Defibrillator rettete einer Person das Leben, die mit dem Unfall selbst gar nichts zu tun hatte. Und schlussendlich konnte ich als Ersthelfer mein in vielen Jahren erworbenes Wissen einsetzen, um die wichtigsten lebensrettenden Handgriffe anzuwenden.

Die weitere Versorgung und der Transport beider Patienten in das Krankenhaus nach Canmore verliefen problemlos. Einige Tage später wurden beide bereits wieder nach Hause entlassen. Völlig gesund und ohne jegliche Spätfolgen.

Eine Woche später traf ich Jens in Calgary wieder. Dort zeigte er mir seine Rettungsbasis. Und ein Jahr darauf stand er anlässlich seines Österreichurlaubs an meinem Helikopterstützpunkt in Innsbruck im Einsatzraum. Was mich aber ganz besonders freute: Jens brachte mir ein Foto mit. Darauf war einer unserer Patienten mit seiner Ehefrau und drei Kindern zu sehen. Er strahlte glücklich in die Kamera. Noch ein Jahr zuvor hatte er mit einem lebensbedrohlichen Kreislaufstillstand am Boden gelegen ...

Grizzly

Grizzlys gehören zu Alaska und Kanada wie das Rotwild zu Österreich. Da ich wusste, dass Grizzlys auf meiner Alaska- und Kanadareise allgegenwärtig sein würden, setzte ich mich vorher mit diesem Thema erneut auseinander. Einige Kenntnisse über diese Bären hatte ich mir schon während der Vorbereitungen zu meiner zweiten Reise erworben, die mich ja auch durch die kanadische Wildnis geführt hatte. Unter dem Material, das ich mir nun wieder anschaute oder auch neu beschaffte, war auch der fesselnde Bericht über den »Grizzly Man«, eine Dokumentation von Werner Herzog über einen Mann, der im tiefsten Alaska über 13 Jahre lang unter Grizzlys gelebt hat. Timothy Treadwell studierte die Lebensweise dieser tierischen Giganten, ließ aber zunehmend die Sicherheitsmaßregeln im Umgang mit ihnen außer Acht und wurde schließlich von einem riesigen Grizzlybären getötet. Viel über diese faszinierenden Raubtiere gelernt habe ich, wie schon gesagt, auch vom deutschen Naturfilmer Andreas Kieling, der in seinen Beiträgen für die TV-Reihe »Expeditionen ins Tierreich« besonders einfühlsam über Grizzlys und Schwarzbären berichtet hat.

Besonders faszinierend war für mich wieder die Tatsache, dass Grizzlys kurzfristig tatsächlich eine Geschwindigkeit von über 35 Stundenkilometern erreichen können. Trotz ihrer Größe und Masse sind sie also alles andere als behäbig. Dies wiederum bedeutet, dass eine Flucht mit einem voll bepackten Fahrrad völlig aussichtslos wäre. Schwarzbären, die nicht ganz so schnell laufen können, sind dafür meisterhafte Kletterer. Die Flucht eines Radfahrers auf einen Baum ist daher in einem solchen Falle nicht anzuraten ...

Immer wieder wird aber auch davon berichtet, dass bei ein

wenig Vorsicht und der Wahrung der natürlichen Grenzen das Zusammentreffen mit einem Bären ungefährlich ist. Trotzdem – vor drei Situationen hatte ich gehörigen Respekt, drei Situationen, die eine Begegnung äußerst kritisch werden lassen können: zum einen das plötzliche Überraschen eines Bären, ohne dass dieser die Möglichkeit hat, sich rechtzeitig zurückzuziehen. Also sorgloses Dahinradeln und Hineinfahren in eine Kurve, hinter der sich gerade ein Grizzly befindet. Zum anderen das Stören des Tieres bei der Nahrungsaufnahme, insbesondere wenn am Ende der Winterzeit dessen Hunger besonders groß ist. Und die dritte, die gefährlichste aller Situationen: das Aufeinandertreffen von einem Radfahrer und einem Grizzly, der sein Junges dabeihat.

Nach einiger Zeit glaubte ich, mir alles für meine Zwecke notwendige Wissen über Bären angeeignet und aufgefrischt zu haben. Ich schreibe hier absichtlich »ich glaubte«, denn ich sollte schon wenige Monate später in Alaska eines Besseren belehrt werden.

Obwohl ich nun schon seit etwa drei Wochen auf dem Dalton Highway und auf dem Alaska Highway unterwegs war, anfangs im tiefsten Hinterland von Alaska, jetzt im Yukon-Territorium, hatte ich noch keinen einzigen Bären zu Gesicht bekommen. Dabei hatte ich ständig Ausschau nach diesen Raubtieren gehalten. Aber weder während ich campierte noch auf meinen Abstechern zu Fuß in das Hinterland sah ich einen Bären. Dafür stieß ich immer wieder auf ihre Spuren. Vor allem auf einsamen Zeltplätzen zeugten der herumliegende Müll und ihre Fußabdrücke davon, dass sie hier gewesen waren. Während der ersten Tage war ich immer besonders vorsichtig und aufmerksam. Vor allem vor unübersichtlichen Kurven radelte ich sehr vorausschauend. Aber mit der Zeit wurde ich etwas sorgloser. Immer öfter ertappte ich mich dabei, mehrere Kilometer zurückgelegt zu haben, ohne mich genau erinnern zu können, was ich alles gesehen hatte.

Etwa zehn Kilometer westlich der kleinen Stadt Teslin im Yukon Territorium schlängelt sich der Alaska Highway in vielen Kurven durch die dortige Bergwelt. Obwohl der »Alcan«, so die Abkürzung des ursprünglichen Namens »Alaska-Canada Military Highway«, oft kilometerweise geradeaus verläuft, fuhr ich hier immer wieder in unübersichtliche, lang gezogene Kurven hinein. Hinter jeder dieser Kurven konnte eine Überraschung lauern – ein Bär, ein Elch oder ein anderes einheimisches Tier. Ich war daher besonders vorsichtig. Aber mit Fortdauer des Tages und mit der zunehmenden Anzahl von Kurven wurde ich leider ein wenig unaufmerksamer. Und die Tatsache, dass ich in den letzten Tagen keinem einzigen Bären begegnet war, machte mich nur noch nachlässiger.

Doch dann kam jener Augenblick, der mir den stärksten Adrenalinstoß all meiner Radreisen bescherte: Es ging leicht bergab und ich ließ mein Rad, tief hinter dem Lenker geduckt, dahinrollen. Ich war froh, einmal nicht treten zu müssen. In der darauffolgenden Rechtskurve musste ich etwas mehr in der Fahrbahnmitte fahren, da sich am Rand besonders viele Schlaglöcher befanden. Ich konzentrierte mich ganz auf die Fahrbahn. Als ich meinen Kopf wieder hob, um nach vorn zu schauen, sah ich es: ein großes schwarzes Etwas. Die wenigen Sekunden, die ich benötigte, um die Situation zu realisieren, reichten aus, diesem Etwas bis auf 50 Meter nahe zu kommen. Dann machte ich eine Vollbremsung. Am Alaska Highway gibt es immer wieder nicht asphaltierte Abschnitte, die aus hart gepresstem Schotter bestehen. Dann radelt man auf Permafrost – und das war in diesem Moment leider der Fall. Die Vollbremsung endete daher mit einem Sturz. Das Vorderrad rutschte nach links weg, und ich prallte mit der rechten Körperseite mit voller Wucht auf die Fahrbahn. Da ich mit meinen Radschuhen immer nur sehr leicht in den Pedalclips stecke, löste der Sicherheitsmechanismus gut aus, und ich konnte mich zumindest vom Rad befreien. Es rutschte noch einige Meter weiter und blieb dann vor mir auf dem Highway liegen. Ich verschwendete keinerlei Gedanken an die Folgen meines Sturzes, sondern wollte nur wissen, was da vor mir auf dem Highway stand. Dabei hatte ich es schon geahnt. Etwa 20 Meter vor mir hatte er sich groß und mächtig aufgebaut. Und er starrte in meine Richtung: ein riesiger Grizzly.

Deutlich sehe ich den großen Höcker im Nacken und die markante Schnauze. Wie oft hatte ich mir diese Merkmale eingeprägt, die einen Grizzly von einem Schwarzbären unterscheiden. Ich lag auf der Fahrbahn, zwischen mir und dem Raubtier nur mein Fahrrad. Alle vier Gepäcktaschen hatten sich gelöst.

Dann bemerkte ich eine weitere Gefahr: den Bärennachwuchs. Der kleine Grizzly tapste aus dem Wald heraus zu seiner Mutter. Gefährlicher konnte die Situation nicht sein. Ich hatte einen Braunbären überrascht, und dieser Bär war in Begleitung seines Jungen ...

Normalerweise verliere ich nicht so schnell die Nerven. Auf mittlerweile über 2000 Einsätzen in einem Rettungshubschrauber musste ich immer wieder Ruhe bewahren. In Schockstarre bin ich noch niemals verfallen. Aber jetzt war alles anders. Urplötzlich fand ich mich mitten im tiefsten Alaska in einer äußerst gefährlichen Situation wieder. Ich wagte nicht, mich zu bewegen. Alles in mir war erstarrt. Ich fühlte mich völlig handlungsunfähig. Mein Atem ging schnell und unkontrolliert. Ich spürte, wie mein Adrenalinspiegel immer höher stieg. Meine Augen fixierten das Muttertier. Der Grizzly blickte weiterhin in meine Richtung. Mir gingen Tausende Gedanken durch den Kopf. Krampfhaft versuchte ich mich daran zu erinnern, was ich in meinen schlauen Büchern über eine solch gefährliche Situation gelesen hatte. Aber es gelang mir nicht. Ich hatte das Gefühl, die Zeit bleibe stehen. Die Lage hatte etwas Unwirkliches. Aber es war kein Traum, sondern gefährliche Wirklichkeit.

Ich weiß nicht, wie lange ich in dieser Schockstarre verharrte. Mir ist es wie eine Ewigkeit vorgekommen. Aber dann konnte ich mich doch ein klein wenig fassen. Sehr langsam begann ich mich aufzurichten. Ich hatte vor, ganz aufzustehen, um mich größer zu machen. Warum ich das getan habe, weiß ich heute nicht mehr. Jedenfalls war es genau das Gegenteil von dem, was meine schlauen Bücher geraten hatten. Darin stand nämlich ohne Ausnahme, dass man bei der Konfrontation mit einem Bären nur eines tun sollte: sich flach auf den Bauch legen und tot stellen. So habe man die größte Chance, mit dem Leben davonzukommen. Einen größeren Fehler hätte ich also gar nicht machen können. Als ich mich aufgerichtet hatte, stellte sich plötzlich auch der Grizzly auf seine Hinterbeine. Ich habe noch nie ein so riesiges Tier gesehen. Hoch aufgerichtet und zu mir her blickend, machte das Raubtier einen furchterregenden Eindruck.

Ich schaue dem Bären in seine schwarzen Augen. Verzweifelt suche ich nach einer Lösung. Ich denke nach. Aber so sehr ich mich bemühe, ich finde keine Lösung. Weglaufen wäre sinnlos. Ich weiß ja, welche Geschwindigkeiten ausgewachsene Grizzlys kurzfristig erreichen können. Zwischen dem Tier und mir liegt mein Fahrrad auf dem Alaska Highway. Zwei der Gepäcktaschen befinden sich neben dem Rad, die beiden anderen im Straßengraben. Als ich zu den beiden auf der Fahrbahn liegenden Taschen blicke, bemerke ich das nächste Malheur. Der Deckel einer Tasche hat sich geöffnet. Ich sehe die drei Müsliriegel, die einzigen Nahrungsmittel, die ich mit mir führe, schon halb auf dem Asphalt liegen. Noch bevor ich weiterdenken kann, senkt der Bär seine Schnauze und beginnt zu schnüffeln. Diese Raubtiere können Nahrungsmittel aus meilenweiter Entfernung wittern, angeblich sogar Nahrung, die in Dosen oder luftdichten Tüten transportiert wird. Langsam nähert sich der Grizzly der Satteltasche. Ein Schritt nach dem anderen. Der Abstand zwischen ihm und mir verringert sich dabei auf knappe

20 Meter. Sein Junges weicht ihm nicht von der Seite. Noch ein letzter Schritt, dann steht der Grizzly vor den Müsliriegeln. Ich kann ganz deutlich sein Schnauben hören und rieche sogar das feuchte Fell. Höchste Lebensgefahr …

Jetzt ist die Grenze meiner Belastbarkeit erreicht. Für mich gibt es nur mehr eines: Ohne weiter nachzudenken, lege ich mich auf die Straße. Mit dem Bauch nach unten, meine Arme verschränkt über dem Kopf, stelle ich mich tot. Meine Augen sind fest geschlossen, ich atme so vorsichtig wie nur möglich. Das fällt mir schwer, denn mein Puls rast. Für einen kurzen Moment glaube ich zu träumen. Ich möchte aufwachen. Aber es ist kein Traum. Ich liege auf dem Asphalt des nassen Alaska Highway, und ein riesiger Grizzly mit seinem Jungen kommt langsam auf mich zu. Jetzt kann ich nur noch hoffen …

Die Zeit steht still. Obwohl ich meine Augen fest geschlossen halte, sehe ich das Tier vor mir. Ich kann fühlen, wie es sich weiter in meine Richtung bewegt. Dann höre ich, wie sich der Bär an der Gepäcktasche zu schaffen macht. Nur wenige Schritte von mir entfernt. Ich nehme meinen ganzen Mut zusammen und hebe vorsichtig und langsam den Kopf, um in Richtung Raubtier zu blicken. Der Grizzly würdigt mich jetzt keines Blickes mehr, sondern beschäftigt sich nur noch mit der offenen Gepäcktasche. Ich sehe, wie die drei Müsliriegel nun ganz herausfallen und der Bär sie mit der Schnauze hin und her schiebt. Jetzt weiß ich, warum mir die Polizei zu Beginn meiner Radreise durch Alaska verboten hat, Lebensmittel zu transportieren. Ein Police Officer hatte mir sogar meine gesamte Verpflegung abgenommen, die ich bei einer Kontrolle arglos vorgezeigt hatte, und mir bei der Gelegenheit erzählt, dass etwa zwei Wochen zuvor ein Radfahrer aus der Schweiz von einem Bären getötet worden sei. Polizei und örtliche Ranger waren also besonders vorsichtig, es war strikt verboten, Nahrungsmittel außerhalb von geschlossenen Fahrzeugen mitzunehmen.

Unterdessen weicht der Bärennachwuchs keinen Meter von der Seite seiner Mutter. Noch immer habe ich das Gefühl, die Zeit stehe still. Ich weiß einfach nicht, wie ich dieser gefährlichen Situation entkommen kann. Der Grizzly wendet sich unterdessen dem restlichen Inhalt der Tasche zu. In dieser befinden sich meine Notfallmedikamente und die Erste-Hilfe-Ausrüstung. Alles wie immer gut verpackt in wasserdichten Plastikboxen. Nach und nach gelingt es dem Tier, meine Ausrüstung aus der Tasche zu holen, und nach kurzer Zeit liegt alles verstreut auf der Fahrbahn.

Ich blicke mich verzweifelt um. Vor mir verläuft der Alaska Highway unendlich weit geradeaus Richtung Horizont. Links von mir befindet sich zwischen der Straße und dem dichten Wald ein etwa 20 Meter breiter Grasstreifen, der fast den gesamten Highway säumt. Er wurde zur Sicherheit der heimischen Tiere, aber auch der Truckfahrer in die Natur geschlagen. Tiere können durch diese Maßnahme nicht direkt vom sicheren Wald auf den Highway gelangen und werden auch früh genug von den Truckfahrern bemerkt. Als ich nach rechts blicke, sehe ich meine rettende »Insel«: Genau auf meiner Höhe, nur etwa 20 Meter von mir entfernt, befindet sich eine Art Hochstand. Ein kleines Häuschen, das über eine Holzleiter zu erreichen ist. Das müsste zu schaffen sein. Schwarzbären können gut klettern, Grizzlys jedoch nicht.

Der Grizzly ist immer noch mit meiner Gepäcktasche beschäftigt. Nun hat sich das Raubtier aber gedreht, und ich sehe dessen mächtige Rückseite. Die Gelegenheit ist günstig. Ich könnte versuchen, zu diesem Hochstand zu gelangen. Zwei Möglichkeiten kommen mir in den Sinn: eine schnelle Aktion, also ein Sprint über 20 Meter, oder ein langsames Hinschleichen, damit mein »Gegner« mich nicht bemerkt. Ich entscheide mich für die zweite Variante. Das bedeutet, langsam hochkommen und ganz vorsichtig in Richtung Hochstand schleichen.

Ich nehme meinen ganzen Mut zusammen und richte mich langsam auf. Offensichtlich aber doch nicht langsam genug. Denn durch mein Aufrichten erschrickt der kleine Bär und macht einen Sprung zu Seite. Sofort lässt das Muttertier von der Gepäcktasche ab und schaut in meine Richtung. Der Grizzly richtet sich auf und wirkt nun noch furchterregender. Wir blicken uns beide in die Augen. Kurze Zeit später lässt sich das Raubtier wieder auf seine Vorderbeine fallen und macht einen ersten Schritt in meine Richtung. Mir fällt das Herz in die Hose. »Das war es nun«, denke ich zitternd. Die Angst wächst. Der Abstand zwischen mir und dem Bären wird immer geringer. Es befindet sich nur noch mein Fahrrad zwischen uns. Tausende Gedanken schwirren mir durch den Kopf. Ich denke an zu Hause und daran, wie oft mich meine Frau vor den Grizzlys in Alaska und Kanada gewarnt hat. Und nun kommt ein solches Exemplar direkt auf mich zu. Der Bär weicht meinem Fahrrad aus und macht die nächsten Schritte in meine Richtung. Nur noch ganz wenige Meter ...

Plötzlich höre ich hinter mir ein immer lauter werdendes Motorengeräusch. Es ist der Lärm eines jener riesigen Trucks, die in Alaska Holz transportieren. Der Grizzly bleibt nun stehen und hebt seinen Schädel. Offensichtlich hört auch er den Lärm. Der Fahrer des Holztrucks dürfte die gefährliche Situation bereits bemerkt haben, denn er beginnt nun, seine Hupe zu betätigen. Die Hupen der Alaska Trucks sind ohrenbetäubend laut. Je näher das Fahrzeug kommt, desto intensiver hupt der Fahrer. Nun geschieht etwas, mit dem ich nicht mehr gerechnet hatte: Der Grizzly dreht sich langsam um und entfernt sich. Je näher der Truck kommt, desto schneller werden die Schritte des Tieres. Als ich nach einem kurzen Blick in Richtung Truck wieder zum Bären schaue, sehe ich diesen mit seinem Jungen im dichten Wald neben dem Highway verschwinden.

Rasch räume ich mein Fahrrad und die am Highway verstreuten Taschen zur Seite. Der Fahrer des Trucks macht noch eine freundliche Geste, indem er mit dem Daumen seiner rechten Hand nach oben zeigt. Dann ist das riesige Gefährt an mir vorbei.

Heute bin ich der Meinung, dass mir damals jemand »von oben« geholfen hat. Und diese Hilfe kam in Gestalt eines großen Holztrucks. Die Tage zuvor war mir kein einziges Fahrzeug begegnet. Und nun war der Holztruck genau zur richtigen Zeit am richtigen Ort ...

»Mein« Wolf –
das Ende einer Reise

ch träume. Ich liege im weichen, warmen Gras, die Sonne scheint mir ins Gesicht. Ein herrliches Gefühl. Alles Bedrohliche ist verschwunden. Endlich kann ich mich ausruhen. Ich möchte nur noch schlafen. Plötzlich spüre ich etwas Kühles auf meinen Wangen. Ich öffne die Augen und blicke direkt in ein Wolfsgesicht ...

Der Begriff Todesangst war für mich bis zu diesem Zeitpunkt immer ein Fremdwort gewesen. Während meines 30-jährigen Polizeidienstes und in vielen Rettungseinsätzen mit dem Notarzthubschrauber hatte es immer wieder einmal Situationen gegeben, in denen ich auch Angst verspürt hatte. Aber ganz so leicht konnte mich nichts erschüttern oder aus der Fassung bringen. Das änderte sich mitten in der nördlichen Wildnis des amerikanischen Kontinents gründlich. Meine Begegnung mit dem Grizzly in der Nähe von Teslin war nur mit ganz viel Glück gut ausgegangen, und diese Begegnung mit dem Grizzly war erst der Anfang gewesen ...

Auf meinen bisherigen Radreisen hatte ich meine physischen und psychischen Grenzen zwar hin und wieder ausgereizt, aber nie ganz überschritten. Es hatte Gegenden und Situationen gegeben, die sehr herausfordernd oder sogar grenzwertig gewesen waren, wie die Durststrecke auf der »Loneliest Road«, auf der mich die Kühlbox von Dirk und Ellen rettete, oder jener Abschnitt der berühmten Route 66, der sich vom östlichsten Kalifornien durch die karge Mojave-Wüste zum nördlichen Ausläufer der Millionenstadt Los Angeles schlängelt, und nicht zuletzt meine tagelange »Schlammschlacht« am Dalton Highway. Solche Strecken hatten mich körperlich, aber auch seelisch schwer beansprucht. Trotzdem war immer noch ein wenig Reserve vorhanden gewesen. Eine bestimmte Grenze hatte ich nie überschritten.

Nach meinem Grizzly-Erlebnis in der Nähe von Teslin folgte ich weiterhin dem Alaska Highway. Ich hatte das Yukon-Territorium hinter mir gelassen, und nun ging es hinein in den Bundesstaat British Columbia. Die Gegend war streckenweise derart einsam, dass ich mich immer unwohler fühlte. Seit dem Zusammentreffen mit dem Bären war ich verunsichert. Dieses ungute Gefühl in Verbindung mit der Einsamkeit nährte Angst in mir. Und mit jedem abgestrampelten Kilometer wurde es schlimmer. Auch die wenigen an der Strecke liegenden Orte, wie etwa Summit Lake und Fort Nelson, konnten mir nicht dazu verhelfen, das Gefühl der Sicherheit zurückzugewinnen.

Die letzten 14 Tage hatte es durchgehend geregnet. Es war bitterkalt, und immer wieder begann es sogar zu schneien. An diese Nächte im Zelt erinnere ich mich nur sehr ungern. Trotz meiner immer größer werdenden Erschöpfung schlief ich sehr wenig. Mich fröstelte, und die ständigen unheimlichen Geräusche in der Umgebung ließen mich nur ganz oberflächlich dahindösen. Mein Unwohlsein steigerte sich von Tag zu Tag. Ich aß immer weniger. Einerseits fand ich nur ganz selten Nachschubmöglichkeiten vor, andererseits wusste ich ja, dass das Mitführen von Lebensmitteln die Gefahr einer Bärenbegegnung erhöhen würde. Meinem Körper fehlte der zum Radfahren so wichtige Treibstoff.

Dann kam jener Tag, der mein künftiges Leben grundlegend verändern sollte. Als ich nach einer weiteren Nacht wieder einmal unausgeschlafen und hungrig aus dem Zelt kroch, wusste ich noch nicht, was mich einige Stunden später erwarten würde ...

Ich startete mit Bauchweh in den Tag. Auf mein Fahrrad aufzusteigen, fiel mir besonders schwer. Wieder hatte ich einen extrem einsamen Streckenabschnitt vor mir. Etwa 500 Kilometer fehlten mir noch bis nach Dawson Creek, wo mit dem Alaska Highway auch der erste Abschnitt meiner Reise nach New York enden würde. Seit meinem Start an der Prudhoe Bay hatte ich etwa 2500 Kilometer in den Beinen. Jeden einzelnen Kilometer hatte ich mir unter unwirtlichen Bedingungen hart erarbeiten müssen. Und das war zwangsläufig nicht spurlos an mir vorbeigegangen. Mein nächstes Zwischenziel war die kleine Stadt Fort St. John. Aber davor lag noch einmal ein besonders einsamer Streckenabschnitt.

An allen Steigungen tat das Treten in den Beinen richtig weh. Meine Oberschenkel brannten. Ich war froh, wenn es danach wieder ein wenig bergab ging. Auf ebenen Streckenabschnitten passierte es mir nun immer wieder, dass ich das Gefühl hatte, ständig langsamer zu werden. Dann schaltete ich auf eine leichtere Übersetzung, und für einige Kilometer ging es wieder leichter. Bis ich erneut merkte, dass ich meine Geschwindigkeit nicht halten konnte. Also wieder schalten. Mit besorgter Miene blickte ich in Richtung Übersetzung. Viel Spielraum hatte ich nicht mehr. Dann würde ein Hochschalten nicht mehr möglich sein. So sehr ich mich auch bemühte »rund« und gleichmäßig in die Pedale zu treten, ich fühlte mich immer unwohler.

Den Regen war ich schon gewöhnt. Er war seit Beginn meiner Alaskareise mein ständiger Begleiter. Nun kam aber noch Wind dazu. Und zwar Gegenwind. Wie hätte es auch anders sein können? Er blies mir die Regentropfen voll ins Gesicht. Bedrohlich rauschte es in meinen Ohren. So, als ob mir der Wind ständig sagen wollte: »Gib auf, steig ab!« Ich kenne nichts Kräftezehrenderes beim Radfahren als starken Gegenwind, vermischt mit Regentropfen. Ich trat nun immer längere Abschnitte im Stehen, um überhaupt noch vorwärts zu kommen. Ohne die Möglichkeit, meine Energiespeicher mit Nahrung aufzufüllen, musste ich meine Energiereserven nach und nach abgeben.

Ich bekam zunehmend Angst. Langsam kroch sie in meinen Körper. Zuerst glaubte ich noch, es sei einfach nur die Anstrengung. Aber dann spürte ich den Druck in meiner Magengegend. Ich war verwirrt und stieg vom Rad. Für eine kurze Pause setzte ich mich im strömenden Regen auf einen Stein am Rande des Highways. Ich dachte nach und hörte in meinen Körper hinein. Irgendetwas fühlte sich anders an. Er war ausgelaugt. Aber dies allein war es nicht.

Was ist los mit mir? Ich kenne meinen Körper nicht mehr. Ich starre in die Ferne. Unruhig schaue ich ständig hin und her. So, als ob ich etwas suchen würde. Und plötzlich sehe ich ihn: einen Wolf! Keine 20 Meter von mir entfernt steht er ganz ruhig am Waldrand und schaut zu mir herüber. Ich weiß sofort, dass es sich um einen Wolf handelt. Warum, kann ich nicht erklären, denn es ist der erste Wolf, den ich in freier Wildbahn zu Gesicht bekomme. Wir schauen uns in die Augen. Die Augen des Wolfes haben etwas Geheimnisvolles. Und etwas Friedliches. Ich habe keine Angst, bin nur fasziniert von diesem Anblick. Trotz des triefend nassen Fells hat dieses Tier ein stattliches Aussehen. Groß und beeindruckend steht es da. Ich habe das Gefühl, dass der Wolf mir etwas sagen will. Langsam erhebe ich mich von dem Stein am Straßenrand. Da dreht sich das Tier zur Seite, macht einige Schritte parallel zum Highway und verschwindet im Wald ...

Nach dieser »geheimnisvollen« Begegnung stieg ich wieder auf mein Rad und fuhr weiter. Die Begegnung mit dem Wolf ging mir nicht aus dem Kopf. Und nach etwa einer Stunde Fahrzeit – ich traute ich meinen Augen nicht – tauchte er plötzlich wieder auf. Er trabte am Waldrand neben mir her. Es war das gleiche Tier. Irgendwie war die Situation unwirklich. Ich glaube nicht, dass es viele Berichte von Wölfen gibt, die Radfahrer begleiten. Aber dieser Wolf war tatsächlich da. Er verschwand zwar immer wieder kurz im Wald, blieb jedoch auf den nächsten fünf bis sechs Kilometern mein Begleiter. Irgendwann war er verschwunden. Vorerst ...

Mehrere Stunden quälte ich mich ohne Pause weiter den

Alaska Highway entlang. Dabei konnte ich so richtig fühlen, wie meine physische und psychische Leistungsfähigkeit zunehmend »in den Keller rasselte«. Als die nächsten beiden in meiner Karte eingezeichneten kleinen Tankstellen sich als nicht mehr vorhanden erwiesen hatten, lösten sich damit auch meine Nachschubmöglichkeiten in Luft auf. Nun hatte ich keinen Krümel Nahrung mehr und keinen Tropfen Wasser. Erstmals dachte ich daran, meine Reise abzubrechen. Während ich weiter in die Pedale trat, begannen meine Gedanken zu kreisen: Eine solche Reise abzubrechen ist eines, aber aus dem tiefsten Hinterland Kanadas mit seiner gesamten Radausrüstung wieder heimzukommen, etwas anderes ...

Plötzlich wird mir schwarz vor Augen. Ich kann einen Sturz gerade noch verhindern, indem ich geistesgegenwärtig meine Radschuhe aus den Pedalen klicke und bremse. Das Rad zwischen meinen Beinen, stehe ich schwankend mitten auf dem Highway. Und wieder frage ich mich, was los ist mit mir. Ich habe das Gefühl, als ob mir jemand die Energie aus dem Körper saugt. Alles an mir zittert. Mir ist bitterkalt. In meinen Zehen kribbelt es, der Rest der Beine ist taub. Ich greife an meine Oberschenkel, spüre sie aber nicht. Mein ungutes Gefühl steigert sich. Wieder keimt Angst in mir auf. Dieses Mal verschwindet sie jedoch nicht mehr. So sehr ich versuche, an etwas Positives zu denken, es gelingt mir nicht. Mir wird übel, und ich bekomme Kopfweh. Nun geben meine Füße endgültig nach. Ich falle seitlich zu Boden, mein Fahrrad auf mich drauf. Ungläubig bleibe ich einen Augenblick so liegen. Dann krieche ich unter meinem Rad hervor. Völlig verängstigt sitze ich am Alaska Highway. Es regnet.

Wieder habe ich Todesangst. Ich falle in ein tiefes Loch. Es wird dunkel um mich herum. Ich bin unendlich müde. Ich bin mir sicher, nicht mehr nach Hause zu kommen.

Ich träume. Ich liege im weichen, warmen Gras, die Sonne scheint mir ins Gesicht. Ein herrliches Gefühl. Alles Bedrohliche ist verschwunden. Endlich kann ich mich ausruhen. Ich möchte nur noch schlafen. Plötzlich spüre ich etwas Kühles auf meinen Wangen. Ich öffne die Augen und blicke direkt in ein Wolfsgesicht ... Ungläubig schließe ich noch einmal meine Augen. Einen kurzen Augenblick halte ich inne. Wo bin ich? Was ist geschehen? Schlagartig wird mir bewusst, dass ich nicht träume. Nach wie vor fällt der Regen, und es ist es bitterkalt. Als ich meine Augen ganz vorsichtig öffne, kann ich gerade noch sehen, wie der Wolf im dichten Wald verschwindet. Dann richte ich mich auf und blicke mich um. Immer noch befinde ich mich im tiefsten Kanada. Und immer noch habe ich Angst. Plötzlich höre ich ein Geräusch. Zuerst leise, dann immer lauter werdend. Und nach kurzer Zeit weiß ich: Es ist einer dieser riesigen Holztrucks. Ein solcher hat mir schon einmal geholfen. Vor gar nicht langer Zeit, als ich am Dalton Highway im Schlamm versunken bin. Es gelingt mir, aufzustehen und zu winken. Mein Fahrrad lasse ich mitten auf dem Highway liegen. Und der Truck wird tatsächlich langsamer. Ähnlich wie sein Kollege am Dalton Highway nimmt mich der launige Truckfahrer problemlos bis zum nächsten größeren Ort mit. Bis nach Fort St. John waren es nur noch etwa 50 Kilometer. Für mich wären sie aber auf meinem Fahrrad nicht mehr machbar gewesen ...

Die Österreicherin Gudrun Pflüger, eine anerkannte Spezialistin für Wölfe, zitiert in ihrem Buch »Wolfspirit. Meine Geschichte von Wölfen und Wundern« ein indianisches Sprichwort: Ein Wolf zeigt sich einem Menschen nur, wenn er ihm etwas mitteilen will!

Ich bin heute davon überzeugt, dass mir »mein« Wolf etwas mitgeteilt hat. Nämlich den Rat, nicht aufzugeben, sondern den nächsten Schritt zu machen. Einen Schritt in ein neues Leben. Und tatsächlich hat sich mein Leben nach diesem Erlebnis in eine ganz neue Richtung entwickelt ...

Epilog: Mein Weg zurück ...

Mein Zusammenbruch im tiefsten Kanada war nur der berühmte »Wassertropfen«, der das Glas zum Überlaufen brachte. Nicht diese Radreise an sich hatte mich in die Knie gezwungen, sondern die Summe vieler prägender Ereignisse seit meiner frühesten Kindheit und der ständige Leistungsdruck, der mit der Ausbeutung des eigenen Körpers einherging. Als ich am Alaska Highway vom Fahrrad stieg, wusste ich, dass ich nun an einem Scheideweg angelangt war. Vor allem aber spürte ich, dass ich dringend Hilfe benötigte.

Eines gleich vorweg: Ich stürzte ab und bin ganz tief gefallen. Innerhalb weniger Wochen verlor ich alles, was mir wichtig war. Nicht nur meine Gesundheit, sondern auch meine Familie. Mein Körper und – noch viel schlimmer – meine Psyche waren am Ende. Ich überlebte diese Krise nur um Haaresbreite. Und nur deshalb, weil ich Hilfe erhalten und diese auch angenommen habe. Mein Weg aus der tiefen Schlucht hinauf zum Berggipfel war jedoch mehr als steinig. Ich habe es geschafft, aber zwischen dem ersten Schritt und dem Erreichen des Gipfelkreuzes lagen viele Monate harter Arbeit ...

Um aus der Wildnis Yukons nach Hause zu kommen, musste ich meine gesamte Radausrüstung zurücklassen. Nur ohne schweres Gepäck nahm mich ein kleines Flugzeug zum nächsten größeren Flughafen mit. Anschließend benötigte ich weitere vier Tage und mehrere Umsteigestationen, auf denen ich oft stundenlang warten musste, bis ich wieder in Tirol war. Daheim angelangt, fand ich mich nicht einmal mehr in meinem eigenen Haus zurecht. Ich konnte mir meine Schuhe nicht mehr allein an- und ausziehen, und es gelang mir nicht, selbstständig ein Butterbrot herzurichten. Nun wurde mir nochmals dramatisch vor Augen geführt, wie dringend ich wirklich fachliche Hilfe benötigte. Durch meine Beziehungen zur Flugrettung und auch ein wenig Glück erhielt ich umgehend einen Platz im Krankenhaus Hall in Tirol. Ich schäme mich heute nicht, zu sagen, dass die dortige psychiatrische Abteilung für die folgenden 13 langen Wochen mein »Schutzbunker« wurde. Ich wurde rund um die Uhr betreut, konnte mich dadurch fallen lassen und meinem Körper eine komplette »Auszeit« gönnen.

Nach gründlichen Untersuchungen erhielt ich erstmals eine genaue Diagnose: schwere Überlastungsdepression oder zu neudeutsch »Burn-out«. Nun hatte der »Absturz« plötzlich einen Namen. Schon oft hatte ich in den letzten Jahren von diesem Begriff gehört. Aber zu tun hatte ich selbst nie damit. Jetzt befand ich mich mitten im Chaos. Vor allem in der Anfangsphase war eine medikamentöse Unterstützung unumgänglich, da ich weder essen noch schlafen konnte. In kürzester Zeit nahm ich zehn Kilogramm ab und lag nächtelang grübelnd wach. Während meines Krankenhausaufenthaltes musste ich wieder grundlegende Dinge lernen: Barfußgehen, Bäume und Blumen berühren, Steintürme bauen ... Jeden Morgen stand ein gemeinsamer Spaziergang auf dem Programm. Alkoholiker, Suizidgefährdete und Burn-out-Erkrankte nahmen gemeinsam mehr oder weniger motiviert an diesem Pflichtprogramm teil.

Bereits von Yukon aus hatte ich eine klinische Psychologin kontaktiert, die mir schon einmal in früherer Zeit geholfen hatte. Sie wurde meine »Lebensretterin«. Sie fing mich nach meiner Rückkehr auf und führte mich mit großer fachlicher Kompetenz und ihrer feinfühligen Art in den kommenden Monaten durch die Krise. Vor allem in der Anfangsphase half sie mir, jeden einzelnen Tag zu überstehen. In vielen Therapiestunden arbeiteten wir zunächst die negativen Erlebnisse meiner Kindheit auf, in die auch der frühe Tod meiner lieben Mutter gefallen ist. Meine 20 Jahre als Leistungssportler mit dem permanenten psychischen Druck und Raubbau am eigenen Körper waren ebenso Thema wie die versteckten Traumata bei vielen Einsätzen mit dem Rettungshubschrauber oder meine mehr als 30 Jahre im Polizeidienst. Meine Therapeutin gab mir wieder Struktur im Leben. Unter ihrer Aufsicht machte ich Schritt für Schritt und setzte erste neue Ziele.

Gerade in der Genesungsphase eines Burn-out ist eine stabile soziale Struktur von besonderer Wichtigkeit, vor allem der Halt in der eigenen Familie. Mir war dieser Halt leider nicht vergönnt. Noch während meiner Therapie wurden mir von meiner damaligen Ehefrau die Scheidungspapiere vorgelegt. Nach einer (vermeintlich) glücklichen Ehe, aus der mein Sonnenschein Jacob stammt, stand ich plötzlich »auf der Straße«. Ab diesem Zeitpunkt hatte ich neben meiner Krankheit auch noch die Trennung von der Familie zu verarbeiten. Damals bin ich tatsächlich an meine absoluten Grenzen gekommen. Doch kurze Zeit später erhielt ich noch einmal eine riesige Chance: Ich lernte Simone, meine jetzige Lebensgefährtin, kennen. Sie hat mir damals zwei ganz wichtige Dinge geschenkt: ehrliche Anteilnahme und viel Zeit. Simone lebt in meiner Nachbarschaft und hatte vor einigen Jahren ebenfalls einen großen Schicksalsschlag hinnehmen müssen. Ihr damaliger Ehemann war jung und völlig unerwartet an einem plötzlichen Herztod gestorben. Simone stand von einem Tag auf den anderen mit zwei kleinen Kindern und einem halb fertig gebauten Haus allein da. Heute gehen wir mit ihren beiden Kindern und meinem Sohn Jacob unseren Lebensweg gemeinsam weiter.

Während meiner Therapiezeit haben sich für mich aber auch ganz neue Türen geöffnet. Ich bin in die Welt des Yoga eingetaucht und beschäftigte mich während zweier mehrwöchiger Therapieaufenthalte im »Sonnenpark Lans in Tirol«, einem speziellen Zentrum für psychosoziale Gesundheit, mit Musik und Malerei. Dort nahm ich auch den früheren Plan wieder auf, ein Buch über meine Radreisen zu schreiben. Dieses Vorhaben endlich zu realisieren, war ein wichtiger Teil meiner Verarbeitung. Nach mehreren Monaten Therapie begann ich auch

wieder meinen Weg zurück ins Berufsleben. Bevor ich meinen ersten Dienst bei der Polizei absolvieren konnte, mussten aber noch umfangreiche Untersuchungen erfolgen, und erst nach einem sehr intensiven Auswahlverfahren konnte ich wieder in den Rettungshelikopter des österreichischen Flugrettungsunternehmens ÖAMTC steigen. Ein ganz wichtiger Baustein meiner Genesung war auch eine regelmäßige leichte sportliche Betätigung.

Mittlerweile sind mehr als zwei Jahre seit meinem Zusammenbruch vergangen. Ich sitze wieder im Streifenwagen der Polizei und steige mit Freude in den Rettungshelikoper, wenn der Alarm schrillt. Damals in Alaska habe ich die richtige Entscheidung getroffen: vom Rad abzusteigen und Hilfe anzunehmen. Ich kann nur jedem eindringlich raten, auf die Warnsignale des Körpers zu achten und beim Auftreten solcher Signale sofort einen Arzt aufzusuchen. Allein und ohne fachliche Hilfe ist ein richtiger Burn-out nicht zu bewältigen.

Ach ja, und noch etwas hätte ich fast vergessen: Mittlerweile habe ich schon wieder die ersten vorsichtigen Kilometer mit dem Fahrrad hinter mir. Sie führen mich stetig in Richtung meines nächsten Ziels, von dem ich in letzter Zeit immer wieder träume: Ich würde gern meine abgebrochene Alaska- und Kanadareise zu Ende führen. Ich bin mir sicher, dass ich bald genau an jener Stelle des Alaska Highway wieder auf mein Fahrrad steigen werde, an der ich damals abgestiegen bin und an der mir »mein« Wolf den Weg in mein neues Leben gezeigt hat ...

Danksagung

Mein erstes Buch war eine große Herausforderung für mich. Klaus Bartelt, Programmleiter Zweirad/Sport beim Delius Klasing Verlag, hat die Idee frühzeitig unterstützt und mich auf dem langen Weg der Umsetzung durch Höhen und Tiefen begleitet. Den Feinschliff erhielt das Buch dann durch die Lektorin Dr. Ute Maack aus Hamburg. Danke!

Meine Radreisen wären nicht möglich gewesen ohne zwei ganz besondere Partner: Die Radbekleidung der Firma »Löffler Premium Sportswear« hat ihre Qualität auf mehr als 30 000 Kilometern in den USA und Kanada unter allen denkbaren Wetterbedingungen mehr als bewiesen. Danke an Guntram Wett für seine jahrelange Unterstützung!

Die wasserdichten Radtaschen und Packsäcke der Firma »Ortlieb Waterproof« hielten auf unzähligen Regen- und Schneefahrten absolut dicht und sorgten für das so wichtige trockene Material. Danke an Kerstin Engl, die mich von Anfang an unterstützt hat!

Durch die kompetente Beratung und Radzusammenstellung von Hannes Norz und seinem Seefelder Fachgeschäft »Sport Norz/Bikes & More« habe ich das genau für mich angepasste Fahrrad bekommen. Mit ihm fahre ich noch heute. Danke!

Nur durch das Entgegenkommen meines Dienstgebers, der Landespolizeidirektion für Tirol, und das Verständnis meiner Kollegen von der Polizei in Seefeld waren meine mehrwöchigen Radreisen überhaupt möglich. Euch allen meinen herzlichen Dank!

Meinen Burn-out konnte ich nur durch fachkundige Hilfe bewältigen. Dr. Andreas Wisemann, Internist in meinem Heimatort Seefeld in Tirol, und Mag. Kurt Grass von unserer örtlichen Apotheke sorgten mit kompetentem Rat für die Basis meiner Genesung.

Mag. Petra Schäfer, klinische Psychologin aus Birgitz in Tirol, hat mich über mehrere Monate intensiv begleitet und durch meine Krise »geführt«. Ihrer fachlichen und menschlichen Kompetenz habe ich es hauptsächlich zu verdanken, dass ich wieder voll im Berufsleben stehe.

Dass ich überhaupt die Kraft aufgebracht habe, vom tiefen Tal zurück auf den Berggipfel zu klettern, ist sicher auch auf meine Erfahrungen als Sportler zurückzuführen. Dir, lieber Walter Wanner, ein großes Danke für mehr als 15 Jahre Trainertätigkeit! Durch dich durfte ich nicht nur meine sportlichen Erfolge feiern, du hast mir auch für mein weiteres Leben sehr viel beigebracht. Vor allem Konsequenz und Durchhaltevermögen. Beides habe ich dringend gebraucht.

Ein großes Danke auch an meinen Freund Jochen Tiefengraber. Er ist Pilot und Stützpunktleiter des »Christophorus 1« in Innsbruck und hat sehr dazu beigetragen, dass ich wieder als Flugretter in den Notarzthubschrauber steigen konnte.

Mein neues Leben wird durch Simone mit ihren beiden Kindern Anna und Martin mehr als bereichert. Simone hat mich nach vielen Monaten tiefer Depression erstmals wieder zum Lachen gebracht. Gemeinsam mit meinem kleinen Liebling Jacob sind wir fünf ein unschlagbares Team. Dafür bin ich am meisten dankbar!

Thomas Widerin
Seefeld in Tirol, Sommer 2014

Tour d' Afrique
ISBN 978-3-7688-5345-3

Sie gehört zu den längsten und härtesten Radrennen der Welt: Die Tour d' Afrique. Hardy Grüne hat sich dieser Herausforderung angenommen und ist die Strecke mitgefahren. Eine radsportliche Reportage mit der Reflektion über einen überwältigenden und zugleich unruhigen Kontinent.

Sieg am Timmelsjoch
ISBN 978-3-7688-5355-2

Die Teilnahme am „Ötztaler Marathon" gleicht einer freiwilligen Schinderei. Der intime Kenner der Szene, Autor Marbod Jaeger, beschreibt in seinem Buch das gnadenlose Rennen zwischen Radfreunden. Traum? Albtraum? Zweitrangig.

DELIUS KLASING